POCHES ODILE JACOB

LE SOUFFLE DE LA LANGUE

DU MÊME AUTEUR
aux éditions Odile Jacob

Le Français et les siècles, 1987.
L'Enfant aux deux langues, 1996.

CLAUDE HAGÈGE

LE SOUFFLE DE LA LANGUE

Voies et destins des parlers d'Europe

POCHES
ODILE JACOB

15, rue Soufflot, 75005 Paris

ISBN : 2-7381-0794-X
(ISBN : 2-7381-0182-8, 1re publication)

Sommaire

Introduction 7

PREMIÈRE PARTIE

Langues fédératrices

Chapitre 1 : De la langue commune 15
Chapitre 2 : L'Europe et l'anglais 33
Chapitre 3 : L'allemand et l'appel de l'Est 55
Chapitre 4 : Le français et la vocation multiple 93

DEUXIÈME PARTIE

Richesse et entrelacs des idiomes européens

Chapitre 5 : L'infinie tentation des variétés sonores 127
Chapitre 6 : Les codes enchevêtrés 149

TROISIÈME PARTIE

Les langues d'Europe et le défi nationaliste

Chapitre 7 : La sommation par la langue 179
Chapitre 8 : Citadelles de vocables 217

Conclusion 271

Références 277

Index des langues 281

Cartes 293

Introduction

Cet Occident, où sont nés des hommes tourmentés par l'ardent désir de scruter le monde, et souvent par la soif d'implanter au loin leurs usages, autant que par la curiosité d'en découvrir de nouveaux, quels échos a-t-il fait retentir sous tant de latitudes, de quelles langues a-t-il laissé le dépôt ? Dans quel passé les langues de l'Europe plongent-elles leurs racines, et de quel avenir nourrissent-elles la nostalgie ?

C'est à de telles interrogations que le présent livre esquisse quelques réponses. Le moment n'est pas fortuit. Deux séries d'événements le fixent. Les premiers, longuement mûris, se déploient, au gré d'échéances concertées, à l'ouest de l'ouest. Les seconds, contre toute attente, viennent de secouer brutalement, sous nos yeux étonnés, les torpeurs de l'est. La Communauté Européenne a entrepris de façonner, dans les terres d'Occident, un édifice aussi nouveau par sa forme qu'antique par son projet ; mais dans le même temps, à l'est du continent, un empire, accablé de séismes furieux, vient de se déliter. Les facteurs économiques et politiques de ces deux phénomènes immenses de notre temps, d'une part la construction de l'Europe, d'autre part la dislocation de l'Union Soviétique et la fin des régimes communistes, sont abondamment étudiés. On s'est moins soucié des facteurs humains. Il en est un, en particulier, dont l'importance est occultée par son évidence quotidienne. Quoi de plus familier, en effet, que la langue ? Et pourtant, quoi de plus énigmatique ? Que sera l'Europe des langues ? De quelles matières de mots se nourriront les rêves des uns et les besoins des autres ?

C'est d'abord le profil des langues fédératrices qu'on esquissera (première partie). C'est ensuite la multiplicité des formes qu'on tentera de faire apparaître dans son éclat ; cette multiplicité peut sembler un obstacle à la vocation des langues fédératrices ; mais en réalité elle en marque les limites nécessaires ; car l'Europe est un terreau d'idiomes sans nombre, divers, enchevêtrés au long de l'histoire chaotique des hommes (deuxième partie). C'est enfin la pression nationaliste, tirant argument de la défense des langues comme miroirs d'identité, qu'on entreprendra d'illustrer et de comprendre, sans pouvoir dans tous les cas la justifier (troisième partie). Au terme d'un cheminement ponctué par ces trois haltes, il deviendra clair, on veut l'espérer, que la diversité des langues européennes nourrit elle-même des aspirations à l'unité. Diversité, unité : leur conciliation est-elle une illusion, ou encore une pure complaisance rhétorique ? On peut résolument répondre que non. Car c'est bien la préservation de la première qui est le ferment de la seconde. Encore faut-il, pour l'apercevoir, que l'on consente à suivre la voie étroite qui conduit, à travers la pénombre, vers un champ de lumière.

L'Europe des langues a un destin qui lui est propre, et ne saurait s'inspirer de modèles étrangers. Si l'adoption d'une langue unique apparaissait aux États-Unis, pour tout nouvel émigrant, comme un sceau d'identité, en revanche, ce qui fait l'originalité de l'Europe, c'est l'immense diversité des langues, et des cultures qu'elles reflètent. La domination d'un idiome unique, comme l'anglais, ne répond pas à ce destin. Seule y répond l'ouverture permanente à la multiplicité. L'Européen vit en plurilinguisme. Il devra élever ses fils et ses filles dans la variété des langues, et non dans l'unité. Tel est à la fois, pour l'Europe, l'appel du passé et celui de l'avenir.

Telle est aussi la thèse du présent livre.

Première partie

LANGUES FÉDÉRATRICES

En Europe, la revendication opiniâtre d'une reconnaissance est une attitude courante chez les utilisateurs d'idiomes dépourvus de statut officiel. Les langues sont, comme on le verra, les étendards des peuples dominés. C'est sur elles qu'ils reportent leurs aspirations, en elles qu'ils veulent voir l'enjeu de leurs luttes contre un joug étranger. Mais il existe un autre trait, par lequel je voudrais commencer : charger son parler maternel d'une puissante valeur de symbole ne signifie pas que l'on soit aveugle à l'utilité des langues fédératrices. C'est ainsi que je désignerai ici, avant même de tracer précisément les contours de l'Europe des langues, celles qui ont acquis une large audience au-delà de leur pays d'origine. Du point de vue strictement linguistique, rien d'interne à une langue ne la prédestine à devenir moyen de communication international, ni, inversement, ne lui interdit de l'être un jour. La beauté, la clarté, notamment, ne sont pas, malgré ce qu'on croit parfois, des préalables à ce destin. Il faut donc rechercher d'autres facteurs.

Je le ferai en examinant, au chapitre 1, les langues qui, en Europe, ont, à divers moments, offert l'image d'une vocation fédératrice. Certaines langues conservent aujourd'hui cette image, à plusieurs titres. C'est ce que montreront les chapitres 2, 3 et 4, respectivement consacrés à l'anglais, à l'allemand et au français.

CHAPITRE 1

De la langue commune

Langues nationales et langues communes

Par un étonnant retour de l'histoire, il vient d'apparaître en Europe un nombre de langues d'États plus élevé encore qu'à cette époque des lendemains de la Première Guerre mondiale, où la réponse différée aux clameurs de 1848 aboutit à la création de nouveaux pays sur les décombres des empires centraux. La situation présente résulte, comme on sait, de l'éclatement de l'Union Soviétique et de la Yougoslavie. Or beaucoup d'esprits, en Europe, sont habités par la nostalgie d'une langue commune. Il s'agirait d'une langue européenne capable de satisfaire, en dépit des obstacles que dresse la multiplicité, le désir d'échange propre à notre nature : une langue, donc, dont l'usage transcenderait les cloisonnements nationaux, car elle serait commune à tous les Européens.

En effet, si c'est aux dimensions d'un seul État plurilingue qu'est réduit l'établissement d'une langue commune, on aboutit à une situation ambiguë. Certes, dans le meilleur cas, cet État vise à garantir les moyens d'une large communication entre membres de nationalités différentes, et à leur permettre de s'intégrer tous à la vie sociale qui fonde leur identité. Mais par là, ceux pour qui la langue commune est étrangère se trouvent contraints de l'apprendre, afin de ne pas compromettre les conditions de leur vie civique. Or, parmi ces derniers, les plus modestes, ou ceux qui vivent dans les régions les plus reculées, peuvent, grâce aux traductions faites en langues nationales, avoir accès à une certaine culture. Cette forme de démocratisation rend moins nécessaire l'usage d'une langue commune, qui, paradoxalement, peut être elle-même, par certains de ses effets, une mesure démocratique. Par conséquent, c'est plutôt aux dimensions du continent entier que la notion de langue commune présente une utilité. La multiplication des États indépendants, qu'ils soient unilingues ou, à plus forte raison, plurilingues, doit, certes, être considérée comme féconde et bénéfique. C'est elle qui fonde la richesse culturelle de l'Europe. Mais en même temps, elle a pour conséquence d'accroître le nombre des ouvrages de même contenu, notamment dans le domaine des sciences et des techniques. Une telle situation peut faire naître le désir d'une langue commune, qui paraît répondre au souci d'économie. Or il se trouve que la partie occidentale de l'Europe a longtemps possédé une langue de ce type, qui avait, de surcroît, l'avantage de n'être langue nationale dans aucun pays, s'il est vrai qu'elle était langue officielle dans un grand nombre. Cette langue, c'est le latin.

Le latin, pilier de l'Europe occidentale

La diffusion du latin dans les territoires coloniaux soumis à l'impérium romain est un fait presque unique dans l'histoire des langues. En quelques siècles, ou même, pour certains cas, en moins d'un siècle, à ce tournant décisif des millénaires qui précède et suit le début de l'ère chrétienne, la romanisation des peuples soumis fait l'effet d'un ouragan. Le latin se substitua aux idiomes vernaculaires non seulement dans la communication publique, mais bientôt même dans les foyers. Ainsi s'engouffrèrent dans les brumes de l'oubli l'ombrien, le messapien, l'osque, le ligure, l'étrusque, le gaulois, l'ibère, l'illyrien, le dace. Il y eut, néanmoins, une exception remarquable : le latin ne parvint pas à chasser le grec de Grèce, d'Asie Mineure et d'Égypte, partageant avec lui le statut de langue administrative, mais non celui de langue de communication ni celui de langue de culture, domaines où le grec régnait seul ; et de surcroît, à Rome même, le grec fut adopté comme langue d'éducation par les milieux cultivés.

Lorsque plus tard, au milieu du ve siècle, les langues régionales, dans les pays de la Romania, commencèrent à s'individualiser, devenant de plus en plus dissemblables, le latin ne cessa pas de s'écrire pour autant. Bien au contraire, après une éclipse en Gaule à l'époque mérovingienne, il profita de l'impulsion des études classiques sous les Carolingiens, ce qui lui assura durant tout le Moyen Âge le rang de langue de l'Église et de langue savante. Il sera au XIIe siècle le moyen d'enseignement courant dans les universités, et cela non seulement en pays de langues romanes, c'est-à-dire néo-latines, mais aussi en Angleterre, Irlande, Allemagne, Pologne, Suède, tous pays dont les professeurs et savants communiquent entre eux, à travers l'Europe médiévale, en langue latine. À partir du XVIe siècle, cependant, les querelles religieuses serviront, au détriment du latin, les langues vernaculaires, par le biais desquelles on peut mieux atteindre le plus grand nombre. Car ce n'était pas parmi les masses que le latin était répandu. À mesure que les langues nationales étendaient leurs domaines d'usage, celui du latin se réduisait. Mais du même coup, réservé aux emplois savants, il devenait une sorte de langue commune de la pensée : celle dont la connaissance donnait accès aux œuvres des philosophes et rendait possibles débats et controverses, quels que fussent les pays d'origine ; celle, aussi, qui permettait de conserver les doctrines. Ainsi, ce ne furent pas des facteurs économiques, contrairement à ce qui est le cas pour les langues communes d'aujourd'hui, qui assurèrent le long règne du latin, mais seulement son rôle dans les choses de l'esprit.

Cependant, la forme que les humanistes de la Renaissance avaient fixée était celle du latin classique. Il est possible que ce choix ait contribué au déclin du latin. Car dès lors qu'il se figeait dans une pureté antique, il devenait moins apte à rendre les idées modernes et la fluidité d'une pensée scientifique sans cesse modifiée au contact des faits. L'interrogation permanente des phénomènes naturels produit chez les physiciens, chez les chimistes, chez les naturalistes, le besoin de termes nouveaux et de tournures souples, plus adaptées à une recherche ouverte que les formules apprises. La forme de latin qu'on imposa, dominée par le souci de correction, rendait la langue improductive, et la cantonna bientôt dans l'enseignement philosophique, l'expression des vérités révélées de la religion, et les exposés de science traditionnelle, ainsi que les mathématiques, où l'on opère avec des notions abstraites et où le latin s'est maintenu jusqu'au XIXe siècle (cf. Meillet 1928, p. 37). Il eût mieux valu laisser libre cours au latin, au lieu d'aggraver les inconvénients qui s'attachent à l'emploi d'une langue morte comme moyen d'expression dans les sciences. Il s'est trouvé que le recours aux langues modernes, en Europe, dans le monde savant a pris de plus en plus figure de signe : celui d'un désaveu du propos traditionnel sur le monde, et par là même du latin, qui était le vecteur de ce propos. 1637 est une date importante dans l'histoire de la langue française littéraire : car c'est alors que Descartes publie, en français, et non en latin, son *Discours de la méthode*.

À partir du milieu du XVIIIe siècle, le latin cesse progressivement d'être la langue de correspondance des savants. Même dans le doctorat ès lettres, la thèse latine, maintenue en France au XIXe siècle, n'est plus, alors, qu'un pensum de pure forme. Au XXe siècle, le latin a perdu son statut de langue de culture de l'Europe, et n'est plus entendu : quand, en août 1939, le président de la République Estonienne, K. Päts, adjura la communauté mondiale, par un appel radiophonique solennel, de maintenir à tout prix la paix, gravement menacée, il le fit en latin, ne parlant pas assez couramment l'anglais, le français, l'allemand, ni le russe. Certes, les dés étaient jetés, et la Seconde Guerre mondiale allait éclater quelques jours plus tard. Mais cette action n'eut pas même d'effet dilatoire. Épisode tragi-comique, hélas, l'appel ne fut pas compris (cf. Haarmann 1975, p. 216).

Gloire ambiguë du castillan

Il se trouve qu'une grande langue européenne, héritière du latin, est apparue comme l'intermédiaire par lequel ce dernier conquérait d'immenses terres éloignées. L'illustre année 1492, dont on vient de commémorer le cinquième centenaire, n'est pas seulement celle de la chute de Grenade, point d'orgue de la Reconquête et fin de l'islam andalou, celle de l'expulsion des Juifs, celle, enfin, où sont mises à voile les caravelles de Colomb. C'est aussi l'année de gloire du castillan.

Le castillan langue d'État et la conquête de l'Amérique

En 1492, un professeur de rhétorique de l'université de Salamanque, A. de Nebrija, compose à l'intention des Rois

Catholiques une *Grammaire* du castillan. C'est le premier ouvrage de ce genre, en Europe, à codifier une langue vulgaire, alors que le latin est loin d'avoir perdu son prestige, puisque le même Nebrija avait, en 1481, publié une *Grammaire latine* qui contribua fortement à jeter les bases de l'humanisme en Espagne. Dans la dédicace de 1492 à la reine Isabelle, on lit ces mots célèbres (dont il importe peu de savoir si Nebrija les a ou non repris à un contemporain, car ils reflètent bien l'esprit du temps) : « La langue a toujours accompagné la puissance. » De fait, les langues autres que le castillan, seul symbole du pouvoir politique, ne cessent de reculer, notamment le catalan ; et quant à l'aragonais, dont Ferdinand ne surestimait pas le poids dans l'alliance des deux couronnes, il est en plein déclin (cf. Pérez 1988, p. 400). Ainsi, le castillan reçoit les normes propres à un instrument de communication que les armes, les prêtres et les ambassadeurs de l'Espagne vont répandre dans le nouveau monde au XVIe siècle. Et l'on sait qu'en Amérique latine, l'espagnol est le plus souvent désigné par son nom exact de *castellano*, l'appellation d'*español* étant relativement récente, en tout état de cause.

L'étonnante aventure de l'espagnol dans les terres situées au sud du Rio Grande justifie le nom d'Amérique latine. À peine consacré comme haute langue à l'égal du grec et de l'hébreu, l'espagnol transportait en Amérique, sous les vêtements que les siècles lui avaient donnés en Espagne, ce même latin dont d'autres langues romanes, en France, en Italie, au Portugal, en Roumanie, prolongent aussi l'ancienne domination. Ainsi, l'Amérique indienne se latinisait à travers l'espagnol. Les Aztèques, les Incas, et bientôt une grande diversité d'autres nations, recevaient, par la voie de l'évangélisation en espagnol, le dépôt différé de la langue et de la civilisation latines. Car l'Église catholique et romaine en était devenue le pilier, et la Castille, après sa victoire sur les Maures, se considérait comme l'avant-garde de cette Église. L'espagnol, fils du latin, était parvenu à se maintenir en Péninsule Ibérique malgré huit siècles de domination arabe, qui suivaient eux-mêmes trois siècles d'occupation vandale et wisigote, alors que dans une autre péninsule, celle des Balkans, les Thraces et les Illyriens, peuples latinisés, avaient ensuite été slavisés. Mais l'espagnol n'apparaissait pas seulement comme l'âme ressuscitée du latin venant romaniser les Amériques. Il allait même, intercesseur et messager, faire voyager d'une langue indienne à l'autre, au long des migrations qui le transportaient partout, certains vocables autochtones. Ou bien il allait, à travers sa présence de langue étrangère unifiée, favoriser par contrecoup, comme une réaction de défense, la promotion de *koinês* locales au-delà des dispersions dialectales, ainsi qu'il advint pour les langues de la famille tupi-guarani, au Paraguay.

Quels titres au statut de langue commune en Europe l'espagnol peut-il puiser dans une destinée aussi extraordinaire ? Moins qu'il n'en paraît, en réalité. Car l'espagnol n'a jamais vraiment, au cours de son histoire, connu d'utilisation comme langue de communication supranationale en Europe. Il n'y est pas plus répandu que le polonais ou l'ukrainien, qui, comme lui, ont entre trente et trente-cinq millions de locuteurs. Il a, certes, été, au gré des unions dynastiques, parmi les langues maternelles de souverains qui ont régné sur des empires plus étendus que l'Espagne. Mais il n'a pris nulle part une place dominante : ni au Portugal, ni au-delà de la Péninsule Ibérique, par exemple aux Pays-Bas espagnols durant les XVIIe et XVIIIe siècles, ou à Milan, ou à Naples. Il aurait eu vocation à devenir une des langues communes de l'Europe, si l'histoire ne l'avait orienté vers les façades lointaines de l'océan, et si un certain type de société, d'économie et d'usage politique du religieux n'avait façonné en Espagne, jusqu'au milieu du XIXe siècle, une civilisation assez étrangère à celle qui était commune aux autres États d'Occident. Il est vrai, cependant, que la place croissante tenue aux États-Unis par les variantes américaines du castillan, c'est-à-dire portoricain à l'est et mexicain à l'ouest, peut apparaître comme une promesse quant à l'avenir de l'espagnol. Ses défenseurs auraient lieu de rêver au jour où, ayant investi une partie de l'Amérique plus vaste encore qu'aujourd'hui, il regagnerait l'Europe en triomphateur. Quoi qu'il en soit, il ne se présente pas, pour l'heure, comme un des modèles fédérateurs du continent européen.

L'expulsion des Juifs, la gloire du judéo-espagnol et son agonie

Si pourtant l'on retient, parmi les traits qui définissent ces modèles, l'existence d'un épisode historique de diffusion à travers l'Europe, il faudrait alors inclure l'espagnol. Les Rois Catholiques n'ont certainement pas contraint à l'exil quelque 150 000 Juifs pour se donner et donner à leurs descendants le plaisir de contempler l'essaimage de ceux qui portaient au loin le castillan. Ils l'ont fait parce que leur idéologie ne les mettait pas en état de voir ce que l'Espagne perdait par cette décision, la plus malheureuse de celles qui furent prises en 1492, année du destin. On ne pouvait alors prévoir les conséquences de ce que paraissait imposer la victoire des monarques très chrétiens. Confortée par la Sainte Inquisition, l'obsession d'identité conduisait à rechercher bien au-delà de la langue, dans la *limpieza de sangre* (pureté de sang), le seul critère d'une hispanité authentique, par opposition à celle que l'on soupçonnait d'être impure chez les Marranes (Juifs convertis) et autres *conversos*. Les effets de cette obsession allaient sonner le glas de la grandeur espagnole, fondée durant plusieurs siècles, au Moyen Âge, sur la fécondation des cultures ibérique, juive et arabe. L'enjeu, en 1492, était l'unité, telle, du moins, qu'on la concevait, et la puissance qu'elle était censée conférer. Parmi bien d'autres ingrédients, les fermes contours d'une langue d'État fondée sur la domination d'une nation apparaissaient, au regard myope d'un pouvoir obstiné, comme un symbole rassurant de cette unité. Cinq cents ans ont apparemment été nécessaires pour modifier les conceptions, puisque le décret d'expulsion vient seulement, au cours d'une cérémonie solennelle, d'être aboli le 31 mars 1992 par le roi d'Espagne.

Même en 1492, il eût été possible de regarder autrement les descendants des Juifs installés dès l'époque romaine en Péninsule Ibérique. Ces derniers, loin de se comporter en étrangers, avaient depuis longtemps adopté la langue des princes chrétiens. Ainsi, durant l'étape décisive de la *Reconquista*, c'est-à-dire de 1045 à 1250, ils furent, après chaque acquisition de territoires repris par les troupes espagnoles et qu'il fallait réorganiser, de précieux intermédiaires entre le pouvoir catholique et les Maures, qu'ils connaissaient bien. Fournissant un corps administratif, diplomatique et financier où ils devinrent vite indispensables aux souverains, qui les gratifiaient d'avantages et privilèges, les Juifs s'intéressaient fort à un des outils principaux de leur tâche, la langue. Ce furent donc eux qui, longtemps avant la *Grammaire* de Nebrija, contribuèrent à la promotion du castillan en conseillant au roi Alphonse X le Sage, dans la seconde moitié du XIIIe siècle, de renoncer, en faveur de cette langue, à l'usage du latin dans les actes administratifs et juridiques (cf. Castro 1954). Loin de leur valoir de la gratitude, cette action bénéfique pour la langue accrut encore l'hostilité, déjà grande, des populations.

Ces dernières, en effet, étaient soumises à la prédication d'un clergé indigné par la prospérité des descendants de ceux qui avaient crucifié Jésus (cf. Poliakov 1961, p. 111). Paradoxalement, la diffusion de l'espagnol bénéficia une première fois d'événements tragiques pour les Juifs. En 1391, point culminant d'un demi-siècle de persécutions qui s'abattirent sur eux en dépit de la protection royale, une émeute, en Castille et en Aragon, aboutit à de nombreux massacres et conversions forcées, mais aussi à l'exode des Juifs survivants, qui gagnèrent Fès, Marrakech, Tlemcen, Oran, Alger et Tunis, apportant avec eux leur langue. À la fin du XVIe siècle, une partie d'entre eux devaient se rendre à Livourne et à Pise, et y devenir italianophones. Cependant, en Espagne, durant tout le XVe siècle, les violences, attisées par l'Église missionnaire, qui accusait les Juifs d'accroître leur prospérité par la concussion, ne se relâchèrent plus. Le décret de 1492 n'est donc que le point d'orgue d'une longue litanie.

Or ceux des Juifs qui préférèrent l'exil à la conversion, ou à un simulacre qui ne les ferait pas échapper aux bûchers de l'Inquisition, apportèrent, en même temps que leur départ privait l'Espagne d'habiles gens de négoce et de services, non seulement leur compétence, mais aussi leur langue dans les nombreuses villes où ils se rendirent, souvent des ports dont le commerce avait commencé de bâtir la prospérité : Bayonne, Bordeaux, La Rochelle, Marseille, Montpellier, Gênes, Ferrare, Livourne, Rome, Naples, Venise, et plus tard, à partir du Portugal quand il cessa d'être une terre d'asile, Bruxelles, Anvers, Amsterdam, Londres et Hambourg. Mais la plupart des Juifs fuyant l'Espagne en 1492 allèrent jusqu'à Istanbul, Smyrne et Rhodes, dans les États du sultan, qui favorisa leur commerce et s'assura leur concours. Salonique, aussi, devint un grand centre de regroupement de Juifs sépharades, ainsi désignés par vague ressemblance phonétique entre le nom de l'Espagne et celui d'un pays biblique mentionné dans Abdias I, 20. De bourgade qu'elle était à la fin du XVe siècle, Salonique devint un centre d'hispanophonie où 85 000 Juifs constituaient encore en 1900 un lien économique, politique et culturel important entre l'Empire Turc et l'Europe de l'Ouest. On comprend, dans ces conditions, le mot prêté au sultan Bayazid II : « On dit que le roi d'Espagne Ferdinand est un homme intelligent. Or, en chassant les Juifs de son pays, il appauvrit ses terres et enrichit les miennes. »

Le développement d'une culture espagnole, qui faisait écho à la brillante littérature juive des siècles médiévaux en Espagne, ne fut pas un des moindres éléments de cet enrichissement. Dans certaines des villes mentionnées plus haut, ainsi que dans d'autres cités de nombreux pays où ils se rendirent aussi, et où la tolérance ottomane leur permit de conserver leur pratique religieuse : Roumanie, Bulgarie, Hongrie, Serbie, Bosnie, Albanie, Macédoine, d'importantes fractions des communautés juives gardèrent l'usage de leur langue. Il s'agit du judéo-espagnol ou djudezmo : un castillan (ou, dans certaines de ses variantes, un luso-castillan) du XVe siècle, partiellement hébraïcisé dans son lexique, et auquel l'exil avait conservé des traits archaïques. Ce n'est pas un des moindres intérêts des langues juives que cette antiquité. Tant qu'on a laissé vivre ceux qui parlaient ces langues, les linguistes pouvaient retrouver en djudezmo et en yidich des états anciens du castillan et du haut-allemand, maintenus par l'action de deux forces : d'une part l'isolement, et d'autre part le culte nostalgique de la source, par lequel se caractérise l'esprit de l'exil. Le maintien, cependant, n'est pas exclusif d'apports latéraux, liés aux tribulations de l'existence juive : le djudezmo, pour sa part, a emprunté des mots turcs, et, dans une moindre mesure, roumains, bulgares, serbes et grecs, selon le lieu d'établissement.

Le djudezmo est souvent confondu avec le ladino, nom donné à une langue-calque dont le vocabulaire était espagnol mais la syntaxe hébraïque : précisément parce que les Juifs expulsés de la Péninsule Ibérique étaient profondément hispanisés et avaient gardé dans l'exil un vivant usage du judéo-espagnol, les rabbins eurent recours à une pédagogie liturgique assez originale; afin de traduire les Écritures en répondant au double souci de demeurer proches du texte hébreu et d'atteindre un public de fidèles hispanophones dont la plupart n'avaient pas assez de connaissances pour pouvoir lire ce texte, ils inventèrent le ladino. De nombreuses formules religieuses de cette langue-calque, telles qu'on les trouve dans les Bibles de Constantinople et de Ferrare (cf. Séphiha 1973), furent empruntées en djudezmo, non sans y introduire un humour que contiennent aussi les références bibliques du yidich, et qui partout se mêle à la vénération.

Ainsi, alors que les Juifs d'Europe de l'Ouest avaient cessé, pour la plupart, d'utiliser le judéo-espagnol, plus du tiers de ceux des Balkans, soit environ 80 000 personnes, l'avaient encore pour langue maternelle avant la Seconde Guerre mondiale. Ils étaient loin, cependant, d'être isolés des autres communautés. Les Sépharades étaient encore plus souvent plurilingues que les Achkénazes (cf. pp. 73-74), ce qui n'est pas sans lien avec une prospérité supérieure à celle de ces Juifs du monde slave. Parmi ceux des Balkans, beaucoup ajoutaient à la connaissance du djudezmo celle du turc, du grec, de la langue slave locale le cas échéant, et même, souvent, de l'italien. L'éclat de leur vie culturelle se reflétait dans les universités de Salonique, de Smyrne, de Corfou, ainsi que dans les écoles d'Andrinople ou de Sarajevo, tous établissements qui avaient pris le relais des prestigieux centres d'autrefois, comme Tolède ou Barcelone. Jusqu'au début du XXe siècle, le judéo-espagnol fut illustré par une riche activité de création littéraire et de traduction, ainsi que par une presse abondante. Cependant, divers signes de déclin étaient déjà apparus, au sein même de cette floraison. En 1860, la fondation, à Paris, de l'Alliance israélite universelle, vouée à la défense et à l'émancipation des Juifs du monde entier, servit de manière remarquable la diffusion du français, langue de base de tous les cours, au sein d'écoles dont le nombre ne cessa de croître en Turquie, dans les Balkans, au Proche-Orient et au Maghreb (115 écoles dans les villes turques de 1860 à 1912 : cf. Hagège 1987, p. 241 n. 2). Mais du même coup, le français, devenant langue de culture des communautés sépharades, se substituait au judéo-espagnol dans l'enseignement. Il en pénétrait même les structures au point qu'on a pu appeler « judéo-fragnol » la langue de la presse sépharade (cf. Séphiha 1977).

Un coup grave fut porté plus tard au judéo-espagnol par le démembrement de l'Empire ottoman, ouvrant une voie libre aux nationalismes de ses anciennes minorités : dès qu'elles furent constituées en États, elles se montrèrent beaucoup moins tolérantes, à l'égard de leurs propres minorités, que ne l'avaient été les Turcs. Ainsi, la restitution de Salonique à la Grèce en 1913 eut pour effet, en dehors de vexations et menaces qui devaient provoquer l'émigration de 10 000 habitants en Palestine dans les années trente, une forte pression en vue d'helléniser, ou, du moins, de détacher du djudezmo, la colonie la plus peuplée et la plus brillante de toutes celles qui remontaient à l'ancienne diaspora juive d'Espagne. Quant aux mesures prises en 1924 par le gouvernement nationaliste turc, théoriquement favorable à la liberté de culte et de langue, elles ne furent pas appliquées. L'hostilité ouverte, et officiellement encouragée, de la population à l'égard de l'emploi que les Juifs faisaient entre eux du judéo-espagnol, au lieu du turc, dans les lieux publics, suscita des réflexes de peur, dont l'effet fut de confiner à un champ d'usage sans cesse plus restreint la langue des Sépharades, déjà réduits à une existence précaire par des mesures économiques contraignantes. Le judéo-espagnol subira aussi, plus tard, le contrecoup des sympathies pronazies d'une partie de la presse, en dépit de la neutralité officielle du pouvoir.

Néanmoins, sur les 35 000 Sépharades de Thrace orientale, c'est-à-dire, essentiellement, d'Istanbul (30 000) et d'Edirne, 64 %, en 1955, indiquaient le judéo-espagnol pour langue maternelle. Il s'agissait, il est vrai, d'un idiome de plus en plus influencé par le turc. Il n'existe plus, d'autre part, qu'un seul journal en djudezmo, écrit à l'aide de l'alphabet latin, les caractères hébraïques ayant été abandonnés vers le milieu des années cinquante. On peut supposer, par ailleurs, que le judéo-espagnol est encore en usage chez une partie des 10 000 Sépharades de Grèce, de Bulgarie et de Bosnie. Enfin, on ne sait ce qu'il adviendra de cette langue en Israël, où elle est attestée chez les plus âgés des 300 000 Sépharades d'origine balkanique. L'extermination de la plus grande partie des communautés sépharades des Balkans par les Nazis, de 1941 à 1943, a évidemment porté un coup irréparable au djudezmo. Certes, le gouvernement espagnol avait, en 1924, à la suite de la découverte fortuite et émerveillée de cette forme de castillan parlée si loin d'Espagne, accordé sa nationalité aux Juifs hispanophones des Balkans, ce qui permit plus tard aux autorités franquistes d'accueillir en pleine guerre quelque 3 000 Juifs. Mais c'est l'espagnol moderne, non le djudezmo, qu'utilisent aujourd'hui leurs enfants. D'autre part, on peut se faire quelque idée des proportions, si l'on songe que 50 000 Juifs grecs, pour s'en tenir à un seul pays, furent massacrés.

Ainsi prenait fin le rayonnement européen d'une forme de l'espagnol. Un rayonnement qui ne répondait en aucune façon à une volonté politique de l'Espagne. Le destin des Juifs au XXe siècle ne permit pas à cette floraison de produire les fruits qu'elle annonçait.

Rutilances italiennes

D'autres lieux que la plaine du Pô et ses prolongements péninsulaires font usage de la langue à laquelle on dit que Dante et Pétrarque en poésie, Boccace en prose, donnèrent au XIVe siècle son état de quasi-perfection. L'italien se parle, sous diverses formes, non seulement en Italie continentale et dans les grandes îles voisines bordées par la mer Tyrrhénienne, mais encore dans le canton suisse du Tessin, dans le sud de celui des Grisons, en Istrie (Croatie), sans compter les communautés, émigrées dans d'autres pays d'Europe et en Amérique, qui ont su résister à la perte de son usage. En Slovénie, dans les autres parties de la Croatie et en Serbie, ainsi qu'en Albanie et en Grèce, il est souvent compris. Cette diffusion n'a pas été compromise par la diversité dialectale assez forte que l'Italie partage avec l'Allemagne, et qui en fait une terre où les parlers locaux, du ligure au calabrais et du bolognais au sicilien, diffèrent assez pour rendre la communication difficile aux locuteurs de régions éloignées entre elles. En fait, ces rides culturelles de l'histoire, si profondes qu'elles soient, n'ont pas empêché la diffusion très large, favorisée par les moyens audiovisuels, d'un italien commun dans toute l'Italie et au-delà. Au reste, la cohésion est plus grande au nord, industrialisé, que dans les parties méridionales de la péninsule. Cela n'est peut-être pas sans lien avec les demandes autonomistes qui manifestent aujourd'hui la renaissance du régionalisme lombard.

Le terreau latin est omniprésent, dans les racines et dans la dérivation, au point qu'il y a peu de latinismes identifiables, à la façon de ceux qui marquent certains styles écrits en anglais, ou même en français, pourtant langue néo-latine comme l'italien. Cette fidélité, qui fait de l'italien l'héritier le plus direct du latin, suffit-elle à fonder une vocation de langue commune en Europe ? Si l'on en doute, on peut, du moins, se demander quels épisodes historiques lui donneraient titre à ce statut. Avant même que l'ancien français, l'occitan ou le galicien ne fussent en Occident les véhicules d'une culture de cour, avant que les armes et le négoce n'établissent le bas-allemand au nord-est de l'Europe, la République de Venise, à la fin du XIe siècle, avait soutenu, contre les attaques normandes, la dynastie byzantine des Comnènes, ce qui lui valut l'exemption de droits de douane et le quasi-monopole du commerce dans tout l'empire d'Orient. La concurrence éphémère de Pise et de Gênes n'atteignit pas cette puissance financière, mais put contribuer à la diffusion de l'italien, qui était en usage, dès le XIIe siècle, à la Bourse de Constantinople. Il a laissé des traces, sous forme d'emprunts, dans diverses langues des Balkans. D'autre part, on sait qu'à la fin du XIXe siècle, un empire colonial italien s'était constitué dans la corne de l'Afrique, dont une trace est aujourd'hui l'usage de l'italien comme langue de culture et de commerce en Éthiopie, et surtout en Somalie. Mais ces divers moments de domination régionale en Europe et en Afrique, s'ils assurent à l'italien un rayonnement certain, ne peuvent lui donner de titre décisif au statut de langue commune en Europe.

On ne peut davantage retenir le polonais, dont la diffusion momentanée fut elle aussi régionale, se manifestant par la forte influence qu'il exerça sur le lituanien à partir de l'union politique du XIVe siècle, ainsi que sur l'ukrainien et surtout le russe blanc, avant le démembrement de la Pologne à la fin du XVIIIe siècle.

Les chemins de l'espéranto

Ce n'est pas aux dimensions de la seule Europe, mais à celles du monde que ses défenseurs souhaitent étendre l'emploi de l'espéranto. L'ardeur qu'ils y mettent dit assez que le cas ne ressemble à celui d'aucune langue naturelle. L'espéranto est la seule langue au monde dont on connaisse exactement et l'acte de naissance, une brochure de 1887 due à son inventeur, L. Zamenhof, et l'histoire entière. Zamenhof, convaincu de la nécessité d'une langue internationale (cf. pp. 167-168), et soucieux de faire mieux que Schleyer, l'inventeur du volapük, avait pris le parti non de créer de toutes pièces un nouvel idiome, ce qui aurait suscité, de par la masse des racines inconnues, d'insurmontables difficultés d'apprentissage, mais bien d'utiliser largement le latin, matrice ou base d'emprunt, selon le cas, d'une grande partie des langues d'Europe. Zamenhof ne faisait que systématiser une activité d'intervention qui caractérise la genèse de toutes les langues (cf. Hagège 1992). Certes, il n'était pas indispensable de conserver un cas sujet et un cas objet, c'est-à-dire, même ainsi réduite, une déclinaison nominale dont le modèle était offert à Zamenhof par les langues qui se parlaient autour de lui. Mais l'espéranto possédait aussi des avantages, comme le nombre réduit des expressions idiomatiques, ordinairement accumulées dans les langues naturelles par les figements sémantiques que produit une vieille histoire. Le succès initial de l'espéranto a démontré qu'une langue artificielle pouvait, par-delà les discussions théoriques sur sa légitimité, ou sur son inconsistance culturelle de pur instrument que n'alimente aucune tradition historique, fonctionner, tout simplement, comme moyen de communication.

La traduction en espéranto des grandes œuvres de la littérature universelle peut, certes, susciter quelque interrogation ; car la littérature vit de la forme et de l'expressivité des mots, comme des rythmes de phrases propres à chaque langue, qui dessinent pour tout auteur, au sein de cette langue, le profil d'un style individuel. En outre, les irrégularités, les subtilités sémantiques, l'absence de parfaite synonymie entre deux mots de sens voisins font la trame des langues humaines, et c'est cette apparente imperfection qui, elle aussi, nourrit le style littéraire et permet à l'individu, par le halo de pénombre qu'elle entretient et les résonances qu'elle sécrète, une expression moins infidèle de ses sensations. Mais l'espéranto pourrait un jour, grâce à une évolution spontanée qui le rapprocherait des langues naturelles, acquérir tous ces traits en devenant moins régulier. En outre, dans le domaine non littéraire des ouvrages techniques et savants, il s'est acquis un prestige et une efficacité dont témoignaient, à la fin du XIXe et au début du XXe siècle, les nombreux congrès où des représentants des nations les plus diverses s'entretenaient en espéranto.

Pourtant, la vertu principale de l'espéranto, à savoir de ne procurer d'avantage à personne puisqu'il est artificiel, n'a pas suffi à l'empêcher d'être supplanté par l'anglais, c'est-à-dire, précisément, une langue nationale particulière, et non une langue internationale inventée. Cette situation est évidemment contraire aux vœux de Zamenhof et des espérantistes, puisque, à leurs yeux, elle crée une inégalité. Mais d'autres langues que l'anglais, par leur vocation fédératrice, peuvent, en Europe, rétablir quelque équilibre. Ce sont l'allemand et le français. Ces derniers appartiennent, comme l'anglais, l'espagnol et l'italien, à l'une ou à l'autre des deux branches romane et germanique de l'indo-européen, qui se trouvent recouvrir à elles seules la plus grande partie de l'Europe occidentale, cependant que quatre langues appartenant à ces branches, l'anglais, l'espagnol, le portugais et le français, recouvrent la plus grande partie des trois Amériques. Il faut à présent se demander quels titres l'anglais, l'allemand et le français peuvent avoir à fonctionner en tant que langues communes, et de quelle manière chacun répond à la nostalgie européenne du futur.

CHAPITRE 2

L'Europe et l'anglais

Histoire peu commune d'une langue commune

Le destin de l'anglais le porte aujourd'hui aux antipodes. Pour apprécier sa vocation de langue commune dans le cadre de l'Europe, il convient d'examiner les sources de ce destin, et de se demander quel type de relation l'anglais entretient avec le continent où il est né.

César débarque en 55 av. J.-C. au sud des Îles Britanniques, alors habitées par des populations celtes. L'expédition de l'empereur Claude en assure la conquête à Rome à partir de 43 ap. J.-C. La romanisation de la province de Britannia est déjà bien avancée quand surviennent, au IIIe siècle, des incursions de peuples d'origine scandinave. C'est au Ve siècle que s'installent sur les côtes méridionales les Angles, venus du Schleswig-Holstein actuel. Bientôt les rejoignent d'autres peuples germaniques : les Jutes, du Jutland, et les Saxons, de Basse-Allemagne. C'est d'après les noms de ces conquérants venus de l'Allemagne du Nord et du Danemark occidental que l'on désigne comme anglo-saxon la langue germanique qui représente la première période de l'histoire de l'anglais. La christianisation ramène le latin à la fin du VIe siècle, et tandis que les anciens autochtones celtes sont refoulés à l'ouest, les Vikings reviennent aux VIIIe et IXe siècles sous les traits de leurs descendants danois et norvégiens, qui apportent à l'anglo-saxon de nombreux mots nordiques. Le vieil-anglais, qui résulte de ce croisement d'influences, est une langue à déclinaisons relativement complexes, où le nom distingue, par ailleurs, des genres grammaticaux. Cette langue est abondamment illustrée, dès le VIIIe siècle, par des œuvres épiques, poétiques et religieuses.

La deuxième période s'ouvre par un événement célèbre, et capital pour le destin de l'anglais : la conquête du pays par Guillaume, duc de Normandie, à la suite de sa victoire à Hastings en 1066. La conséquence en est la promotion du franco-normand au rang de langue officielle, utilisée, comme souvent en pareil cas, par l'aristocratie des conquérants et la noblesse locale, qu'elle assimile, tandis que les habitants des campagnes parlent l'anglo-saxon, et que le clergé, ainsi que les lettrés, se servent du latin, et, pour les usages savants, du grec. Cette deuxième latinisation de l'anglais l'enrichira de mots et expressions que les clercs introduiront avec plus de libéralité que leurs contemporains des milieux scribaux en France et en Allemagne. De là ce penchant latinisant de l'anglais littéraire moderne, qui frappe parfois les francophones, surpris de l'observer dans une langue non romane. On peut aussi saisir ici un des facteurs de la diffusion de l'anglais, idiome protéiforme : les langues classiques, fondement culturel de l'Occident, sont bien représentées dans son lexique ; c'est à travers l'anglais que le latin continue de pourvoir en termes techniques un grand nombre de langues du monde moderne.

Pendant cette deuxième période, dite celle du moyen-anglais, et qui dure jusqu'au XIVe siècle, le franco-normand demeure la langue de la loi et de la justice, y compris dans les juridictions de premier échelon. Il est enseigné à l'école dès le niveau élémentaire. L'Église elle-même, bien que, selon sa tradition, elle fasse une place à la langue locale, se sert du franco-normand dans la prédication, et certains évêchés et abbayes l'étendent à toutes les activités religieuses. Ainsi, durant près de trois siècles, l'anglo-saxon disparaît quasiment comme langue littéraire. La domination du franco-normand est encore renforcée des apports incessants dus à de nouveaux immigrants, Angevins, Picards, notamment, qui, certes, introduisent leurs variétés dialectales plutôt qu'une langue unifiée, mais sont en relation permanente avec la cour de France, où l'unification est en voie de se réaliser. Mais l'anglo-saxon demeure très vivant comme langue de communication, de sorte qu'il influence le parler des francophones, ce qui donne naissance à un français mêlé d'anglicismes, parodié par toute une littérature satirique en France : on y trouve des tours comme *vous voudra toer* ou *il voudra donier* pour *vous tuerez* ou *il donnera* (cf. Brunot 1966, t. I, p. 387 n. 4). En réaction contre ce jargon, les familles puristes envoient leurs enfants étudier dans les villes de France. Cependant, la situation se modifie peu à peu. Au début de la Guerre de Cent Ans, Édouard III d'Angleterre, vainqueur à Crécy (1346), ne parvient pas à s'adresser à ses troupes en un anglais audible. Mais il devra s'incliner devant la revendication de la bourgeoisie anglophone, qui réclame l'imposition de l'anglais dans les actes de justice. Car au cours du XIVe siècle, le français littéraire, qui demeurait jusqu'alors la langue des parties favorisées de la population, commence à reculer devant l'anglo-saxon, lequel apparaît de moins en moins comme l'idiome de masses peu scolarisées.

Dès lors, la nouvelle étape que traverse l'histoire de l'anglais est celle d'une langue mixte. Mais il ne s'agit pas de la variante anglicisée du franco-normand dont on s'égayait en France. Il s'agit de la féconde hybridation de l'anglo-saxon par le franco-normand. Les deux langues, en effet, se combinent alors pour composer un ensemble qui, loin de se dissoudre dans cette dualité, y puise au contraire une souplesse et une abondance lexicale dont les innombrables paires faites d'un membre anglo-saxon et d'un membre français, qui n'est pas son synonyme exact, sont une illustration bien connue. On a supposé également que l'influence du français est cause de la chute des consonnes uvulaires (« gutturales ») (conservées en Écosse), de l'abandon des déclinaisons, qui s'étiolaient au début du XIVe siècle en français écrit (étant presque sorties de l'usage parlé dès le milieu du XIIIe), et des changements dans l'ordre des mots. L'imprégnation du lexique est cependant le phénomène le plus frappant. Il est assez abondamment traité dans les manuels. Je rappellerai simplement ceci : l'anglais n'a pas seulement conservé des sens anciens dans des mots qui n'ont plus aujourd'hui ces sens en français, ou modifié le contenu de nombreux autres mots que les francophones, soumis à cette pression, en viennent à employer dans leur sens anglais (« faux amis », que j'appelle « clandestins » : cf. Hagège 1987, pp. 55-61), mais il a également gardé des mots médiévaux perdus en français moderne : *mischief* « dégâts, dommage », *pledge* « caution », *random* « hasard », *to remember* « se rappeler », etc.

Cependant, le franco-normand et l'anglais ainsi francisé, qui n'était déjà plus l'anglo-saxon, demeuraient deux langues de statut inégal, et la domination du premier sur le second, vécue comme un asservissement, suscitait une impatience croissante. En 1362, le *Statute of Pleading* établit l'anglais comme langue unique des tribunaux. À la fin du XIVe siècle, le français perd la place qu'il occupait dans l'enseignement. Le poète J. Gower, qui avait d'abord écrit en français, passe à l'anglais. Les premières œuvres de G. Chaucer sont en anglais et datent de cette époque. Avec elles, la littérature anglaise devient une des grandes littératures européennes. Enfin, Henri IV, qui règne de 1399 à 1413, est le premier roi d'Angleterre dont la langue maternelle ait été l'anglais. À partir du XVe siècle, une norme linguistique de compromis commence à s'établir. Ainsi est inaugurée la troisième période de l'histoire de cette langue, celle de l'anglais moderne. Au cours de cette période, une langue unifiée finit par se substituer à l'existence séparée de deux idiomes : franco-normand chez les descendants des conquérants du XIe siècle, et anglo-saxon parmi les populations locales. Cette langue unifiée possède déjà les traits de l'anglais moderne : les déclinaisons et le genre disparaissent, la morphologie verbale se simplifie par clôture de la classe des verbes irréguliers et fixation des oppositions de temps ; alors se multiplient les tournures idiomatiques qui constituent une des principales difficultés d'une langue dont les bases élémentaires sont réputées « faciles » à acquérir : ainsi les expressions verbales (proprement anglo-saxonnes) à adverbe orientateur postposé, dit « postposition », du type *to give up* « abandonner » ou *to put by* « économiser » dont le sens, s'il n'est pas connu, ne peut, en général, être inféré par analyse.

C'est vers la fin du XVe siècle que l'orthographe, en partie sous l'impulsion de celui qui introduit l'imprimerie en Angleterre, W. Caxton, commence à se fixer, et même à se figer, au moment où le système phonologique est en pleine évolution. De là une dysharmonie entre les prononciations et les graphies, caractéristique tout aussi frappante en anglais qu'en français, et due aux mêmes causes. Aucun des essais de réforme ultérieurs ne parvint à modifier cette situation ; et aux États-Unis, la seule intervention réussie est due à N. Webster, au moins pour celles des propositions contenues dans son *Dictionnaire* de 1828 qui ont été consacrées par l'usage comme des signes distinctifs de l'orthographe américaine. Ce qui est vrai des tentatives de réforme de la graphie l'est aussi de celles qui concernent la grammaire. L'anglais, tel un jardin à la mode du pays où il est né, n'a jamais pu être codifié vraiment, en dépit de nombreuses entreprises, de T. Smith et J. Hart au XVIe siècle à des écrivains aussi éminents que J. Swift au XVIIIe, en passant, au XVIIe, par J. Dryden et D. Defoe, ces derniers inspirés par le modèle de l'Académie française (cf. Ayto 1983). Aux XVIe et XVIIe siècles, l'anglais, comme les autres langues d'Europe occidentale, emprunte au latin des termes techniques, ce qui représente dans son histoire une troisième latinisation. Mais à partir de la fin du XVIIIe siècle, le destin de l'anglais s'engage sur une nouvelle voie, comme il apparaît à un signe qui ne peut tromper : il devient la langue européenne qui emprunte le moins, et du même coup celle qui prête le plus.

Cette histoire de l'anglais, retracée ici à gros traits, n'est pas d'un type courant dans le monde des langues. Le hasard a placé l'anglais au confluent de facteurs d'instabilité qui ont, en se regroupant, fortement accéléré les processus d'évolution, entraînant, de ce fait, une série de changements si radicaux, que peu de langues en offrent d'exemples. En effet, on note d'abord que le germanique occidental commun, branche de l'indo-européen à laquelle appartenaient les usages introduits en Angleterre par les Angles, les Jutes et les Saxons, n'était pas alors parvenu à un état d'équilibre : les modifications de consonnes et la force de l'accent sur la première syllabe, ainsi que les variations des voyelles au contact des sons qui les entouraient, y altéraient profondément la physionomie des mots. À ces facteurs structuraux, d'origine interne, s'ajoutaient des causes externes de changements : les tribus germaniques étaient en déplacement constant, d'où de vastes brassages de populations, produisant des évolutions rapides dans les modes de vie. De surcroît, la langue celtique que rencontrèrent en Angleterre ces tribus germaniques, à savoir le brittonique, n'était pas non plus parvenue, elle-même, à un état de réelle stabilité. Depuis l'époque du celtique commun, les langues de cette branche n'avaient pas cessé de se transformer, le dernier en date de ces changements rapides, celui qu'avait provoqué l'influence romaine, étant en plein déroulement. Par suite, en adoptant la langue des conquérants germaniques, les Celtes autochtones accentuèrent encore son instabilité. Il en résulte que le vieil-anglais présente, par rapport à son ancêtre germanique, des traits tout à fait nouveaux, notamment en ce qui concerne les voyelles. Il en reste des traces clairement audibles en anglais contemporain. Mais la singularité de l'anglais parmi les langues germaniques réside aussi dans les tendances qui préparent de nouveaux changements.

Or rien n'est venu faire obstacle aux effets de ces tendances. Il n'existait pas, au Xe siècle, de langue littéraire qui pût, comme il arrive fréquemment, constituer une force de stabilisation. La seule langue savante était le latin. Au surplus, la féodalité, qui régnait alors, est un régime de dispersion : le vieil-anglais, tel que l'illustre le poème de *Beowulf* (VIIIe-début du XIe siècle), n'est pas une langue tout à fait unifiée. L'invasion franco-normande n'a pu qu'accroître l'éclatement. En effet, la noblesse francophone n'était guère répandue dans le pays, et n'éprouvait pas le besoin d'une langue commune. Les parlers anglo-saxons qu'ont continué d'utiliser les populations des campagnes ont pu, durant près de trois siècles, évoluer sans freins, n'étant pas contenus par les règles qu'impose ordinairement une langue destinée aux relations générales. En conséquence, lorsque l'anglais, fortement mêlé d'apports franco-normands, devient langue de tous en Angleterre, c'est-à-dire lors de la troisième période de cette histoire linguistique, aux XIVe-XVe siècles, l'équilibre enfin atteint est celui d'un idiome que cette série de facteurs d'instabilité ont rendu profondément différent du germanique commun, tant par sa prononciation que par sa grammaire. Celle-ci ne reflète plus qu'à peine le visage de l'indo-européen, et rappelle davantage, notamment par une conjugaison où les variations sont strictement réduites, les langues d'Asie du Sud-Est ou d'Afrique centrale.

Il n'est pas impossible que la nature composite d'une langue où se combinent tant d'influences linguistiques occidentales l'ait prédestinée à servir un jour de trait d'union. D'autre part, l'hétérogénéité de l'anglais, où l'histoire a superposé des couches disparates, pourrait être une des causes de sa résistance, notée ci-dessus, aux essais de codification. Une autre cause est qu'à la fin du Moyen Âge, quand la langue se stabilise enfin, il en est de même du milieu social. Par suite, si l'on excepte, précisément, les parties non assimilées des minorités celtiques, c'est-à-dire irlandaises, écossaises et galloises, la société anglophone, à partir de cette époque, ne connaîtra plus la situation de déséquilibre créée par une longue période de domination d'un pouvoir politique étranger sur des minorités ; or on sait (cf. chap. 8) que cette situation qui, du reste, n'était pas exactement celle de l'Angleterre du XIe au XIVe siècle, suscite le plus souvent une sollicitude réformatrice à l'égard de la langue, promue symbole suprême de la nation. Enfin, une dernière cause de l'absence de toute planification est la primauté mondiale de l'anglais, qui l'impose assez pour rendre vaines, apparemment, les mesures destinées à l'améliorer. Il faut donc rechercher, à présent, les raisons de cette primauté.

La diffusion européenne de l'anglo-américain : esquisse d'explication

Ainsi construit par une histoire qui en a fait la plus aberrante et la plus moderne des langues germaniques, l'anglais apparaît aux yeux de beaucoup comme « simple », même si cette notion, prise absolument, n'a pas beaucoup de sens. Mais la simplicité supposée de l'anglais ne suffirait pas à expliquer son succès dans les pays d'Europe s'il ne s'y ajoutait un autre facteur, beaucoup plus décisif : son extension, coloniale à l'origine. Sur le détail du phénomène, je n'insisterai pas ici, car il est bien connu. Je rappellerai seulement que des États-Unis à l'Australie et à la Nouvelle-Zélande, de l'Afrique du Sud au Canada, sans compter les pays tout aussi vastes, comme l'Inde par exemple, où il a le statut de langue officielle, bien que non nationale, l'anglais a été porté, par le commerce et par les armes, sur d'immenses étendues, partout à travers le globe. Certes, il ne s'agissait pas d'un phénomène européen. Mais devenu la langue des relations politiques et économiques des pays d'Europe avec toutes ces terres lointaines qu'il leur rendait si proches, l'anglais a, par contrecoup, pris une importance considérable sur le continent d'où il tire son origine. D'autre part, l'énorme production de spectacles et d'informations, à prix avantageux et promptement amortis, qui se répand sur le marché européen est l'outil privilégié d'un harcèlement médiatique singulièrement efficace. Investie par l'anglais, l'Europe multilingue est toute bruissante de slogans unilingues.

Le résultat correspond à ce qu'on peut prévoir : l'anglais apparaît aux Européens comme la langue qui répond le mieux à cet irrépressible besoin de communiquer qu'on peut appeler la *pulsion dialogale.* En cela, il remplit les fonctions assignables à une langue commune. Premier idiome, dans l'histoire de l'Europe, à conquérir des espaces aussi vastes, l'anglais semble plus qu'aucun faire écho à cette *nostalgie de fusion* que produit la pulsion dialogale, et qui rend impatient d'abattre les murailles des langues, dans un monde considéré, par certains, comme trop babélisé. Mais les sociétés humaines sont traversées de forces antagonistes. À la nostalgie de fusion s'oppose l'*ivresse d'altérité*, dont le nationalisme linguistique est l'expression la plus spectaculaire. Cette soif d'affirmation par les langues, dans une Europe où nous verrons qu'elles exaltent souvent les consciences patriotiques, est de nature à réduire la pression d'une langue commune, bien qu'elle n'en annule pas le besoin. L'Europe se trouve donc à la fois ouverte à l'anglais et retranchée sur la défense de ses richesses linguistiques.

Moins apparent, cependant, que les autres, un facteur supplémentaire existe, qui aiguise cet antagonisme de deux forces, en accroissant le pouvoir de l'anglais. On pourrait croire, et l'on croit souvent, que sa diffusion n'est pas officiellement soutenue par les pays anglophones, puisque aussi bien, il est assez naturellement porté par le dynamisme de ces derniers pour qu'un soutien semblable ne soit pas nécessaire. Mais c'est là une erreur. Les voies de l'hégémonie sont encore aujourd'hui ce qu'elles étaient dans l'Empire romain. Une puissance économique mondiale met autant de détermination à servir sa langue qu'à conquérir des marchés pour ses produits. Les deux entreprises sont, au reste, solidaires, car l'exportation de la langue, de manière toute naturelle, ouvre la voie à celle des marchandises. Certes, dans un pays comme les États-Unis, le pouvoir, en divers domaines, n'appartient pas seulement au centre, et par conséquent, le gouvernement fédéral n'est pas directement engagé par les actions de certaines entreprises privées, comme celles qui posent, pour préalable de généreux financements accordés à une université, l'abandon d'une langue bien établie, au bénéfice de l'anglais (cf. Marcel 1973). Mais en réalité, les opérations de ce type servent, autant que les intérêts privés, la langue des États-Unis à travers leur expansion commerciale.

À ces facteurs externes, expansion économique, besoin d'une langue commune, politique de soutien, s'en ajoutent encore d'autres qui, conséquences des précédents, produisent à leur tour un surcroît de diffusion. L'anglais se trouve être, de toutes les langues du monde, celle qui évolue au plus près des besoins, et la première à les exprimer. Il n'y a pas lieu de s'en étonner, puisqu'il est la langue des pays, situés, pour l'essentiel, en Amérique du Nord, où, dans la vie matérielle et intellectuelle, les besoins naissent, suscitant donc une activité de recherche scientifique et technique destinée à y répondre. Dès lors, ce sont des mots anglais qui traduisent les appétits contemporains, les uns naturels, les autres artificiellement créés ; en se répandant partout, ils répandent évidemment ces appétits ; et d'autres mots anglais désignent les produits qui satisfont ces derniers ; les produits en question font eux-mêmes pénétrer en tous lieux, dans leur sillage, les noms qui les expriment. Certes, une intense activité néologique est déployée en bien des pays, comme la France et le Québec pour le français, afin de contenir cet afflux par la création d'équivalents dans d'autres langues. Mais le nombre des nouveaux mots anglais et le rythme de leur accroissement sont si considérables que les commissions de terminologie sont constamment menacées de ne plus suffire à la tâche, tout autre que celle des arbitres de langue du XIXe siècle : ces commissions traitent une matière presque industrielle, par ses dimensions et les techniques qu'elle requiert.

Dès lors, la tentation est grande, pour l'usager, d'adopter le terme anglais, prononcé au plus approchant. L'anglais paraît illustrer le meilleur rapport entre coût et profit. En effet, ceux qui, non contents d'adopter des vocables dispersés, entendent acquérir une pratique minimale afin de pouvoir communiquer investiront d'autant plus d'efforts dans l'opération qu'ils en attendent davantage de profit. Or la position internationale de l'anglais paraît garantir ce profit, puisque tout Européen qui le connaît peut, dans les conditions actuelles, s'entretenir par ce moyen avec tout autre Européen dont il n'a pas l'intention d'apprendre la langue. Ainsi, l'effet devient cause : l'anglais, répondant à une très forte demande, est aujourd'hui, dans la plupart des pays d'Europe, la première langue enseignée. Il surclasse même, dans beaucoup d'entre eux, celles des États voisins, avec lesquels, pourtant, ces pays entretiennent des relations importantes et régulières. Les facteurs se conjuguent et se renforcent pour assurer la diffusion européenne de l'anglo-américain.

Retours d'Amérique

L'anglais, que porte un aussi puissant dynamisme, est-il bien cette langue d'une Grande-Bretagne dont aujourd'hui la revendication séparatiste des Écossais risque de réduire le champ déjà peu étendu ? Dès avant la Première Guerre mondiale, la forme américaine de l'anglais était très répandue en Europe, par le commerce, les arts du spectacle et les effets de la puissance économique et politique. En janvier 1918, avant même l'issue du conflit, c'est une proposition américaine, les fameux Quatorze Points du président W. Wilson, qui non seulement préconise la création d'une Société des Nations en reprenant une vieille idée européenne, mais encore réorganise la carte de l'Europe. Et cela se fait en anglais, préparant l'étrange innovation du traité de Versailles, qu'un bon observateur, contemporain de l'événement, présente en ces termes :

> « C'est un général français qui commandait les troupes alliées lors de la victoire finale. Mais quand ont commencé les négociations entre alliés nécessaires pour préparer les traités, il s'est trouvé que les chefs des délégations britannique et américaine ne savaient pas le français, tandis que le chef de la délégation française parlait couramment l'anglais, et presque toutes les discussions préliminaires ont eu lieu en anglais. Par une innovation singulière – et absurde –, le traité de Versailles a été rédigé en deux langues, le français et l'anglais, les deux textes faisant également foi, et, à lire le traité, on a souvent l'impression que le texte français est traduit de l'anglais. La fin d'une guerre où la France a joué le premier rôle militaire a

donc consacré la ruine du privilège qui faisait du français l'unique langue diplomatique. » (Meillet 1928, p. 254.)

Entre les deux guerres, la suprématie américaine, de plus en plus affirmée, notamment de manière négative lors de la crise de 1929, ne cesse de répandre l'anglais d'Amérique. Et surtout, à la fin de la seconde, dans une Europe exsangue et dont la coûteuse victoire n'efface pas les humiliations, ce sont les échos de l'anglais américain qui sont entendus, car ceux qui les font résonner sont des soldats parés du prestige des libérateurs, dont les compagnons d'armes ont donné leur vie pour contribuer à sauver l'Europe. Les sourires des héros ont remplacé le visage grimaçant de l'ordre nazi. On les écoute donc, on répète leurs mots. Au Danemark, en Suède, en Finlande, en Pologne, en Hongrie, l'anglais américain commence à s'imposer aux dépens de l'allemand, jusqu'alors deuxième langue habituelle. L'anglais britannique avait des positions solides comme langue du commerce des mers, aux Pays-Bas et en Norvège, depuis le XIXe siècle. Mais en 1945, libérés d'une occupation qui fut lourde dans les deux cas, ces pays deviennent ce qu'ils sont encore aujourd'hui : de fermes bastions de l'anglais américain, qui y est largement et efficacement enseigné, et connu d'un pourcentage de la population plus élevé qu'ailleurs en Europe. Cela est devenu de plus en plus vrai, aussi, dans la partie néerlandophone de la Belgique, notamment par réaction contre le français.

Ces pays diffusent donc l'anglais américain avec le même zèle que ceux qui, en dehors de l'Europe, l'ont adopté pour faire connaître leurs valeurs et leurs techniques : Japon, Israël, Chine. En Allemagne, la longue présence des troupes d'occupation américaines a servi leur langue, comme l'a servie, parmi les scientifiques et universitaires, le prestige de la recherche et des techniques des États-Unis, surtout dans des domaines de pointe, tels que la physique atomique, la robotique, la chimie des interactions moléculaires, la neurologie, et diverses formes de pathologie.

Le prestige des modèles américains, de même, répand largement la langue des États-Unis parmi les chercheurs, écrivains et artistes des anciens pays communistes d'Europe, où le russe n'a jamais connu de diffusion aussi large, ni constitué une source d'emprunt aussi importante, que l'anglais à l'ouest. En outre, le russe s'y trouvait desservi, jusqu'au milieu des années quatre-vingt, par l'image défavorable d'une langue porteuse de slogans et de propagande. L'anglais apparaissait aux intellectuels anticommunistes des pays de l'Est comme une langue de liberté, et d'informations sûres : s'en servir dans des assises publiques, ou même dans des travaux spécialisés, était un signe d'affirmation politique. Aujourd'hui, les régimes communistes ont disparu. L'anglais plaît plus largement encore, car il porte les valeurs d'une civilisation qui jouit pour le moment d'une indéniable sympathie, et dont on souhaite imiter le modèle. Le russe est évidemment la victime de cette situation. On observe aujourd'hui un sérieux recul du russe dans les anciennes démocraties populaires : est de l'Allemagne, Pologne, Hongrie, Tchécoslovaquie, ou encore Roumanie. Les professeurs de russe y sont contraints, sous peine de perdre leur emploi, à se convertir en professeurs d'anglais. Cet état de fait, peut-être provisoire, n'en est pas moins surprenant.

Ainsi, on peut considérer que l'anglo-américain, de 1945 à 1960, c'est-à-dire durant la période décisive qui suit l'embrasement mondial, a occupé pour toute une génération la place laissée vacante par le recul de l'allemand, langue des vaincus et des anciens bourreaux, la stagnation du russe, langue de contrainte comme sous les tsars, et l'absence provisoire du français, langue d'une France alors fort affairée à amortir le choc des années de guerre, et de plus engagée dans des conflits coloniaux. Par ailleurs, l'anglais était loin d'être impopulaire en Union Soviétique, même aux heures les plus tendues de la guerre froide. Le peu d'intérêt manifesté par les Soviétiques, au moins à titre officiel, pour l'allemand et le français, ainsi que la faveur qu'ils ont vite accordée à l'anglais comme langue à vocation internationale, ont été des causes supplémentaires de sa très forte promotion en Europe. Avant les années quarante, il se trouvait, certes, bien établi déjà. Mais il a considérablement étendu son empire en quelques décennies. Et la nouvelle configuration de l'Europe depuis le début des années quatre-vingt-dix est en train de renforcer encore ses positions.

Quels rapports entretient avec l'anglais britannique, langue européenne, cet anglais américain dont la domination semble bien établie aujourd'hui ? La différence entre leurs destins est sensible. La Grande-Bretagne, moins européenne qu'insulaire, était plus éprise du large que de ces terres continentales pourtant si proches, entre lesquelles elle entendait surtout maintenir l'équilibre, qu'aurait mis en péril, à ses yeux, la constitution d'un trop puissant empire en France, en Espagne ou dans les pays germaniques. Dès lors, la langue anglaise n'avait pas de vocation européenne particulière, ou en avait une bien moindre que le français ou l'allemand, même en ce XVIIIe siècle où la monarchie parlementaire d'outre-Manche paraissait un modèle à Voltaire. Mais quand il devint clair qu'un somptueux avenir attendait les jeunes États-Unis indépendants, c'est-à-dire dès 1835-1840, période où parurent les deux livraisons successives de l'ouvrage d'A. de Tocqueville *De la démocratie en Amérique*, on pouvait prévoir que cette projection de l'Europe allait jouer un rôle dans l'histoire du vieux continent. On ignorait, alors, que les États-Unis s'enrichiraient des très nombreux apports ethniques qui, au cours du XIXe siècle, allaient en faire un condensé du monde.

Cette situation, indépendamment même de la position qu'assure à l'anglais sa primauté dans les anciens dominions rattachés à la couronne britannique, lui donne, au sein des frontières américaines, une singulière puissance d'union. L'usage de l'anglais est une pièce maîtresse de cette citoyenneté qui relie entre eux Indiens autochtones et descendants d'esclaves africains, ainsi que Néerlandais et Français, que Chinois et Syriens, que Japonais et Italiens, que Lituaniens et Mexicains, que Portoricains et Allemands, que Finnois et Haïtiens, tous habitant la même terre que les pères fondateurs anglais, irlandais, écossais et gallois, en dépit des criantes inégalités de la société américaine. Les uns conservent l'usage familial de leur langue d'origine, les autres la perdent en une ou deux générations, d'autres encore en parlent une version américanisée, tous ont pour première langue l'anglo-américain. Et c'est sous cette forme que l'anglais a fait retour en Europe à la fin du XIXe siècle. C'était là le destin paradoxal de l'anglais : s'il devait avoir vocation de langue commune en Europe, il fallait que ce fût par un détour, à la faveur de cette dérive coloniale dont il n'attendait pas une telle issue.

Cet anglais revenu sur les rivages qui l'avaient vu appareiller autrefois est-il encore une langue européenne ? On peut en débattre. Un fait étrange est que l'anglais d'Amérique ne soit pas devenu une tout autre langue que celui de Grande-Bretagne, en un temps, environ deux cents ans si l'on prend pour repères la Déclaration d'indépendance (1776) et la fin des années soixante-dix de ce siècle, qui suffit à de grands changements : c'est à peu près le temps de formation des créoles aux Antilles, sur les bases de l'anglais, du français, de l'espagnol, du portugais ou du néerlandais (cf. Hagège 1985, chap. 2 et 1992, chap. 4). La préservation de l'unité linguistique s'explique ici de la même façon que dans le cas du français québécois et acadien, ou de l'espagnol et du portugais en Amérique latine; un temps de séparation plus long encore n'a pu transformer ces deux derniers au point de les rendre différents de leurs bases européennes : l'Atlantique a quasiment fait fonction de mer intérieure au sein de ce vaste ensemble euro-américain, dont la cohésion linguistique était assurée par les ponts que l'Europe latine et l'Europe anglo-saxonne jetaient au-dessus des flots, en se prolongeant, dans ce continent neuf, par quatre de leurs langues. Dès lors, les courants incessants du commerce et de la culture n'ont plus laissé de répit aux Amériques, lesquelles, au demeurant, ne le souhaitaient pas, suivant tout aussi résolument ces courants dans l'autre sens. Il ne s'est donc créé aucune des conditions qui, dans l'histoire des langues, favorisent ordinairement l'éclosion de formes aberrantes à partir d'idiomes vivant loin de leur terreau d'origine : l'isolement, le repli ou le rejet volontaire des influences externes.

Est-ce assez pour dire que l'anglo-américain appartienne organiquement à l'Europe ? Si l'on adopte pour discriminant de l'identité de langue la possibilité de se comprendre, l'anglo-américain n'est pas une langue différente de l'anglais britannique. Qui ne sait, pourtant, que deux anglophones dont l'un vient des États-Unis et l'autre d'Angleterre s'identifient dès les premiers mots ? Confrontés à un monde où les espèces vivantes, de même que l'environnement, la nature, le climat, étaient pour eux nouveaux, les colons des origines empruntèrent des termes aux langues indiennes autochtones, notamment celles des familles algonquienne et iroquoise. La relation avec les Noirs enrichit aussi le vocabulaire de l'anglais américain, notamment dans les domaines musical et folklorique. Par la suite, au gré des immigrations, la langue reçut, entre autres, des apports allemands, néerlandais, français, yidich, espagnols, italiens. Certes, en dehors de ceux qui s'expliquent par ces strates diverses, la plupart des traits apparemment originaux de l'anglo-américain ont en fait une source anglaise, dans l'espace ou dans le temps : tantôt ils se retrouvent en un des dialectes britanniques, tantôt ils conservent un usage autrefois attesté en anglais de Grande-Bretagne. Mais ils n'en sont pas moins perçus par une oreille anglaise comme spécifiques de l'anglo-américain.

Ces traits sont bien connus (cf., notamment, Chevillet 1991, chap. 4) et je n'en rappellerai ici qu'un petit nombre. Sur le plan phonique, le *o* long ou le *ow* de *boat* « bateau », *know* « connaître », *soul* « âme », ainsi que le *r* roulé qu'on entend entre les voyelles dans *better* « meilleur » ou dans *latter* « dernier » sont caractéristiques de ce qu'on appelle « General American », c'est-à-dire de l'accent répandu par la télévision et qui reflète, plus ou moins, les usages autres que méridionaux ; à ces deux traits de l'anglo-américain s'opposent, respectivement, le *œw* et le *t* de la RP (Received Pronunciation), qui est la norme de prestige en Grande-Bretagne.

En morphologie, les prétérits et participes passés *burned*, de *burn* « brûler » ou *dreamed*, de *dream* « rêver », s'emploient généralement aux États-Unis de préférence à *burnt* ou *dreamt*, qui sont d'usage en anglais britannique ; d'autre part, l'adjectif intensif est souvent employé au lieu de l'adverbe en américain parlé : *it's real good* « c'est vraiment bon » correspond à l'anglais européen *it's really good.* En syntaxe, l'anglo-américain emploie souvent plus d'auxiliaires : il se sert de *do* avec *have* dans l'interrogation, et ajoute *would* au verbe qui suit *wish* : *do you have a pencil ?* « as-tu un crayon ? » et *I wish I would have done it* « j'aurais souhaité le faire » sont des structures plus courantes que *have you got a pencil ?* et *I wish I had done it*, usuels en Grande-Bretagne. Dans le domaine du lexique, il existe évidemment de très nombreuses différences : je rappellerai seulement *autumn* « automne », *carpark* « parking » (!), *biscuit* « biscuit », *flat* « appartement », *handbag* « sac à main », *lorry* « camion », *petrol* « essence », *sitting-room* « salon », *sweets* « bonbons », *tin* « boîte de conserve », *trousers* « pantalon », auxquels correspondent respectivement, en anglo-américain, *fall*, *parking-lot*, *cookie*, *apartment*, *purse*, *truck*, *gas*, *living-room*, *candies*, *can*, *pants.*

Certains de ces mots britanniques ne sont pas inconnus aux États-Unis, mais aucun n'y est courant. Inversement, il existe des mots utilisés des deux côtés de l'Atlantique, mais inventés aux États-Unis, comme *belittle* « déprécier », dû à Jefferson, *lengthy* « long, longuet », *gobbledygook* « discours ou écrit pompeux plein de latinismes », etc. Et surtout, un nombre considérable de constructions verbales à « postpositions », et un nombre plus considérable encore de sens particuliers dans les verbes sont des américanismes, bien qu'on les connaisse en Grande-Bretagne. Enfin, dans le domaine visuel qui est celui de la graphie, chacun sait qu'il existe des différences d'usages : ainsi, on écrit *colour* et *centre* en Angleterre, mais *color* et *center* en Amérique.

Tout cela ne suffit pas, sans doute, pour qu'il s'agisse de deux langues distinctes. C'est assez, néanmoins, pour que celle qui, aujourd'hui, se répand puissamment en Europe ne paraisse pas de facture tout à fait européenne. D'autre part et surtout, les conditions d'emploi sont différentes. La forme d'américain dont la diffusion a été si rapide est une sorte de commun multiple répondant aux besoins immédiats de l'échange dialogal à l'échelle universelle. Les phrases y sont brèves, les formules raccourcies y abondent. C'est un outil propre à faciliter les relations dans des domaines où il importe moins de cultiver une esthétique expressive que de transmettre et de recevoir des messages non ambigus : navigation aérienne, où le souci est d'éviter les accidents, rapports commerciaux qui, concernant de vastes marchés, ont besoin d'une langue claire et pratique, tourisme et loisirs, qui s'adressent, dans des pays au niveau de vie élevé, à une clientèle large et diversifiée, et, bien entendu, échange de paroles au sein de groupes linguistiques hétérogènes qui n'ont pas d'autre moyen d'entrer en conversation. Mais à côté de cet américain de commodité, il existe, aux États-Unis comme en Grande-Bretagne, une langue anglaise dont chaque anglophone de naissance peut s'assurer un usage plus personnel ou plus raffiné. Cet anglais littéraire, qui est quasiment identique dans les deux pays, est autre chose que l'anglo-américain à vocation de langue commune. Ils se distinguent tous deux de ce qu'on appelle les NNVE (Non Native Varieties of English). Il s'agit de ces variantes locales de l'anglais que l'on entend aujourd'hui dans les nombreux pays où, bien qu'il ne soit langue maternelle que pour une poignée de privilégiés, il est solidement implanté, soit comme langue officielle, soit comme seconde langue commune, soit comme moyen de communication avec tout étranger : Inde, Pakistan, Malaisie, Thaïlande, Corée du Sud, Philippines, Ghana, Nigéria, Ouganda, Tanzanie, Zimbabwé, etc.

Si ces variantes, dont les conditions d'emploi et les environnements linguistiques locaux sont très différents, peuvent un jour diverger au point de n'être plus comprises des anglophones d'Europe, en revanche, l'anglo-américain est susceptible de garder une certaine cohésion. Les langues communes, en effet, tendent à se fixer. Car elles ne peuvent s'écarter trop fortement d'une sorte de norme autour de laquelle s'établit ce consensus même qui définit leur statut de moyens internationaux d'échange. Que leur pouvoir de diffusion soit ainsi lié à l'absence de flottement ne signifie pas qu'elles soient enfermées dans l'étau rigide de règles contraignantes. Langue commune n'exclut pas souplesse, mais exclut simplement divagations sans freins. Certes, il est bien connu que toute langue humaine a pour destin de se diversifier. Pourtant, l'efficacité du martèlement publicitaire se conjugue avec celle de la pulsion dialogale pour laisser prévoir que l'anglo-américain pourrait résister quelque temps aux forces de dislocation.

Dans ces conditions, la seule variété d'anglais qui, par opposition à lui, soit une langue européenne est celui de Grande-Bretagne, auquel il faut ajouter, selon un critère politique et culturel, celui des territoires situés hors d'Europe et relevant de l'administration britannique. L'anglo-américain n'est pas plus européen qu'africain ou asiatique. Dès lors, ne conviendrait-il pas de réformer l'enseignement des langues, dans les pays d'Europe, en introduisant davantage d'équilibre ? Il est surprenant, par exemple, même si on vient d'en donner les raisons, que l'anglais, qui n'est idiome maternel unique que dans un seul pays d'Europe, et non un pays étendu, soit devenu langue seconde dans la plus grande partie du continent, alors que les russophones sont 2,5 fois plus nombreux que les anglophones britanniques sur ce continent, et que le rapport des superficies occupées par chacune de ces deux communautés linguistiques est de 21,5 à 1 ? On a vu le rôle joué par l'enseignement dans la diffusion de l'anglais en Europe. Or l'école est une institution, et comme telle, elle résulte de lois produites par les sociétés. Ne pourrait-on pas réformer les lois sur ce point ?

La cohésion de l'Europe a tout à gagner dans une large connaissance des langues européennes par les générations d'écoliers qui seront les adultes des premières décennies du XXIe siècle. Il conviendrait donc de substituer à l'état actuel, où l'anglais, même s'il n'est pas réputé obligatoire, draine à lui la majorité des élèves, un état nouveau, où la loi, tout en tenant compte de l'état de fait qui donne à l'anglais une place importante, attribuerait un statut solide, dans chaque pays, à deux catégories de langues. Il s'agit, d'une part, de celles des pays voisins, partenaires naturels : un grand nombre d'écoliers, devenus adultes, auront intérêt, dans leur vie privée et professionnelle, à connaître ces langues plutôt que l'anglais, dont l'enseignement occupe, en France par exemple, une place probablement très supérieure aux besoins véritables. La seconde catégorie qui mériterait de recevoir un statut légal solide est celle des autres langues européennes à vocation fédératrice. Les chapitres suivants examinent, précisément, deux de ces langues.

CHAPITRE 3

L'allemand et l'appel de l'Est

Enfances et croissances

Les Germains, descendants de conquérants qui vivaient probablement dans le Jutland à la fin du IIe millénaire précédant l'ère chrétienne, ne sont mentionnés que tardivement, chez César au Ier siècle av. J.-C., et chez Tacite au Ier siècle ap. J.-C. Mais répandus neuf cents ans plus tôt dans les plaines qu'occupent aujourd'hui le nord de l'Allemagne et de la Pologne ainsi que la Suède méridionale et le Danemark, ils ont dû constituer cinq groupes (cf. Feuillet 1983, p. 40) : celui de la mer du Nord (d'où partirent les trois peuples qui envahirent la Grande-Bretagne au Ve siècle : cf. p. 33), celui de l'Elbe (ancêtre des peuples d'Allemagne du Sud, d'Autriche, de Suisse, d'Italie du Nord), celui de la Weser et du Rhin (ancêtre des Francs), celui du Nord ou scandinave, enfin le groupe oriental de l'Oder et de la Vistule (ancêtre des Vandales, des Burgondes et des Gots (Ostrogots et Wisigots), ainsi que d'autres peuples qui se répandirent, de la mer Noire à l'Espagne, dans les limites extrêmes de l'Empire romain). Le germanique, langue originellement commune à ces cinq groupes, a éclaté, probablement à la fin du Ier millénaire av. J.-C., en trois branches, le nordique, l'ostique et le westique. La première devait donner les langues scandinaves, la deuxième contenait des langues qui ont toutes disparu et dont une seule nous est connue, grâce à Ulfila (cf. p. 133) : le gotique, précieux témoin d'un état fort ancien, encore proche du germanique.

Quant au westique, les trois groupes de populations auxquels il était commun, à savoir ceux de la mer du Nord, de l'Elbe et du Rhin, se dissolvent à travers d'importantes migrations, en sorte qu'au début de l'ère chrétienne, il n'existe plus qu'un ensemble dit tudesque, et subdivisé en vieux bas-allemand et vieux haut-allemand. Le premier comprend, pour l'essentiel, le bas-francique et le bas-saxon, et il est l'ancêtre du bas-allemand et du néerlandais actuels. Quant au vieux haut-allemand, ses parlers méridionaux : souabe, bavarois et alémanique, se distinguent de ceux des provinces du centre : francique, thuringeois et haut-saxon, dont une mouture ultérieure, à la puissante cohésion, le moyen haut-allemand (XIe-XIVe siècles), sera illustrée par une riche littérature. Et dès la seconde moitié du XIVe siècle apparaît une forme moderne du haut-allemand, qui prépare l'action décisive de Luther.

En choisissant pour sa traduction de la Bible, en 1534, le dialecte thuringeois-haut-saxon, sa langue maternelle, Luther établit les bases d'une norme écrite unifiée, qui devait devenir l'allemand moderne, compris aujourd'hui à travers un territoire compact, un des plus homogènes d'Europe, de Flensburg au Tyrol et de la Forêt-Noire à la frontière polonaise. Mais les usages parlés étaient fort diversifiés, et ils demeurent aujourd'hui très vivants. Les différentes formes de l'allemand oral couvrent actuellement une zone assez étendue pour l'Europe. La majorité des 92 millions de germanophones se trouve en Allemagne réunifiée, en Autriche et en Suisse alémanique. Moins de 100 000 vivent dans les cantons belges d'Eupen et de Malmédy (où l'emploi de l'allemand est protégé), dans le Schleswig septentrional (Danemark), au Liechtenstein, au Luxembourg, en Alsace, dans une partie de la Lorraine et au Tyrol méridional (Italie). On en trouve, d'autre part, en nombres variables, dans divers pays d'Europe centrale, où des populations autrichiennes et allemandes ont subsisté après les deux guerres de ce siècle : Slovénie, Croatie, Hongrie, Bohême, Slovaquie, Pologne, Roumanie. Enfin, l'allemand est la langue maternelle de plus de la moitié des deux millions de Russes de souche allemande qui habitaient encore, à la fin des années soixante-dix, malgré des mouvements récents d'émigration en Allemagne, le territoire correspondant au nord-ouest du Kazakhstan et à l'extrême sud-ouest de la Sibérie. Il s'agit des Allemands dits de la Volga, descendants des colons installés par Catherine II sur les bords de ce fleuve. La République Autonome du même nom, créée en 1924, fut dissoute en 1941 et ses habitants déportés dans la zone qu'ils occupent à présent.

La poussée germanisatrice

Les pages qui suivent montreront comment, dès le Moyen Âge, de puissantes organisations répandirent l'allemand bien au-delà de ses territoires d'origine. Il apparaîtra que les langues de la Baltique en subirent de violents ébranlements, et de même les langues slaves. On verra enfin qu'à l'époque moderne encore, la défense des populations germanophones a provoqué de redoutables conflits.

La Hanse, les Teutoniques et la germanisation

Les parties de l'Europe où sont répandus les germanophones n'ont pas suffi, malgré leur étendue, à contenir les élans d'une population active et dynamique, indéfiniment tourmentée par un besoin d'expansion. Un mot allemand exprime ce besoin, non sans connotations diverses dans le monde d'aujourd'hui, à cinquante ans de la Seconde Guerre mondiale. Ce mot, *Lebensraum*, « espace vital », désigne l'ensemble des terres jugées nécessaires à l'épanouissement politique et économique. La configuration de l'Europe, s'étranglant à l'ouest dans le cul-de-sac français, terrain permanent d'affrontements dont beaucoup furent meurtriers et aucun décisif, explique, pour une part, que la recherche d'espace se soit orientée très tôt vers les territoires situés à l'opposé. C'est là ce que traduit une autre expression allemande à la célébrité ambiguë : *Drang nach Osten*, « poussée vers l'est ». On pourra voir, dans bien des pages du présent livre, que le commerce, la religion et les armes ont été autrefois les trois instruments privilégiés de diffusion d'une langue. Par une coïncidence remarquable, tous trois furent longtemps associés, durant le Moyen Âge, au profit de l'allemand. La cause en est une convergence d'intérêts, non exempte, toutefois, de quelque concurrence, entre deux entreprises, dont l'une répandit le commerce, l'autre les armes et la religion.

La première est celle de la Hanse, dite parfois teutonique, comme la seconde. Il s'agissait d'un groupement de marchands de l'Allemagne du Nord, que suscitèrent à la fois la fondation de Lübeck en 1158 et celle de comptoirs dans l'île, aujourd'hui suédoise, de Gotland (« pays (d'origine ?) des Gots »). En effet, plusieurs des villes situées sur les côtes orientales de la Baltique et auxquelles les marchands allemands établis à Visby, capitale du Gotland, avaient étendu leur commerce, s'unissent en 1281 avec les associations de négociants de Lübeck, mais aussi de Hambourg et de Cologne. Ainsi, à partir de la fin du XIIIe et durant tout le XIVe siècle, la réunion des marchands rhénans et westphaliens avec ceux du nord et de l'est fait de la Hanse une puissante organisation : elle tient un axe allant de Viborg, en Carélie, jusqu'à Londres, à travers des postes où elle est solidement implantée : Novgorod, Reval (aujourd'hui Tallinn), Riga, Königsberg, Dantzig, Rostock, Dortmund, Bruges, non sans étendre ses antennes plus au sud, atteignant Cracovie à l'est et Strasbourg à l'ouest. La Hanse ira jusqu'à intervenir, selon ses intérêts, dans la politique intérieure d'un pays rival, le Danemark. Or le fait le plus significatif pour notre propos est que par cette politique commerciale, la Hanse répand, dans toute la région baltique et au-delà, l'usage du bas-allemand, qui était alors la langue dominante en Allemagne du Nord. Un témoignage de l'imprégnation des langues environnantes par le bas-allemand est celui du suédois, qui lui emprunte à cette époque, notamment, *bliva* « rester », *skinka* « jambon », *språk* « langue », etc. (cf. Haarmann 1975, p. 244).

Or ayant à affronter les concurrents de son activité marchande, notamment la Suède, la Hanse reçut au XIVe siècle l'appui des chevaliers Teutoniques, autre instrument de la poussée germanique, à l'origine desquels elle se trouvait elle-même. En effet, l'ordre hospitalier de pèlerins allemands qui devait devenir en 1190 un ordre militaire et monastique recrutant uniquement parmi l'aristocratie avait d'abord été constitué par une colonie de marchands de Brême et de Lübeck. Or la vocation politique et linguistique de l'ordre Teutonique, auquel, en outre, s'étaient alliés de nombreux seigneurs, devait bientôt trouver l'occasion de s'affirmer. En effet, sollicités par le souverain polonais pour intervenir en Prusse contre les païens révoltés, les Teutoniques y prêchent la croisade permanente en 1230, et exterminent la population. À la germanisation immédiate de la Prusse s'ajoute sept ans plus tard, grâce à l'absorption des chevaliers Porte-Glaive, l'accélération du mouvement qui avait imposé l'allemand en Livonie et en Courlande, quand les Porte-Glaive en avaient pris possession après l'anéantissement des classes dirigeantes de ces provinces, dont les parlers lettons n'avaient subsisté que dans les campagnes. Enfin, les Teutoniques enlevèrent aux Polonais la Pomérélie. L'Estonie subit le même sort que les provinces lettones. Seule échappa à l'emprise des chevaliers la Lituanie, protégée par ses bois, la mauvaise qualité de ses ports et l'union de sa couronne avec celle de Pologne. Durant plus de deux siècles, les Teutoniques colonisèrent tout le reste de cette région, fondant de nombreuses villes, asséchant et défrichant. Et surtout, ils répandirent le bas-allemand (allemand du nord), installant dans les pays conquis, essentiellement la Prusse, la Lettonie et l'Estonie, une noblesse et une bourgeoisie allemandes, et germanisant les classes favorisées de la société, cependant que les paysans autochtones, réputés *undeutsch* (« non allemands »), étaient décimés ou réduits au servage et durement opprimés.

L'allemand dans sa variante septentrionale devient donc langue du commerce, de la communication et de la culture, avant qu'au XVIe siècle, la noblesse de Courlande d'abord puis l'ensemble de la région adoptent le haut-allemand. Ainsi, l'allemand qui, au Xe siècle, n'atteignait pas la Baltique, était parvenu, sous l'une de ses formes puis sous l'autre, par l'action de la Hanse et des chevaliers Teutoniques, au statut de langue dominante dans toutes les grandes villes de la côte baltique méridionale et dans une partie de l'Europe centrale. Il le demeurera plus tard, même au moment de la domination russe.

L'allemand, tombeau des langues slaves

C'est au détriment des langues baltiques, mais, plus encore, des langues slaves, que s'est réalisée cette étonnante progression de l'allemand en Europe. Un idiome baltique et quatre slaves sont les témoins d'une histoire tourmentée, au cours de laquelle la pression germanique fut fatale à trois d'entre eux, cependant que les deux autres, encore parlés par des communautés très dépendantes de l'environnement, sont en situation précaire. Le domaine du slave, autrefois, était plus étendu encore qu'aujourd'hui. À l'ouest, il atteignait l'Elbe, occupant de vastes territoires non seulement dans l'espace compris entre ce fleuve et le cours inférieur de la Vistule, mais aussi, plus au nord, dans les provinces de Mecklembourg et de Poméranie. Le nom allemand de cette dernière, Pommern, pourrait faire oublier qu'il s'agit d'un mot slave, signifiant « le long de la mer (baltique) ». On pourrait s'interroger aussi sur le nom de la Prusse : en 1939, il n'était province qui parût plus allemande ; en réalité, illustrant le processus d'anéantissement ou d'absorption typique de leur entreprise, les chevaliers Teutoniques s'étaient saisis, au Moyen Âge, non seulement de la terre, mais même de son nom : *prūsis* en vieux-prussien. Cette langue baltique s'éteignit complètement dans la seconde moitié du XVIIe siècle : le petit vocabulaire d'Elbing, compilé au XIVe, et la traduction des deux catéchismes et de l'*Enchiridion* de Luther, faite au XVIe siècle pour propager la Réforme dans les parties de la population qui n'avaient pas encore adopté l'allemand, sont les seuls témoins du vieux-prussien, auquel son ancienneté donne un grand intérêt (cf. Meillet 1928, p. 30).

On a conservé de courts textes et des vocabulaires d'une langue appelée polabe, du nom slave de l'Elbe, Labe. Le polabe, mort au XVIIIe siècle, était parlé autour de la ville de

Lüchow, dans une région de marécages, aujourd'hui totalement germanophone, traversée par la Jeetze, affluent du cours moyen de l'Elbe. A également disparu sous la poussée de l'allemand, selon toute probabilité, une autre langue slave, le slovince, encore parlé en 1903 par 200 personnes âgées dans deux paroisses de l'arrière-Poméranie (cf. Lorentz 1903, pp. 1-2).

D'autre part, à l'ouest et au nord-ouest de Dantzig, sur la rive occidentale de la baie jusqu'à la Baltique, les populations des campagnes et de certaines villes se servent encore d'un ensemble de parlers slaves dits kachoubes. L'Allemagne, après la Seconde Guerre mondiale, dut céder à la Pologne cette partie de la Prusse orientale qui, occupée par l'ordre Teutonique de 1308 à 1466, avait été fortement germanisée, comme l'atteste l'existence de deux noms, un kachoube et un allemand, portés en général par les villes : Bytowo/Bütow, Lebork/Lauenburg, Wejherowo/Neustadt en arrière-Poméranie, ainsi que Chojnice/Konitz, Kartuzy/Karrthaus, Koscierzyna/Berent et Pock/Putzig en Pomérélie. Cependant, au tournant de la seconde moitié du XIXe siècle, les Kachoubes, comme les autres minorités, ont revendiqué l'autonomie de leur langue, notamment à l'égard du polonais, publiant traités d'orthographe et dictionnaires, ainsi qu'une grammaire qui proposait une norme transdialectale. Soupçonnés après la Seconde Guerre, contre toute évidence, d'avoir compté dans leurs rangs des agents pro-allemands visant à détacher de la Pologne leur région natale, les Kachoubes furent dès lors soumis à une intense polonisation, succédant à la germanisation, qui avait affecté jusqu'à la grammaire (ainsi, sur le modèle allemand, l'auxiliaire qui accompagne, au prétérit, le participe passé en *l* est « avoir » et non « être », fait unique dans les langues slaves). Aujourd'hui, beaucoup de Kachoubes se présentent comme Polonais, ou parlent un polonais légèrement mâtiné de traits du kachoube. Celui-ci est souvent considéré, en Pologne, non comme une langue indépendante, mais comme un dialecte polonais, alors que d'éminents linguistes, dont I.A. Baudouin de Courtenay, ont démontré son autonomie (cf. Décsy 1973, pp. 86-87). Seules employaient encore le kachoube comme langue maternelle, dans les années soixante-dix, environ 45 000 personnes (cf. Haarmann 1975, p. 53).

Enfin, dernière des quatre qui sont ici mentionnées, une autre langue slave atteste, comme un bloc erratique isolé au milieu d'un vaste champ germanophone, l'importance de l'ancienne présence slave en Europe centrale. Le sorabe est une langue slave de l'ouest, comme toutes celles que je viens de mentionner, et comme le polonais, le tchèque et le slovaque, les seules de ce sous-groupe qui se soient parfaitement maintenues malgré la pression de l'allemand. Le sorabe est encore appelé wende de Lusace, du nom de cette province traversée par la Sprée et située dans l'ancienne République Démocratique Allemande. 50 000 personnes environ utilisent, le plus souvent conjointement avec l'allemand, l'un ou l'autre des deux dialectes entre lesquels la séparation est à peu près celle des anciennes provinces de Brandebourg et de Silésie. Au sud, c'est-à-dire en Haute-Lusace autour de Bautzen, se parle le haut-sorabe, le plus important des deux par le nombre d'usagers (2/3 de l'ensemble), et le plus proche, géographiquement et typologiquement, du tchèque ; au nord, en Basse-Lusace autour de Cottbus, se parle le bas-sorabe, plus proche du polonais. Mais le territoire sorabe était plus étendu autrefois. C'est ce qu'atteste l'origine slave des noms de villes qui se succèdent vers le sud jusqu'à la Saxe et à la Thuringe : Leipzig (ville des) « tilleuls », en polonais Lipsk, sur *lipa* « tilleul » (comme en russe), Dresde, Görlitz, Chemnitz (Karl-Marx-stadt avant 1990). Le nom même de la province de Lusace est en allemand Lausitz, et vient du sorabe *lužici* « gens de la prairie ».

Le maintien de l'identité et de la langue sorabes dans un tel environnement est d'autant plus surprenant qu'elles furent depuis le Moyen Âge les cibles de discriminations constantes.

Beaucoup plus tard, après 1871, la politique de germanisation des Sorabes s'intensifia encore, les autorités allemandes qualifiant d'agitation panslaviste le soutien apporté par les Tchèques et par les Russes à la défense de la langue (cf. Décsy 1973, p. 141). À vrai dire, le gouvernement soviétique, peu soucieux de favoriser les minorités nationales contre les dirigeants des démocraties populaires, ses alliés, ne confirma pas ce soutien, et ne répondit pas, lorsque l'est de l'Allemagne, dans les années d'après-guerre, était une zone placée sous son autorité, à la revendication sorabe d'un statut d'autonomie pour la Lusace. Le gouvernement de la République Démocratique Allemande accorda une reconnaissance de la langue et de la culture sorabes, présentes aujourd'hui, surtout à Bautzen, dans les écoles et dans la production littéraire, notamment théâtrale.

La pression des langues germaniques sur les langues slaves ne se limite pas au nord de l'Europe. La germanisation de la vallée moyenne du Danube, où les Slaves, refoulés par d'autres peuples de l'est (cf. p. 224), s'étaient installés dès le VIe siècle, fut accentuée à partir de 803, lors de la fondation, par Charlemagne, de l'Ostmark, acte de naissance de la future Autriche. Un regard sur la carte de l'Europe fait apparaître que cet événement isolait les Tchèques des Slovènes. Au Xe siècle, c'est l'arrivée des Magyars qui isole les Serbes des Polonais et impose une domination étrangère aux Croates et aux Slovènes. Plus tard, les Habsbourg ne cesseront d'étendre leur pouvoir plus loin à l'est en domaine slave, s'assurant à la fin du XVIIIe siècle, lors des partages de la Pologne, la domination de la Galicie, de la Bucovine et du pays de Cracovie. Il n'est pas vrai, cependant, qu'à la veille de la Première Guerre mondiale, l'allemand fût, comme on a pu le dire (cf. Meillet 1928, p. 209) la langue commune des Slaves, car d'une part les populations rurales ne le parlaient pas, et d'autre part, ce fut contre son usage que s'affirmèrent les revendications nationales dès le début du XIXe siècle (cf. chap. 7). Mais il reste que toutes les grammaires des éveilleurs slaves furent écrites, ou aussitôt traduites, en allemand, que les poètes de langues slaves correspondaient en allemand, et que le Congrès panslave de 1848, ainsi que la Convention de Vienne en 1850 (cf. p. 139), se tinrent en allemand.

La défense des germanophones, corridor de la guerre

Dans le royaume de Prusse, à l'époque moderne, l'allemand a souvent été imposé, sans que fût entendue la revendication des minorités, soucieuses de protéger leurs langues. S'étant fait attribuer la Poznanie lors du deuxième partage de la Pologne en 1793, l'administration prussienne entreprend de germaniser profondément le pays ; cette politique, qui affronte l'opposition résolue, mais jugulée, des patriotes polonais, sera poursuivie par l'Empire allemand jusqu'en 1918, puis par le Troisième Reich de 1939 à 1945, lors de l'annexion, selon un processus à éclipses rappelant celui qui se déroula en Alsace. Au nord, la Prusse, profitant de sa victoire sur le Danemark dans la Guerre des Duchés (1864), puis sur l'Autriche à Sadowa deux ans plus tard, annexe le Schleswig en 1867 et y conduit également une politique de germanisation intense, malgré les protestations des députés danois. Les plébiscites de 1920, consécutifs au traité de Versailles, partageront la région entre l'Allemagne et le Danemark ; mais en 1940, la propagande nazie, affirmant que les germanophones du Schleswig septentrional sont victimes de la politique d'assimilation conduite par Copenhague, fournira ainsi un prétexte au pouvoir, qui s'en servira pour occuper l'ensemble du Danemark et y répandre largement l'usage de l'allemand, surtout à partir de 1942.

Ce sont des prétextes de même sorte qu'utilisa Hitler en apportant son soutien aux revendications autonomistes des minorités germanophones de Tchécoslovaquie et de Pologne. Ce soutien, réponse allemande aux frustrations du traité de Versailles, est, comme on sait, la cause immédiate de la Seconde Guerre mondiale. Les risques résultant de l'élection de députés hitlériens en 1933 à la Diète de Dantzig, et en 1935 parmi les Sudètes, étaient graves. Ils parurent conjurés dans le second cas par les concessions du gouvernement de Prague aux germanophones, puis par les accords de Munich. On voulut croire, en 1938, que ces derniers suffiraient à éviter le conflit. Mais en mai 1939, le gouvernement polonais refuse de céder à Hitler Dantzig et son corridor, c'est-à-dire cette même Pomérélie que les chevaliers Teutoniques avaient conquise en 1309, massacrant sa population polonaise et germanisant la région. Tout comme ils l'avaient dès cette époque reliée à l'Empire, de même, Hitler exigeait 630 ans plus tard, sous prétexte de protéger la minorité germanophone, ce corridor entre la Prusse Orientale et les autres parties de l'Allemagne, heurtant de front les intérêts de la Pologne, dont cette bande côtière était alors l'unique accès à la mer. La suite est connue : l'invasion de la Pologne le 1er septembre 1939 entraîne la déclaration de guerre de la France et de la Grande-Bretagne.

Ainsi, le coup d'arrêt imposé après la Première Guerre mondiale à l'expansion de la puissance politique et économique, ainsi que de la culture et de la langue, allemandes, alimente une impatience qui conduit directement à la Seconde Guerre mondiale. Cette dernière est elle-même suivie, après une défaite infligée derechef aux armes allemandes au prix d'un conflit extrêmement coûteux pour l'Europe et de son inféodation aux États-Unis, par un nouveau repli imposé à l'expansion germanique. Le souci d'homogénéité linguistique fut une des justifications des changements qui intervinrent alors. Il n'y avait plus, dans les années soixante-dix, que 80 000 Sudètes en Bohême (cf. p. 195). Et surtout, la Pologne et l'Allemagne furent au centre d'un des plus énormes déplacements de populations jamais survenus dans une Europe qui, pourtant, avait déjà connu de vastes transferts humains au début du siècle à la suite des guerres balkaniques. La région de Vilnius, d'une part, où se parlaient le lituanien et le russe blanc, la Polésie et les villes de Grodno et de Brest-Litovsk, d'autre part, zones de langue russe blanche, enfin la Podolie, la Volhynie, la ville de Lvov et la Galicie orientale (nord-ouest des Carpates), pays où l'on utilisait l'ukrainien, furent détachées de la Pologne et attribuées à l'Union Soviétique, c'est-à-dire, respectivement, à la Lituanie, à la Russie Blanche et à l'Ukraine.

L'Allemagne perdait la Prusse orientale, partagée entre la Pologne (Mazurie) et la Russie ; de même, les territoires qui formaient deux doigts avancés dans le monde slave, à savoir au nord-est la Poméranie et l'est du Brandebourg, et au sud-est la Silésie, revinrent à la Pologne, dont la langue était parlée par de nombreux habitants de ces régions, notamment dans la ville de Szczecin au nord, et, au sud, en Haute Silésie occidentale. Ainsi, plusieurs centaines de milliers d'Allemands quittèrent ces territoires. Sur les 1 100 000 individus de souche non polonaise qui demeurèrent en Mazurie, Poméranie, Brandebourg, et sur les 100 000 restés en Silésie, il est assez difficile de trouver des indications linguistiques précises. Le gouvernement polonais les considère comme citoyens ordinaires d'une Pologne entièrement réunifiée du point de vue linguistique, tandis que les sources disponibles en Allemagne les donnent pour Allemands de nationalité polonaise, tout en reconnaissant que l'usage de l'allemand ne se maintient que dans les vieilles générations et en précisant qu'ils furent soumis après 1945 à une intense polonisation, notamment par l'interdiction qui leur aurait été faite de parler, lire ou chanter en allemand dans des lieux publics (cf. Born et Dickgiesser 1989, pp. 162 et 166). Ces mesures semblent avoir été plus efficaces, parce que plus longuement appliquées, que certaines dispositions plus radicales encore, comme celles qu'avait prises vingt ans plus tôt le gouvernement fasciste italien, également désireux de dégermaniser une minorité de langue allemande, celle du Tyrol du Sud.

De tous ces bouleversements, il résulte que la République Démocratique Allemande (née en 1949 et morte quarante ans plus tard), certes germanophone, mais fortement russifiée, apparaissait, en même temps que la Pologne, comme un de ces glacis ménagés par l'URSS contre ce qu'elle appelait alors les revanchards allemands. Même s'il est vrai que l'Allemagne occidentale des années cinquante, tout occupée à se reconstruire, avait d'autres soucis que la revanche, un fait demeure : c'est bien comme l'avatar le plus récent et le plus sanglant de la poussée germanisatrice qu'apparaît l'énorme raz de marée submergeant d'abord l'Union Soviétique, avant de venir se fracasser contre les digues de feu de Stalingrad. Histoire millénaire de l'élan germanique vers l'est affrontant furieusement l'expansion slave vers l'ouest. C'est là, certainement, un des phénomènes les plus impressionnants de l'histoire de l'Europe centrale et orientale, celui qui, depuis des temps très anciens, a scellé son destin et continue aujourd'hui de l'illustrer sous des formes moins évidentes. Même si l'heure est aux rapprochements de surface, commandés par l'urgence des besoins dans les anciens pays communistes, il reste que le déferlement germanique a disloqué les populations de langue slave à l'ouest, comme l'a fait pour celles de l'est l'assaut des Turcs.

Les politiques ne sont pas des corps de doctrine. Elles ont leurs contradictions. Ce fut le régime nazi lui-même qui, précisément par souci d'homogénéité, prôna l'opération *Heim ins Reich* (« retour dans l'Empire »), par l'effet de laquelle des régions comme la Baltique ou la Bucovine, où nous savons que des populations germanophones s'étaient installées depuis longtemps, furent dégermanisées. Mais ce n'est sans doute là qu'une certaine façon, momentanément illogique, de concevoir la puissance allemande, en privilégiant la cohésion. En fait, un autre aspect de cette politique, beaucoup plus surprenant, et surtout beaucoup plus tragique pour ceux qui en furent les victimes, devait également aboutir à une dégermanisation relative de l'Europe. C'est cet aspect qu'il convient de rappeler maintenant.

Juifs d'Europe : l'allemand comme patrie et la vocation mondiale

La dépréciation du sémitique, englobant bientôt celle des Sémites eux-mêmes, est une caractéristique de la pensée allemande sur le langage à la fin du XVIIIe siècle. Ceux qu'elle prend pour cibles ont pourtant noué avec l'allemand une relation très ancienne, très profonde, et au moins double. Pour les communautés juives d'Europe centrale et orientale, c'est un parler haut-allemand au lexique marqué d'emprunts hébraïques, le yidich, qui fut longtemps le signe sonore distinctif. Pour une minorité de lettrés, l'allemand lui-même fut, durant de nombreux siècles, l'objet choisi d'une sorte de culte. Plus encore, il devint la voix européenne de l'universel, jusqu'à ce qu'on la contraignît à s'éteindre dans un génocide étrangement suicidaire. Tels sont les aspects qu'on retiendra, dans ce qui suit, de la longue et dramatique relation qui s'est établie entre la langue allemande et les Juifs.

Du germanique altier au sémitique impur

Les signes du destin juif en terre germanophone naissent très tôt, comme on sait. Mais sur le plan de la pensée, ils se précisent surtout quand, à la fin du XVIIIe siècle, paraissent les livres de J.G. Herder *Essai sur l'origine du langage* (1770) et *Idées sur la philosophie de l'histoire de l'humanité* (1784-1791). Ces ouvrages nourriront non seulement la réflexion de l'âge romantique, mais toute la linguistique comparative, qui éclôt environ le même temps, dans les premières décennies du XIXe siècle. Herder avait opposé au « dessèchement » de la philosophie des Lumières la fraîcheur créatrice du Moyen Âge allemand, dont il exaltait la culture, la langue et la religion, étroitement associées à la notion de peuple. Or la mode du sanscrit va fournir une nouvelle matière à cette pensée. L'existence du sanscrit, antique langue des hymnes védiques de l'Inde, était, certes, connue depuis le XVIe siècle, mais ses mentions demeuraient dispersées, alors qu'en 1786, l'orientaliste anglais W. Jones avait, pour la première fois, revendiqué clairement sa parenté avec le grec et le latin. En 1808, dans son célèbre *Essai sur la langue et la sagesse des Indiens,* considéré comme l'acte de naissance du comparatisme et de la typologie linguistique (cf. Hagège 1982, pp. 4-5), F. Schlegel oppose, notamment, le sanscrit, langue à déclinaisons où il voit le sommet de la cohérence structurelle, aux langues sémitiques, dans lesquelles il n'aperçoit que rudesse et imperfection. La diversité de localisation des idiomes (les uns situés en Europe, les autres en Iran et au nord de l'Inde) à l'origine desquels on pose une prestigieuse langue reconstituée, vaut à cette dernière des désignations diverses : « indo-européen », « aryen », mais aussi « indo-germanique ». En 1857, dans la préface de la deuxième édition de sa *Grammaire comparée du sanscrit, du zend, du grec, du latin et de l'allemand*, parue à Berlin, F. Bopp écrit :

> « Je ne puis approuver l'expression " indo-germanique ", ne voyant pas pourquoi l'on prendrait les Germains pour les représentants de tous les peuples de notre continent, quand il s'agit de désigner une famille aussi vaste. [...] Quant à présent, pour être plus généralement compris, je me servirai du nom d'" indo-européen ", qui a déjà reçu

une certaine consécration de l'usage en France et en Angleterre. » (Traduction de M. Bréal, Paris, 1866, t. I, p. 21.)

Pourtant, le monde savant germanophone, où l'on désigne, aujourd'hui encore, comme « indogermanisch » les langues indo-européennes, ne devait pas entendre cet appel d'un des linguistes allemands les plus avisés de ces temps fondateurs (un savant qui fait honneur à la science allemande, comme, plus tard, les Néo-Grammairiens K. Brugmann, H. Osthoff et d'autres à la fin des années soixante-dix du XIXe siècle, et, en 1913, C. Brockelmann, auteur d'une célèbre *Grammaire comparée* des langues sémitiques).

Ainsi, avec « européen » coïncide « allemand », selon l'alchimie d'une fusion déjà prémonitoire de temps plus modernes, tout en étant nourrie du souvenir d'une vieille épopée, dont la quête de l'est par l'élan impétueux des chevaliers Teutoniques et les espèces sonnantes de la Hanse figure le jalon précoce. L'incidence de cette idéologie sur la perception du monde juif et de l'hébreu apparaît clairement. Déjà Schlegel avait souligné la différence entre les Indiens, noble matrice de l'humanité européenne, et les Hébreux, « plante parasite » (*op. cit.*, t. III, p. 195, cité par Montaut 1989, pp. 49-50). Si Bopp se contente d'écrire, dans la préface de la première édition du livre cité ci-dessus, que les langues sémitiques n'ont « qu'une structure extrêmement simple », la dérive amorcée par le mot de Schlegel, et qui, d'une opposition entre les langues, fait passer à une opposition entre les peuples, devient courante alors chez les savants. Ainsi, A. Pictet, dans son ouvrage *Les origines indo-européennes ou les Aryas primitifs. Essai de paléontologie linguistique* (t. I, paru en 1859, p. 7 ; cité par Olender 1989, p. 130), parle des Aryens comme de la « race destinée par la Providence à dominer un jour sur le globe entier » car « la beauté du sang et [...] les dons de l'intelligence » la privilégiaient entre toutes. Un de ses jeunes élèves, F. de

Saussure, non encore devenu le plus grand maître de la linguistique européenne, avait déjà, pourtant, assez de clairvoyance pour suggérer des limites à ces divagations (cf. Olender, *op. cit.*, p. 23).

Cependant, un autre comparatiste, A.F. Pott, offrait au théoricien des élections raciales un appui linguistique et une consécration plus grande en Allemagne qu'en France, en publiant, en 1856, un an seulement après l'ouvrage principal de ce théoricien, un livre qui lui emprunte son titre en mentionnant son nom : *L'inégalité des races humaines, essentiellement d'un point de vue linguistique et en prenant spécialement en considération le comte de Gobineau.* C'est donc bien d'une quête des sources qu'il s'agit ici. Se détournant de la tradition biblique, le monde savant croit avoir découvert une origine digne des hauts destins de l'Europe dans ces Aryens dont on magnifie la langue et les traditions, en dépit de l'absence de tout monument écrit ou construit qui puisse corroborer la reconstruction (cf. Hagège 1988, pp. 29-30). Mais très vite, le mythe aryen se trouve des racines dans le sang et le sol de l'Allemagne elle-même, annulant le passage obligé par une caution indienne. Dès lors, il ne lui reste plus qu'à désigner ses cibles, comme le fait toute revendication nationale aux contours aigus, forte d'étancher enfin sa soif de perfection.

Or quelle autre communauté pourrait mieux incarner les traits imaginairement assignés à l'ennemi négateur des origines que ces Juifs à l'altérité radicale, porteurs d'une langue sémitique si résolument étrangère au type indo-aryen ? C'est ici qu'apparaît un très surprenant malentendu. Car cette vision du Juif étranger de par son idiome, qui concerne-t-elle, en cet âge romantique allemand où elle semble trouver un aval dans les recherches de la grammaire comparée ? À l'opposé même de ce qu'elle veut accréditer, les populations qu'elle prend pour cible ont toujours adopté les langues des pays d'Europe où leur sort les conduisait. Non sans se les assimiler, il est vrai. C'est là tout le mystère des langues juives, dont le yidich va nous donner à voir, maintenant, quelques traits.

Destins du yidich

Au début du Moyen Âge, les Juifs qui s'étaient installés dans le midi de la Gaule dès le IIe siècle avant l'ère chrétienne, c'est-à-dire antérieurement à l'époque romaine elle-même, avaient adapté une forme ancienne de provençal, d'où le judéo-provençal ou *shuadit*. Au nord, notamment en Champagne, Bourgogne et Lorraine, ils utilisaient le *sarphatique* ; ce terme générique, tiré du nom hébraïque de la France, *Sarfat*, désigne les dialectes mêmes du vieux français, parfois regroupés aussi sous l'appellation de *laaz* occidental, du mot hébreu *laaz* ; appliqué dans les *Psaumes,* 114, 1, à la notion de langue étrangère, ce mot en vint à désigner, chez les Juifs du Moyen Âge, les gloses de la Bible en langues romanes, notamment celles de l'illustre rabbin Rachi. En Italie centrale et méridionale, où les colonies juives remontaient aussi au IIe siècle av. J.-C., les Juifs utilisaient l'*italkien* ou *laaz* méridional, dialecte romain. Les lexiques du *laaz* occidental et du *laaz* méridional étaient parfois légèrement hébraïcisés.

C'est de ces régions d'Occident que venaient les communautés juives qui s'établirent au IXe siècle dans les villes de la moyenne vallée du Rhin : Spire, Worms, Mayence, Coblence, Cologne, où elles prospérèrent. Divers témoignages indiquent que jusqu'au début du XIIe siècle, le *laaz* occidental, donc une forme ancienne du français, demeura la langue de ces communautés (cf. Poliakov 1955, p. 51, n. 1). Mais, à mesure qu'aux siècles suivants elles commencèrent à s'installer plus à l'est et plus au sud, en Souabe, Franconie, Bavière, Autriche, leur contact avec les langues locales devint plus étroit, en sorte qu'elles finirent par adopter un parler germanique. Les Juifs, du reste, s'appelaient eux-mêmes Achkénazes, terme qui réfère dans divers passages de la Bible (*Genèse, Chroniques, Jérémie*) à un pays voisin de l'Arménie actuelle, et qui fut conventionnellement retenu pour désigner la composante allemande de la Diaspora. Cependant, alarmées par les massacres dont elles furent victimes lors du passage de bandes de croisés se rendant en Terre Sainte, ces communautés quittèrent en grande partie l'Allemagne. Mais elles emportèrent avec elles leur langue germanique, lors des déplacements qui les conduisirent plus à l'est, en Pologne, Lituanie, Galicie, Ukraine, Bessarabie et Russie. Dans ces pays, où la société n'était quasiment composée que de nobles et de serfs, et où la petite bourgeoisie ne faisait alors que naître, les Juifs devinrent vite, et restèrent jusqu'au milieu du XVIIe siècle, les intermédiaires obligés de la vie quotidienne. Leur nombre ne cessa de croître dans les villes, où les rejoignit, adoptant leur langue germanique, une série d'autres communautés juives venues du sud-est, c'est-à-dire essentiellement de Byzance. Tous constituèrent la classe moyenne de fonctionnaires, semi-lettrés souvent polyglottes, gens de commerce, que rendaient nécessaires les activités liées à la circulation des marchandises et à celle de l'argent.

Or cette population n'était pas seulement la cible des accusations de meurtre rituel ou de l'intolérance religieuse et dogmatique exprimée, par exemple, dans le pamphlet de Luther *Contre les Juifs et leurs mensonges* (1542). La crainte et la haine des masses paysannes à l'égard des Juifs ne s'expliquaient pas uniquement, non plus, par l'influence des prêtres. Ceux-ci, il est vrai, étaient indignés, tout comme le clergé d'Espagne à la même époque et dans les mêmes circonstances, devant les privilèges que, sur l'exemple de certains princes allemands, la charte du roi Boleslav, en 1264, et celle du roi Casimir le Grand lui-même, en 1364, avaient accordés à ces étrangers déicides et honnis qui régissaient tout : achats, ventes, emprunts, impôts, voyages. Mais une raison supplémentaire de l'hostilité générale, raison fort intéressante dans la perspective adoptée ici, était linguistique : les Juifs parlaient une langue qu'ils avaient apportée de l'ouest avec eux. Une langue qu'on ne comprenait pas.

Cet idiome germanique qui leur conférait, en pays slave, une étrangeté de plus, ce yidich ou judéo-allemand, par quoi s'aiguisait encore leur altérité, avait pour base un dialecte médiéval francique enrichi d'apports bavarois et saxons, qui appartenait au vieux haut-allemand et se parlait à l'origine dans la moyenne vallée du Rhin et dans l'aire de son confluent avec la Moselle. Sur cette base encore sans mélange à l'époque de leur séjour en Allemagne s'étaient greffés, par la suite, des éléments moins importants en nombre, provenant du sarphatique, de l'italien, du polonais, du russe blanc, de l'ukrainien, de l'hébreu, de l'araméen, c'est-à-dire, d'une part, des emprunts aux idiomes des pays d'adoption, d'autre part, des langues que les communautés juives avaient rapportées de leurs pérégrinations, enfin, de celles qui appartenaient à leur tradition.

Ces éléments, surtout lexicaux, n'ont pas modifié la nature profonde de la langue. Certes, les hébraïsmes et araméismes sont nombreux en yidich dans le vocabulaire de la parenté, de la vie privée, de l'éthique, de la division du temps et des désignations géographiques ; les influences slaves sont notables en yidich oriental dans le lexique des noms de métiers, d'outils, d'espèces vivantes, dans celui de la vie politique et administrative. Mais ces apports latéraux, s'ils contribuent à donner au yidich certains traits d'une langue mixte, ne remettent pas en cause son caractère germanique. Cependant, il n'y avait guère d'unité. Le yidich oriental, encore parlé au début du XXe siècle en Hongrie, Roumanie, Ukraine, dans toutes les parties de l'ancienne Pologne partagée, et dans les pays baltes, présentait des formes variant selon chacun de ces lieux, mais qui toutes se différenciaient solidairement du yidich occidental. Ce dernier était parlé en Alsace, en Lorraine autour de Metz, en Suisse, en Belgique, aux Pays-Bas, en Grande-Bretagne. Dans l'ouest de l'Allemagne, quand les Juifs adoptèrent l'allemand commun, au XVIIIe siècle, le yidich disparut presque complètement ; il n'aurait encore été parlé, avant la Première Guerre mondiale, que dans certaines localités hessoises (cf. Loewe 1911).

C'est donc dans l'est de l'Europe que les communautés yidichophones, à cette époque, étaient les plus importantes. Pourtant, depuis la fin du XVIIIe siècle, la langue était entrée dans une phase de décadence. Cette situation résultait, comme il advient souvent dans les destinées des langues, d'un déclin économique et social continu, amorcé un siècle et demi plus tôt, et dont les signes ne pouvaient tromper. En effet, la plupart des membres de ces communautés, cessant d'être les intermédiaires et intendants des monarques et hobereaux de Pologne et des pays voisins, avaient commencé d'exercer d'autres professions : agriculture, pêche, bûcheronnage, travaux divers de l'industrie textile naissante, ainsi que de nombreux petits métiers dans les villages, dont celui de tailleur. La cause principale de ce déclin fut la série de massacres et destructions à grande échelle qu'organisa B. Chmielnicki de 1648 à 1654 ; celui-ci, en effet, avant de solliciter la protection de Moscou (cf. p. 225), avait pris la tête de l'insurrection des cosaques et paysans ukrainiens orthodoxes d'outre-Dniepr contre leurs seigneurs polonais, et surtout contre les Juifs qui servaient ces derniers. Cette révolte et la guerre russo-polonaise qui s'ensuivit ne mirent pas seulement fin à la puissance de la Pologne. Elles anéantirent la prospérité juive dans ce pays, et portèrent, en tuant les personnes, un coup redoutable au yidich, tout comme allaient le faire, plus tard, d'autres violences ukrainiennes : exactions du ghetto de Kiev, pogroms organisés par S.V. Petlioura durant la guerre civile en 1919, ou massacres de Lvov avec le concours nazi.

Pour l'heure, l'effet des tueries orchestrées par Chmielnicki fut d'altérer gravement l'image du yidich. En premier lieu, il perdit un nombre considérable d'usagers, du fait qu'aux 100 000 victimes des cosaques s'ajouta le départ de nombreux survivants pour Salonique ou Istanbul. Cette réunion partielle des deux branches du judaïsme européen se fit au bénéfice du judéo-espagnol, bien que son adoption par les arrivants achkénazes ne fût pas de nature à enrayer le déclin où étaient entrés aussi en ce milieu du XVIIe siècle, parallèlement à la décadence de l'Empire ottoman et à la montée de l'intolérance, les Sépharades de Turquie. Mais de plus, en Pologne, la paupérisation, et bientôt la misère, qui s'installèrent dans les communautés juives eurent pour effet de faire apparaître le yidich comme un humble jargon, allemand corrompu de populations arriérées et superstitieuses. La perte de prestige fut telle qu'avant même le XIXe siècle, les représentants juifs de la pensée des Lumières, déjà hostiles à la forte coloration religieuse du vocabulaire, selon eux trop riche en emprunts et calques de l'hébreu, plaidaient avec véhémence pour l'abandon du yidich. Mais, paradoxalement, cela conduisit à la modernisation de la langue, et même à une explosion de son lexique, par absorption de mots allemands, et plus généralement occidentaux. Car utilisant, par nécessité, le yidich pour faire comprendre aux populations qui le parlaient la nécessité de s'en défaire, les lettrés des pauvres villages de Pologne qui souhaitaient le passage général à l'allemand par imitation de l'intelligentsia juive de l'Aufklärung, en vinrent à enrichir de nombreux mots propres aux débats d'idées, et donc à promouvoir, la langue même qu'ils rejetaient !

Ainsi gagnait en éclat contre toute attente, face aux langues de prestige, vivantes ou liturgiques, que les Juifs, jusqu'alors, avaient jugées bien supérieures (allemand, russe, hébreu, araméen), un idiome lié naguère, dans les esprits, à une condition sociale méprisée, et à un folklore que dépréciaient les plus avides d'occidentalisation. Certes, à la fin du XIXe et au début du XXe siècle, de nombreux Juifs de Pologne émigrèrent dans divers pays d'Europe occidentale, dont ils adoptèrent les langues. D'autre part, il est difficile d'accéder à des chiffres reflétant exactement le nombre des yidichophones au début de ce siècle. Ainsi, dans les territoires sous administration autrichienne, comme la Galicie occidentale et la Bucovine, rien ne laissait voir qu'en dehors d'une petite partie des citadins passée à l'allemand, la masse de la population juive demeurait attachée au yidich. Car il était interdit de le donner pour langue maternelle dans les recensements ; en tout état de cause, ses locuteurs, soucieux d'éliminer les connotations assez négatives liées à l'usage d'un idiome encore considéré par les autres comme socialement inférieur (cf. Tesnière, *in* Meillet 1928, pp. 328 et 459) en dépit de son regain d'audience au sein des communautés juives, n'étaient guère tentés de le déclarer. Quant aux yidichophones qui, par réaction contre l'antisémitisme, ne déclaraient pas l'allemand, ils se donnaient pour usagers du polonais, même quand ils ne le maîtrisaient pas (cf. Loewe, *op. cit.*). Enfin, entre les deux guerres, la naissance de nouveaux États conduisit la plupart des Juifs à adopter pour langue principale celle qui dominait dans le pays où ils vivaient : tchèque, polonais, hongrois, roumain, etc.

Malgré cette situation, il existait en 1938 quatre-vingt-trois quotidiens et périodiques yidiches dans la seule ville de Varsovie, et en 1940 dix théâtres yidiches en Union Soviétique, sans compter les très nombreuses écoles primaires et secondaires en Pologne, Lettonie et Lituanie : dans ce dernier pays, les organisations juives jouissaient d'une quasi-autonomie (cf. Meillet 1928, p. 230). Il convient d'ajouter, cependant, qu'en Union Soviétique, trente ans plus tard, le yidich était en voie de déclin rapide : le russe était déjà devenu la langue maternelle de près de 75 % des Juifs ; ce fait peut s'expliquer par l'absence d'un territoire de regroupement qui fût assez largement accepté par tous – ce que n'a pas été le Birobidjan – pour conjurer la dispersion. Quoi qu'il en soit, la Russie, l'Ukraine et la Russie

Blanche sont à peu près les seuls lieux en Europe où le yidich ne soit pas mort : en 1975, il était indiqué comme langue maternelle par 381 000, soit 17,7 %, des 2 151 000 Juifs soviétiques (cf. Haarmann, 1975, p. 368). Dans les communautés juives, aujourd'hui fort restreintes, de Pologne (12 000 en 1975, 3 000 000 en 1938), Hongrie, Roumanie, le yidich n'est plus transmis par ses derniers locuteurs à leurs enfants, et de même dans les composantes achkénazes des communautés, beaucoup plus importantes, qui vivent en France, en Grande-Bretagne et dans d'autres pays d'Europe occidentale. C'est donc en dehors du continent, soit, pour l'essentiel, aux États-Unis et en Israël, que la langue vit encore, sans que l'on puisse produire de chiffres sûrs quant au pourcentage d'Américains et d'Israéliens qui l'ont pour parler maternel.

Les Juifs, l'allemand, l'universalité de la langue et les génies du lieu

Les Juifs qui ont adopté pour langue l'allemand, et en particulier les intellectuels, ont apporté un démenti éclatant aux allégations du national-socialisme : ils ont cherché dans la culture et dans la langue allemandes les marques de leur identité ; ils y ont vu la voie d'expression privilégiée que la nostalgie du centre, douleur incurable des périphériques, conduit à cultiver avec beaucoup plus de fièvre que s'il ne s'agissait que d'un idiome reçu par simple fait d'hérédité. Le nombre est grand des écrivains juifs de haute stature qui ont illustré les lettres allemandes, de H. Heine avant son séjour parisien aux quasi-contemporains E. Husserl, F. Kafka, W. Benjamin, S. Zweig et bien d'autres. Dans les années vingt de ce siècle, la prophétie qu'on attribue à Heine paraissait en voie de s'accomplir, pour une part : il semblait que Juifs et Germains fussent en train d'édifier ensemble une sorte de Palestine de l'esprit. Berlin était devenu, comme l'avait été Vienne jusqu'en 1918, un des grands pôles européens de la littérature, de la philosophie, des arts, de la presse, du cinéma. L'usage raffiné que faisaient de l'allemand les Juifs de l'intelligentsia révélait une profonde vérité : la langue, surtout dans les activités de lecture et d'écriture, est consubstantielle à l'existence de ceux auxquels le destin n'a pas donné de racines terriennes millénaires, ou qu'il a privés de ces racines. Dans les villages d'Europe orientale, le peuple juif, avant 1939, était établi depuis des temps fort anciens, et apparemment de façon très solide. Pourtant, il continuait de porter son Livre comme le seul monument véritable de son identité. De même, dans les villes, les lettrés. L'écrivain qui ne se fait pas le chantre d'un terroir parle de ce qui est commun à tous, c'est-à-dire des choses de l'esprit. L'implantation dans le paysage est, certes, un thème récurrent et nourricier des grandes littératures, mais célébrée par les plus dogmatiques, ou par les plus imprudents, il peut arriver qu'elle suggère une forme de rejet de l'altérité. Il y a plus d'universalité, même si elles peuvent paraître plus arides, dans les œuvres littéraires qui cultivent une langue pure pour débattre de l'homme et de son destin, que dans la fraîcheur d'un attachement lyrique aux génies du lieu.

Ainsi, durant les premières décennies du XXe siècle, c'est dans la langue allemande elle-même que s'est enracinée une bonne part de la culture juive. La langue, alors, pourvu que l'on sût s'en bien servir, tenait lieu de patrie à tous ceux qui la choisissaient. Elle était donc garante d'universalité, et non plus prétexte d'exclusion. Le texte était pourvoyeur d'identité. L'allemand était porté par une partie des lettrés juifs, à la fin des années vingt, aux destinées d'une langue européenne supranationale. Aujourd'hui, selon un thème développé par certains (notamment l'écrivain J. Semprun lors d'une conférence en Sorbonne le 10-10-1991), l'État d'Israël, où se réfugièrent à temps une partie des intellectuels menacés en Allemagne dès le milieu des années trente, et où vinrent aborder ceux que ne parvint pas à broyer la machine du nazisme, apparaît quelquefois, par l'organe d'une langue prestigieuse mais non européenne, l'hébreu, comme une sorte de cœur excentré de l'Europe, un cœur qui ne bat plus dans le corps qu'il habitait, mais en un autre lieu. Les pulsations à distance dont vibre ce cœur étrangement transplanté rappellent à chacun ce que l'Allemagne, la langue allemande, et le continent tout entier, ont perdu de leurs forces vives en détruisant ou laissant détruire la quasi-totalité du judaïsme européen. Avec lui s'est engloutie dans le néant la face la plus internationale de l'Europe, celle qui disait en allemand des valeurs d'univers, et qu'aujourd'hui rien ne remplace, bien au contraire, dans ce continent transi de chauvinismes aigus. Les dirigeants soviétiques, il est vrai, n'ont pas montré plus de clairvoyance : l'élimination des bolcheviques juifs les plus internationalistes, comme L. Trotsky, celle des poètes au message le plus chargé de références culturelles mondiales, comme O. Mandelstam, ont privé le communisme, ainsi que la littérature et la langue russes, de riches ferments d'universalité.

Israël et les langues des nations

Ce qui réunit aujourd'hui, dans l'État d'Israël, les anciens locuteurs du yidich, en même temps que d'autres d'origines très diverses, c'est l'hébreu, dont la résurrection, après plus de deux mille ans durant lesquels il fut absent de tout usage parlé, est un fait unique. Mais l'autre composante du judaïsme, la Diaspora, continue de parler les langues des pays où chaque communauté est installée. L'adoption de ces langues est un fait ancien et caractéristique. L'hébreu avait cessé bien avant la naissance de Jésus-Christ d'être la langue de communication courante des Juifs. En l'an 1 de l'ère chrétienne, l'hébreu était déjà ce qu'il allait demeurer jusqu'à sa proclamation, en 1948, comme langue officielle de l'État d'Israël : idiome liturgique, lu lors des cérémonies religieuses, et utilisé parfois dans la correspondance rabbinique. La langue de Jésus, comme celle de tous ses contemporains de Judée, était l'araméen. Deux siècles plus tôt, en Égypte, les Juifs avaient adopté le grec. Leur comportement fut le même plus tard, et en tous lieux : en France, ils utilisaient les dialectes franciens, en Espagne le castillan, en Allemagne, après le XIIe siècle, une forme du vieux haut-allemand. Ils n'eurent de langues qui leur fussent propres que lorsqu'ils durent quitter les pays où ils avaient vécu : Espagne, Allemagne. Ils emportèrent avec eux les langues qu'ils y parlaient. Ainsi se formèrent le judéo-espagnol et le judéo-allemand, idiomes où se reflétaient leur identité mixte et leur histoire tourmentée. Mais ils connaissaient aussi, et souvent d'une manière remarquable et raffinée, les langues de ces pays où ils avaient cherché asile : italien, turc, polonais, russe, etc. Car les langues juives, réservées à l'usage familial et communautaire, ne pouvaient leur assurer à elles seules une existence civique normale.

L'holocauste, conduite suicidaire

Alors que les Juifs demeurés en Espagne et en Allemagne étaient très vite passés à l'espagnol et à l'allemand, mais les utilisaient simplement sur place, ceux qui s'étaient dispersés en Europe transportaient au loin des formes particulières de ces langues, bien qu'il s'agît d'un usage interne, et qu'elles fussent étrangères aux populations voisines, qui, le plus souvent, ne les apprenaient pas. À cette réserve près, l'avancée du yidich jusqu'en Russie, par exemple, s'inscrit, avec celle du bas-allemand puis du haut-allemand introduits par la Hanse et par les chevaliers Teutoniques, dans ce mouvement général qui porta les parlers germaniques toujours plus loin vers l'est de l'Europe. De là le caractère paradoxal de l'extermination. Qu'il s'agisse de ceux qui pratiquaient l'allemand le plus littéraire ou des nombreuses communautés yidichophones, l'élimination des Juifs d'Europe est, pour l'allemand, l'enrayement brutal d'un des épisodes les plus dynamiques de sa marche vers l'est. Le gouvernement prussien avait montré un peu plus de lucidité, lui qui, durant l'occupation de la Poznanie, avait pris des mesures pour préserver le yidich ; car il lui trouvait l'avantage de servir doublement la domination allemande : d'une part, le yidich permettait de diviser la population des villes polonaises, et d'autre part, ceux qui parlaient cette langue si proche de l'allemand pouvaient offrir dans toute l'Europe orientale un précieux concours politique et administratif (cf. Meillet 1928, p. 230). Précisément, l'hostilité des populations polonaises, ukrainiennes ou roumaines associait les Juifs aux Allemands parce qu'ils parlaient une langue germanique.

Or loin de tirer parti d'un lien objectif, le national-socialisme, aveuglé par de toutes-puissantes mythologies, allait anéantir ces germanophones. Bien au-delà des intérêts anecdotiques de la politique allemande, cet anéantissement, comme celui d'une masse de Juifs sépharades, hérauts d'une autre grande langue, l'espagnol, a causé à la culture européenne un dommage très grave du point de vue linguistique : l'Europe a perdu un grand nombre de polyglottes. Or les polyglottes sont des piliers de l'Europe unie, dont la construction s'annonce aujourd'hui. Nomades des langues, les polyglottes disparus dessinaient le profil de l'Européen idéal. Il n'est meilleur hommage à leur mémoire que de former à présent le plus possible d'hommes et de femmes qui redonnent vie à ce modèle. Beaucoup de ces morts furent plurilingues par nécessité. Une vaste politique d'apprentissage des langues apporterait la preuve que dans une Europe qui veut son unité, on peut aussi l'être par choix.

La langue allemande en Europe : des ombres d'hier aux lueurs de demain

Depuis la fin des années trente de ce siècle, la vocation européenne de l'allemand, puisée dans l'histoire agitée dont je viens de rappeler quelques repères, a connu un sérieux déclin, à la suite de la Seconde Guerre mondiale et de l'accumulation des violences nazies. Mais après la guerre, un autre phénomène encore, interne bien que lié à des circonstances externes, a desservi la langue jusqu'à la fin des années quatre-vingt, relayant une mésaventure semblable qu'avait vécue l'allemand de 1933 à 1945. En effet, des pouvoirs politiques fondés sur l'abus d'autorité, celui du Troisième Reich d'une part, celui de la République Démocratique Allemande (RDA) d'autre part, ont promu, à des fins de propagande, une langue officielle dont la phraséologie et le vocabulaire sont assez particuliers. Les formulations recommandées, ou déconseillées, et dans bien des cas, explicitement proscrites, faisaient l'objet de longues listes régulièrement mises à jour au gré des événements. Ces listes illustrent d'une lumière crue la manipulation du langage, dévoyé en instrument de pression permanente sur les esprits.

En voici des exemples choisis parmi les plus significatifs (cf. Glunk 1971). Des décisions de novembre 1936 et de janvier 1937, c'est-à-dire du début de la guerre civile espagnole, recommandent de ne plus parler du « gouvernement de Madrid », mais de la « Direction de la milice rouge » ou du « Régime marxiste », tandis que le pouvoir franquiste doit être désigné comme « Gouvernement national espagnol ». Un texte de mai 1939 laisse apparaître que « Russie » est considéré comme plus amical qu'« Union Soviétique », puisqu'il déclare, deux ans avant l'invasion, probablement préméditée dès cette époque : « S'il est vrai que nous ne souhaitons pas, pour le moment, entretenir de relations polémiques avec l'Union Soviétique, cela ne signifie pas que nous voulions nous préparer à une fraternisation. Le concept de Russie est inapproprié pour désigner la structure d'État actuelle. » Il existe d'autre part, dans les milieux conservateurs allemands qui fournissaient au régime nazi une bonne part de sa clientèle, un courant de pensée attaché aux racines de la culture germanique, et peu enthousiaste à l'égard de la civilisation latine d'Europe occidentale et de sa vocation à rayonner : reflétant ce courant, une disposition de juin 1939 bannit la désignation d'« Amérique latine » et impose à sa place « Amérique ibérique ». Un décret de janvier 1941 interdit l'expression « colonisation allemande à l'est », qu'avaient utilisée certains journaux, et leur enjoint de ne plus parler, dorénavant, que de « réacquisition de territoires culturels germaniques ». Un arrêté de juillet 1941 affecte l'expression « piraterie aérienne » aux « cas où il s'agit de stigmatiser un acte particulièrement bestial de l'aviation britannique ». Un décret de novembre 1941 interdit d'employer, désormais, les mots « Pologne », « Tchécoslovaquie » et « Yougoslavie » sans les faire précéder de « ex- ». Aux termes d'une disposition de février 1943, le ministère de la Propagande défend expressément de recourir à la formule « déclaration de guerre de l'Allemagne et de l'Italie aux États-Unis » et n'admet, au plus, que les mots « état de guerre ». Une ordonnance de septembre 1943 rend obligatoire partout, y compris sur les pages de titres des journaux, la substitution de la variante *Sonnabend* « samedi » à *Samstag*. Il s'agit d'éviter les fâcheuses implications de ce dernier, que l'étymologie fait remonter au vieux haut-allemand *sambastag*, lui-même rapporté (par dissimilation du premier *b* en *m* et insertion d'un *s* entre *b* et *t*) au grec *sabbaton*, issu de l'hébreu *chabbath*, relié au verbe signifiant « se reposer » dans cette langue ! En avril 1944, un arrêté attire l'attention sur la nécessité de parler de « marxisme », et non de socialisme, pour caractériser le régime soviétique, puisque le véritable socialisme est celui que réalise le régime allemand, légitimement appelé national-socialiste. Enfin, en novembre 1944, on enjoint aux journalistes d'éviter l'expression « commando-suicide » dans les comptes rendus des actes de guerre japonais, et d'employer à sa place « commando spécial », formule moins inquiétante, sans doute, aux yeux d'une population allemande dont il fallait galvaniser les énergies, en cette période où les revers ne cessaient de s'aggraver.

Un autre usage de l'allemand, celui qui régna en RDA jusqu'à sa réunification avec Bonn en octobre 1990, apparaissait aux habitants de l'ouest comme le reflet d'une langue corrompue par l'idéologie. De leur côté, les dirigeants de l'Allemagne socialiste étaient clairement résolus à instaurer une différenciation assez forte pour s'étendre au domaine de la langue. Dans un discours fameux de 1970, consacré au thème de la délimitation entre les deux Allemagnes, W. Ulbricht, Premier secrétaire du Parti Socialiste Unifié de RDA, déclarait :

> « Même l'unité de langue s'est dissoute. Entre la langue allemande traditionnelle de Goethe, Schiller, Lessing, Marx et Engels, qui est pétrie d'humanisme, et la langue infectée par l'impérialisme et manipulée par les monopoles éditoriaux capitalistes dans de nombreux milieux de la République Fédérale à l'ouest, il existe une grande différence. C'est au point que les mêmes mots n'ont souvent plus le même sens. [...] Nous devons avant tout constater ceci : la langue des généraux hitlériens, des néo-nazis et des politiciens revanchards n'appartient pas à notre langue allemande, à la langue des pacifiques citoyens de la RDA, que nous aimons, respectons et développons. »

Une expression fréquemment utilisée en RDA était celle de « langue nationale socialiste », et dans certaines universités, comme celle de Leipzig, toute thèse sur l'allemand contemporain devait faire état de l'existence d'une langue propre à l'Allemagne de l'Est. H.D. Schlosser, qui mentionne ce fait (1989, p. 40), ajoute que s'il y a bien, en effet, une différence sensible entre deux formes d'allemand de part et d'autre de la frontière jusqu'en 1989, c'est non pas parce que l'allemand de l'est se serait développé dans une direction nouvelle désignée par le socialisme, mais au contraire parce qu'il a conservé, par opposition à l'allemand de l'ouest, beaucoup plus dynamique, un certain archaïsme, qui frappe immédiatement toute personne vivant à l'ouest. Cela est vrai de tous les niveaux de langue : officielle, littéraire et quotidienne, sans compter les particularités phonétiques de l'allemand brandebourgeois, plus fidèlement représentées chez les Berlinois de l'est que chez ceux de l'ouest, dont un grand nombre, déplacés après la Seconde Guerre, ne sont pas originaires de la région.

À titre d'exemple, on peut citer (cf. Schlosser, *ibid.*) les formules « les lumineuses hauteurs du socialisme » ou « frères en marche vers le soleil, vers la liberté », empreintes d'un pathos désuet qui ferait sourire les Allemands de l'ouest. L'archaïsme peut aussi se faire pesant, quand s'y ajoutent des décalques maladroits du russe, comme l'accumulation des compléments nominaux, du type « le rapport des membres du Comité central du Parti Socialiste Unifié de RDA ». On sait, en outre, qu'avant la réunification, beaucoup de mots avaient une connotation tout à fait différente selon que l'on se trouvait à l'est ou à l'ouest : aux exemples souvent cités : « liberté », « démocratie », « paix », « plan », on peut ajouter « voiture d'occasion », qui n'évoquait pas un objet précieux à l'ouest, comme c'était au contraire le cas à l'est, du fait de la longueur des délais nécessaires à l'acquisition d'une automobile neuve. Les noms des services, des types de magasins, les nombreux sigles sur le modèle du russe constituaient aussi des traits propres à l'allemand de l'est. Que ce soit l'allemand de l'ouest qui ait, en réalité, connu les innovations les plus fortes à partir du début des années cinquante peut aisément s'expliquer si l'on considère qu'il reflète une société caractérisée par l'afflux permanent de nouveaux produits et les pressions de la concurrence dans le domaine politique aussi bien qu'économique. On notera, cependant, que l'archaïsme de l'allemand oriental peut parfois présenter quelques avantages aux yeux des puristes que rebutent certains termes modernes. Ainsi, Schlosser *(ibid.)* mentionne avec intérêt le mot, de facture traditionnelle, *Lehrling*, formé sur la racine *lehren* « enseigner », élargie du suffixe *-ling*, référant à une personne généralement jeune. Ce mot, qui désigne couramment, à l'est, un apprenti, un novice, un écolier ou tout individu qui reçoit une formation dans un domaine particulier, lui paraît beaucoup plus recommandable que le composé, à ses yeux monstrueux, qui est parfois utilisé à l'ouest : *Auszubildender* (qu'on abrège même en *Azubi* !), littéralement « devant être instruit ».

Aujourd'hui, l'allemand ne paraît plus être exposé, si du moins les circonstances politiques et sociales demeurent ce qu'elles sont, à des dérives comme celles qu'ont représentées les deux épisodes nazi et communiste de son histoire. Il serait plutôt en assez bonne position pour amorcer un retour dans certains des vastes territoires que lui avaient fait perdre la défaite du régime hitlérien et les rancœurs accumulées contre lui. Le regain européen de l'allemand est la conséquence de deux phénomènes heureux pour l'Allemagne, et qu'elle doit à l'ouverture politique de l'URSS durant la période gorbatchévienne : l'effondrement des régimes communistes, et la réunification allemande. Ainsi s'offre à l'allemand un champ libre : il peut réaffirmer en Europe de l'Est une vocation dont ce chapitre a montré qu'elle est ancienne. Car la géographie trace les destins en même temps que les contours : une ligne de frontières de 4 850 kilomètres, soit une des plus longues de celles qui délimitent les pays européens, est commune à l'allemand et à quinze langues voisines, dessinant des bandes étroites de territoires le long desquelles une partie des habitants associe, depuis fort longtemps, la connaissance de l'allemand à celle de son idiome maternel. À cette sorte de déterminisme s'ajoute le façonnement des habitudes : les contacts de civilisations, lorsqu'ils s'étendent en durée, sécrètent et enracinent des schémas mentaux et des comportements. Leur résurgence, même après une longue hibernation, peut donc s'expliquer. En outre, les circonstances ressemblent à ce qu'elles furent il y a huit cents ans, lorsque la Hanse Teutonique commença d'implanter ses comptoirs sur les bords de la Baltique : il n'y a pas, ou il n'y a plus, d'obstacle politique à l'ouverture de marchés propres à absorber les produits d'une économie dynamique et puissante. Bien plus, l'antique appel de l'est devient cette fois une demande explicite et insistante d'ex-pays, ou ex-républiques fédérées, communistes, avides de s'ouvrir, ou accablés des soucis d'une fraîche indépendance. À cette demande, l'Allemagne ne peut qu'être tentée de répondre avec empressement, maintenant qu'elle est réunifiée et que son adhésion au traité de Rome, compensation qu'elle cherchait à l'ouest pour oublier les frustrations dues à la cassure, n'apparaît plus comme l'unique recours. Ce que la Wehrmacht n'a pu faire, le mark est en train de l'entreprendre.

De cette nouvelle situation, la langue allemande a déjà commencé de tirer avantage. En mars 1992, le ministre tchèque de l'Éducation insistait pour que l'allemand fût substitué à l'anglais comme langue obligatoire au baccalauréat (cf. journal *Le Monde,* 29/30-3-1992, p. 24), preuve, s'il en fallait encore, que la puissance profite à la langue. Un an avant, la firme allemande Volkswagen avait racheté, au détriment de l'entreprise française Renault, les usines d'automobiles Škoda, et depuis, les industriels allemands n'avaient cessé d'investir en Bohême. Depuis quelques années, les mêmes, tout en déplorant qu'on leur prête l'intention de regermaniser l'ouest de la

Pologne (cf. *Le Monde*, 4-4-1992, p. 10), placent de nombreux capitaux dans l'achat de terres polonaises, sur les lieux mêmes qui, allemands avant 1945, furent attribués à Varsovie après la Seconde Guerre, et qu'abandonnèrent alors des masses de germanophones. La Croatie elle-même, où les circonstances, avant 1918, étaient moins favorables à l'allemand, malgré l'union austro-hongroise, qu'au magyar, langue dominante, pourrait s'ouvrir largement : le 15 janvier 1992, le président de cette République devenue indépendante exprimait officiellement sa gratitude au représentant allemand pour le rôle joué dans le processus de reconnaissance internationale, que Bonn avait précipité, alors que ni les gouvernements occidentaux, ni celui des États-Unis n'étaient pressés, à cette étape, de cautionner le démantèlement de la Yougoslavie.

Ainsi, les circonstances servent le retour de l'allemand dans cette Europe centrale où les deux guerres de ce siècle avaient beaucoup terni son prestige, sans pouvoir faire qu'il n'y demeurât la plus enracinée de toutes les langues européennes qui ont développé un domaine d'influence au centre du continent. En 1915, dans son ouvrage *Mitteleuropa* « Europe centrale », publié à Berlin, le député du Reichstag F. Naumann avait proposé le concept d'union économique de l'Europe centrale, regroupant, autour de l'Allemagne et de l'Autriche-Hongrie, de nombreux pays européens : Belgique, Pays-Bas, Luxembourg, Danemark, Norvège, Suède, Suisse, Albanie, Serbie, Bulgarie, Roumanie et Grèce. Selon la conception de l'auteur, l'allemand devait être la langue commune de cette fédération réalisée autour des deux empires germanophones, mais l'harmonie et la cohésion de l'ensemble postulaient une politique d'ouverture et de souplesse à l'égard de tant d'idiomes ainsi regroupés. Cette politique sera dévoyée par le régime hitlérien, qui, dans son rêve de conquête de l'Europe, apportera un puissant soutien aux séparatismes ukrainien, slovaque, croate, non pour aider à la promotion des langues nationales, mais pour encourager la création de pouvoirs locaux pro-nazis. Certes, les images surgies d'un passé plus lointain peuvent troubler ceux qui savent que la Hanse fut l'alliée des Teutoniques, et que par ailleurs l'Allemagne, tard venue des empires coloniaux à la fin du XIXe siècle, eut par deux fois, au XXe, la tentation de voir dans l'Europe centrale et orientale ce qu'elle était au Moyen Âge : sa seule véritable colonie. Mais l'allemand, aujourd'hui, est assez bien servi par la force de la monnaie pour n'avoir pas besoin de celle des armes.

Cela dit, les plus puristes s'alarment de constater que l'allemand, plus qu'aucune langue européenne, est fortement pénétré d'emprunts à l'anglo-américain. Leur nombre dépasserait 3 000 mots (cf. F. et I. Neske 1972). Il ne s'agit pas seulement de mots germanisés, comme *explizieren* « expliquer », *floaten* « flotter », *jobben* « gagner de l'argent grâce à un travail occasionnel ». Il s'agit aussi des emprunts purs et simples sans aucun changement, parmi la masse desquels on peut noter *brain-drain* « fuite des cerveaux » (calque français, aujourd'hui bien accepté, du mot anglais), ou *software* « logiciel » (sur ce mot français, cf. Hagège 1987, p. 125). Ce qui est vrai de la langue l'est aussi de sa position dans de nombreux domaines. Ainsi, au début du XXe siècle, la recherche scientifique allemande, bien organisée, appuyée sur un bon équipement matériel, et dirigée par des maîtres aussi remarquables qu'aptes à galvaniser des équipes de disciples, était une des premières d'Europe. L'édition scientifique allemande, reflétant cette qualité, était de haut niveau. Elle publiait non seulement des ouvrages de recherche fondamentale, mais aussi d'excellents manuels et abrégés méthodiques dans divers domaines du savoir. Elle s'adressait à un public dont la demande était importante, et accrue par la valeur de l'offre, aussi bien dans les pays germanophones que dans d'autres pays d'Europe, où les milieux savants lisaient couramment l'allemand. Elle était réputée, aussi, pour ses grandes bibliographies, constamment tenues à jour. Aujourd'hui, dans tous ces domaines, c'est l'anglais qui s'est imposé. En Allemagne, beaucoup de bons chercheurs écrivent, et beaucoup d'éditeurs publient, en anglais. Évidemment, le statut international de l'anglais le met en position sûre pour répondre au besoin d'une langue de communication entre chercheurs, besoin permanent du monde savant, auquel, autrefois, répondait le latin. Mais le fait demeure que les chercheurs non anglophones, en Allemagne comme en France, contribuent eux-mêmes à la promotion de l'anglais : les meilleurs d'entre eux, s'ils publiaient dans leur langue, la serviraient efficacement, puisque l'accès à des travaux de qualité impliquerait que l'on passe par elle.

Les nouvelles possibilités qui s'offrent à l'allemand dans l'Europe d'aujourd'hui ne peuvent faire oublier que des ombres pèsent sur son avenir. D'une part, en effet, l'émigration allemande a été importante, notamment aux États-Unis, bien que l'adoption généralisée de l'anglais n'y ait pas encore fait disparaître l'allemand. D'autre part, ce dernier est menacé par un péril plus grave, que masque le chiffre important atteint par la population depuis la réunion des deux Allemagnes (près de 80 000 000 d'habitants) : l'allemand se situe au-dessous du taux de croissance moyen des langues européennes. Le phénomène, tout à fait inconnu parmi les langues slaves ou turques, qui dépassent largement ce taux, est lié à une baisse démographique qui constitue une des faiblesses les plus profondes de l'Allemagne contemporaine. Si, malgré ces ombres, l'allemand, au moins à moyen terme, accomplissait de réels progrès en Europe, la preuve serait faite qu'une grande langue européenne autre que l'anglais est en mesure de remplir certaines des fonctions d'une langue commune. Loin de nuire aux autres langues qui en ont aussi la vocation, cela les servirait plutôt. La principale d'entre elles est le français. Il est temps, à présent, de se demander quelle contribution il apporte au destin de l'Europe.

CHAPITRE 4

Le français et la vocation multiple

Les temps de gloire et les temps de périls

La vocation européenne du français est ancienne. Elle se nourrit de périodes rayonnantes auxquelles demeure attachée la mémoire nationale. Le nouveau visage du français peut favoriser un recentrage européen tout à fait profitable au continent ; car c'est un message original que le français rapporte de ses longs et lointains voyages.

C'est à deux époques, surtout, assez éloignées l'une de l'autre, que le français a rayonné en Europe. L'une se situe aux XIIe et XIIIe siècles, l'autre dans la seconde moitié du XVIIe et au XVIIIe siècle. Toutes deux s'expliquent assez bien par le concours de causes politiques, militaires, sociales et culturelles qui, comme on l'a vu, servent ordinairement l'illustration d'une langue au-delà de ses frontières.

Le rayonnement médiéval du français

Au Moyen Âge, le français avait commencé à rayonner avant le XIIe siècle, du fait d'un événement qui, plus qu'aucun autre, avait assuré son empire hors de France : la conquête de l'Angleterre en 1066. Le français y régna plus de trois cents ans, et la marque qu'il a laissée est immense et profonde (cf. chap. 2). En outre, à la suite de l'invasion normande au XIe siècle puis de l'immigration angevine, les formes médiévales du français se répandirent en Sicile, et allaient se maintenir à Naples jusqu'en 1315. Mais surtout, les croisades les implantèrent en Morée (Péloponnèse), au royaume de Chypre, où le français fut la langue officielle de la dynastie des Lusignan au XIIIe siècle, à Constantinople, où les gasmules contribuèrent à leur diffusion, sans parler des territoires voisins situés hors d'Europe, comme la Palestine et la Syrie. Là, du fait du rôle prépondérant des Francs, le français fut un temps la langue commune de la chrétienté occidentale. Les Assises de Jérusalem et celles d'Antioche en firent la langue officielle de ces royaumes avant même qu'il ne le devînt en France. Mais il faut noter que le français, en Orient, vivait aux côtés d'autres langues : grec, arménien et arabe ; ce dernier, qui reflétait alors une civilisation raffinée, constitua une source d'emprunts bien connus (*chiffre*, *coton*, *gazelle*, *jupe* datent de cette époque ; *arsenal*, *camphre*, *douane*, de la fin du XIVe siècle).

L'Université de Paris, certes, ne donnait pas d'autre enseignement qu'en latin, mais par son prestige, elle attirait vers le français, parlé communément dans la ville, un nombre considérable d'étudiants et savants étrangers. Parmi eux l'érudit florentin B. Latini, qui écrit dans l'Introduction de son *Livre du Trésor,* où il consigne la somme des connaissances de son temps :

> « Si aucun demandait pourquoi ce livre est écrit en roman, selon le langage des Français, puisque nous sommes italien, je dirais que c'est pour deux raisons : l'une, parce que nous sommes en France, et l'autre parce que la parlure en est plus délectable et plus commune à toutes gens. » (Cité par Brunot 1966, t. I, p. 376.)

En écho, le chroniqueur vénitien M. da Canale répète un peu plus tard, au début du XIVᵉ siècle : « La langue française court le monde » et ajoute qu'elle est « plus délectable à lire et ouïr que nulle autre » *(ibid.)*. Un maître anglais de langue française s'attendrissait, quelque temps plus tôt, sur le

> « doux français, qui est le plus bel et gracious language, et plus noble parler, après latin d'École, qui soit au monde, et de tous gens mieux prisé et amé que nul autre ; car Dieu le fit si doux et aimable principalement à l'honneur et louange de lui-même. Et pour ce, il se peut comparer au parler des anges du ciel, pour la grant douceur et beauté d'icel. » (Cité par François 1959, t. I, p. 104.)

Les mariages de princesses françaises avec des souverains étrangers : anglais, allemands, espagnols, hongrois (*ibid.*, p. 101), en ces temps où les unions des rois étaient un des pivots de la politique internationale, firent beaucoup pour la diffusion du français. Mais les œuvres littéraires jouèrent un rôle plus important encore. Les chansons de gestes et les romans courtois, que répandaient beaucoup de manuscrits, étaient traduits en un grand nombre de langues : allemand, néerlandais, espagnol, italien, portugais, grec, gallois. Certains écrits des plus célèbres auteurs qui illustrèrent l'abondante littérature du moyen haut-allemand au XIIIᵉ siècle, à savoir Hartmann von Aue et Wolfram von Eschenbach, sont des adaptations d'œuvres françaises, et le vocabulaire de la chevalerie comme le langage courtois empruntent beaucoup de mots français (qui ne se sont pas tous maintenus). La Scandinavie elle-même était atteinte par cette vogue.

Cependant, le rayonnement du français commence à décroître à la fin du XIIIe siècle, en sorte qu'au milieu du XIVe, il a cessé de jouer le rôle de langue internationale. Dans un pays où sa position était très forte, l'Angleterre, un fait atteste ce recul d'une manière paradoxale : c'est en Angleterre qu'est née la grammaire française, puisque c'est là que paraît, en 1400, un *Donat français* (manuel ainsi désigné par référence à Donat, célèbre grammairien latin du IVe siècle ap. J.-C., considéré comme un modèle au Moyen Âge). Son auteur écrit en le présentant :

> « Pour ce que les bonnes gens du royaume d'Angleterre désirent ardemment savoir lire et écrire, entendre et parler droit français, afin qu'ils puissent entrecommuner bonnement avec leurs voisins, c'est-à-dire les gens du royaume de France, et aussi pour ce que les lois d'Angleterre, pour la plus grande partie, et aussi beaucoup de bonnes choses sont mises en français, et aussi bien presque tous les seigneurs et toutes les dames en même royaume d'Angleterre volontiers s'entrécrivent en roman, très nécessaire je cuide être aux Anglais de savoir la droite nature du français. » (Cité par François 1959, t. I, p. 100.)

On voit donc que le français était de moins en moins connu : les premières grammaires ont été écrites pour ceux qui, en Angleterre, étaient en train de l'oublier.

On note le même déclin en Allemagne, en Flandre et en Hollande, ainsi qu'en Italie. Dans ce dernier pays, de surcroît, une réaction contre les humiliations politiques et militaires produit un sursaut qui prépare déjà l'éclat de la Renaissance. Celle-ci ravira la palme au français, et c'est dans la littérature italienne que les poètes de la Pléiade puiseront leurs modèles. Si le français, dès le XIVe siècle, ne peut plus apparaître comme seconde langue de culture après le latin, c'est, dans une large mesure, parce que les bourgeoisies nationales, en pleine ascension, commencent à imposer leurs idiomes vernaculaires. L'emploi du français était lié à la féodalité, ainsi qu'au raffinement d'une civilisation de l'amour courtois qui reflétait un certain type de société, jugé de plus en plus désuet. De plus, la Guerre de Cent Ans s'était achevée (en 1453 ou en 1475, selon les historiens) par une victoire de la France, qui reprenait presque toutes les terres d'abord conquises par les Anglais, mais cette victoire très onéreuse avait épuisé le pays. De ce fait, elle lui avait fait perdre son rayonnement européen du XIIIe siècle. L'éclat de sa langue et de sa culture devenait moins grand, d'autant plus qu'en Orient aussi, ses positions militaires et politiques étaient en recul.

Le français, l'âge classique et les feux de l'universalité

La deuxième époque de rayonnement européen du français a fait l'objet de nombreuses études (cf., notamment, Hagège 1987, chap. VI). Comme au Moyen Âge, les succès politiques et la fortune des armes ont été des facteurs décisifs, même s'ils ne sont pas toujours des conditions à la fois nécessaires et suffisantes de la floraison artistique et littéraire qui les accompagne ordinairement. Mais c'est bien ainsi que les voyaient les contemporains. On constatait d'abord un état de fait, comme Sorbière, qui écrit à propos du français, dans sa préface à l'ouvrage de Le Laboureur *Avantages de la langue française sur la langue latine* (1669), « que la plupart des cours de l'Europe se piquent de l'entendre et de le parler, que nos ambassadeurs n'y ont plus besoin d'interprètes » (Hagège, 1987, p. 173). Deux ans plus tard, dans le second de ses *Entretiens d'Ariste et d'Eugène,* le P. Bouhours prêtait ces mots à Ariste : « Tous les étrangers qui ont de l'esprit se piquent de savoir le français ; ceux qui haïssent le plus notre nation aiment notre langue » *(ibid.)*. En 1693 encore, alors qu'aux succès initiaux du règne de Louis XIV a succédé une période difficile, où la France doit faire face à l'Europe liguée contre elle, Charpentier proclame, dans sa *Réponse au Discours de réception de La Bruyère* à l'Académie :

> « Il y a une certaine fatalité qui joint ordinairement ensemble l'excellence des armes et celle des lettres, et qui fait que la langue des peuples est dans sa plus haute splendeur sous les règnes de leurs plus grands rois. » (Cité par Condeescu 1973, p. 356.)

Un an plus tard, la dédicace du *Dictionnaire* de l'Académie déclare à propos de la langue française, en s'adressant au roi :

> « La supériorité de votre puissance l'a déjà rendue la langue dominante de la plus belle partie du monde. Tandis que nous nous appliquons à l'embellir, vos armes victorieuses la font passer chez les étrangers ; nous leur en facilitons l'intelligence par notre propre travail, et vous la leur rendez nécessaire par vos conquêtes. » (Cité par François 1959, t. I, p. 401.)

On pourrait juger qu'il ne s'agit là que de flatteries pour se concilier le monarque. De même, on pourrait expliquer par la foi patriotique plutôt que par une sérieuse évaluation des faits les nombreux textes comme celui-ci, qui est dû au rédacteur du *Mercure Galant*, et paraît en cette même année 1694 :

> « L'étendue de la langue française est digne de la noblesse de son origine. Elle passe les limites du royaume. Elle ne se borne ni par les Pyrénées et les Alpes, ni par le fleuve du Rhin. On entend le français dans toute l'Europe. La langue française a son Académie, le Tribunal

de ses juges en France ; mais elle a dans les autres États des écoles et des maîtres qui l'enseignent ; elle est connue dans toutes les cours, les princes et les grands la parlent, les ambassadeurs l'écrivent, et le beau monde en fait une mode, et un air de politesse. » (Cité par Brunot 1966, t. V, p. 137.)

À preuve qu'il ne s'agit pas ici de témoignages de pure complaisance chauvine, on pourrait en citer bien d'autres, qui émanent d'étrangers. Ainsi, un professeur allemand, G. Otliker, écrit dans la préface d'un manuel qu'il publie en 1695 :

> « Aujourd'hui, il y a peu de personnes de louable qualité, qui ne prennent plaisir à l'exercice de cette langue, étant de si grand usage, qu'il y a peu de province *(sic)* au monde, où l'usage d'icelle ne se voie. » (*Ibid.*, p. 141.)

Les hommes politiques eux-mêmes tiennent un discours semblable. Je ne citerai, pour finir, que celui d'un Espagnol, qui déclare qu'il faut

> « savoir le français en perfection, tant à cause des livres excellents écrits dans cet idiome que parce qu'il se trouverait difficilement une capitale de monarchie ou de république où le français ne se parlât, sinon mieux, au moins aussi bien que la langue indigène ». (*Ibid.*, pp. 141-142.)

Le français était alors, en effet, la première des langues européennes qui, autour d'un pouvoir national et sur la base d'une unité politique, s'étaient fixées avec le statut de langue écrite. L'anglais, l'espagnol, le portugais, le polonais, qui possédaient également ce statut, ne connaissaient pas la même diffusion en Europe. Les vicissitudes politiques que je rappelle aux chapitres 7 et 8 avaient eu pour résultat que le provençal, le tchèque, le bas-allemand ne servaient plus à la littérature. L'italien et l'allemand, s'ils exprimaient bien, pour chacun d'entre eux, la conscience d'une unité nationale et d'une civilisation propre, ne reflétaient plus de solidarité politique : l'Italie était fragmentée en entités dispersées, et dans l'ancien Empire romain germanique, la dilution du titre impérial était un facteur d'éclatement. La situation politique de la France, tout à fait différente, servait le français. Même ceux qui s'opposaient à l'absolutisme contribuaient au rayonnement de la langue, quand ils étaient contraints de s'exprimer à l'étranger : la police de Louis XIV ne parvint pas, en dépit de sa persévérance, à enrayer la diffusion des innombrables pamphlets qui, grâce à la liberté de publication dans les Provinces Unies, étaient édités à Amsterdam puis répandus partout (cf. Brunot 1966, t. V, pp. 270-274).

Certes la Révocation de l'Édit de Nantes, épilogue d'une longue série d'intimidations, privait la France de certaines de ses forces économiques et culturelles les plus vives. Il se trouva, néanmoins, des contemporains, aveugles aux conséquences à long terme, qui impliquaient la perte du français, pour se flatter d'une trompeuse apparence. Ainsi, en 1710, le *Discours sur le progrès de la langue française*, envoyé à l'Académie française par l'Académie de Soissons, se félicitait que l'événement ait « fait passer notre langue dans les pays les plus éloignés » (cité par François 1959, t. II, p. 4). Rivarol, soixante-treize ans plus tard, partage encore cette illusion, alimentée, notamment, par la fierté de voir les Huguenots français contribuer puissamment à l'essor économique de Berlin. Il ne tient pas compte d'une vérité illustrée en 1761 par un livre de Leguay de Prémontval (cf. Condeescu 1973, p. 354), dénonçant « la corruption de la langue française » chez les épigones : les émigrés s'assimilent en quelques générations, et oublient leurs langues. La conservation d'une forme de castillan, chez les descendants des communautés contraintes à l'exil en 1492 par un même acte d'intolérance mettant à la base de l'État l'idéologie de l'unité religieuse (cf. pp. 22-28), est un cas exceptionnel, lié au culte de l'identité juive.

Malgré la saignée de la Révocation, Louis XIV, avant de mourir, renforça la situation du français en apportant une compensation linguistique aux revers d'une fin de règne assez morose : le traité de Rastatt, signé en 1714 avec l'empereur Charles VI, est le premier à n'être pas rédigé en latin. Il consacre le français, pour une longue période, comme langue diplomatique de l'Europe, ainsi qu'il apparaît en 1736 (Convention de Vienne) et en 1748 (traité d'Aix-la-Chapelle). Les conditions étaient donc réunies pour faire du XVIIIe siècle, poussant plus loin encore l'avantage acquis au XVIIe, l'âge de la deuxième universalité du français. Le rayonnement politique est accompagné par celui des lettres. La cinquième édition (1752) du *Dictionnaire universel français et latin* publié à Trévoux s'ouvre par ces mots :

> « Depuis que la langue française a reçu du siècle dernier et du nôtre l'éclat que lui ont donné leurs ouvrages, on l'a parlée dans toute l'Europe et son usage est devenu presque universel. Nous ne prétendons pas que ce soit un usage réservé uniquement à notre langue ; les Italiens et les Anglais pourraient en dire autant de la leur. Mais on ne saurait contester que la langue dans laquelle ont écrit Corneille, La Fontaine, Racine, Quinault, Boileau, [...] Pascal, Bossuet, Fénelon, [...] Fontenelle, Montesquieu, Voltaire, etc., n'ait bien mérité d'être connue partout où l'on cultive les lettres. Ici, les faits réduisent au silence tous les préjugés nationaux. » (Cité par François 1959, t. II, p. 5.)

Comme le montre un passage de ce texte, on était pleinement conscient que le français n'avait pas l'exclusivité de cette large diffusion. Précisément, il trouvait dans cette ouverture même aux autres langues, et dans cette reconnaissance de leurs mérites, un des garants de son universalité. Le XVIIIe siècle est l'époque la plus cosmopolite et la plus polyglotte de l'histoire du français, au moins pour les lettrés favorisés par la fortune. L'enseignement des langues est en plein essor dans les collèges jésuites. L'état d'esprit est reflété par l'article « langues » de l'*Encyclopédie*, où le grammairien Beauzée conseille aux savants d'apprendre « l'italien pour la littérature, les arts, l'histoire, l'anglais pour les mathématiques, la physique et le commerce [...], l'allemand pour le droit, la médecine, l'histoire naturelle, en particulier la métallurgie. » (Cf. François 1959, t. II, p. 6).

Mais la place de l'allemand en France était sans commune mesure avec celle du français en Allemagne. Frédéric II exigeait des Français qui l'entouraient la promesse de ne pas apprendre l'allemand, dont la connaissance aurait été nuisible, selon lui, à la pureté de leur français (cf. Brunot 1967, p. 568). Il fonda dans sa capitale, pour illustrer le français, non seulement un théâtre permanent et un lycée, mais aussi cette Académie qui, en 1784, retint pour les couronner, parmi ceux de seize candidats, le mémoire du Wurtembergeois Schwab et celui du Français Rivarol, le célèbre discours *De l'universalité de la langue française.* De sa réponse aux deux premières questions de l'Académie de Berlin, sur les causes et la justification de ce statut universel, Rivarol se contentait de tirer argument pour répondre à la troisième : « Peut-on présumer que le français conserve cette prérogative ? » Certes, les rapports de force entre les langues étant ce qu'ils étaient alors, il y avait plus de vraisemblance à admettre pour fait acquis la domination du français, ainsi que l'impliquait la formulation du sujet, qu'à mentionner, comme le fit un des concurrents, une prédiction assignant au russe le rôle de langue commune de l'Europe dans cinq siècles, ou d'attribuer ce rôle à l'allemand, comme le firent deux autres. Mais l'universalité du français dont il s'agissait n'était pas ce que le mot pourrait laisser croire aujourd'hui.

Car en fait, le français régnait surtout dans les franges sociales privilégiées de l'Europe des Lumières, à savoir dans les cours et les milieux aristocratiques, en Allemagne, où son usage apparaissait solidaire du raffinement des mœurs, en Angleterre, aux Pays-Bas, chez les nations scandinaves, notamment en Suède sous l'impulsion de Gustave III, correspondant des philosophes français. Il régnait également à la cour de Russie, surtout depuis l'avènement de Catherine II (1762), qui composait des pièces en français, tout en ne s'interdisant pas de brocarder le macaronisme franco-russe d'une partie de la noblesse ; cependant, un français raffiné se conserva longtemps parmi les plus favorisés, comme on peut en juger par de nombreux dialogues dans *Guerre et paix* de L. Tolstoï. En Autriche, au milieu du XVIIIe siècle, l'époux de Marie-Thérèse, François de Lorraine, contribua à répandre le français, sa langue maternelle, parmi l'aristocratie.

Le français était prisé, de même, dans certaines cours du sud, comme celles d'Espagne et d'Italie, notamment à Parme, domaine des Bourbons, et en Toscane, soumise, un temps, à une dynastie lorraine. En Suisse, une frontière s'était fixée dès le IXe siècle entre parlers alémaniques et parlers romans ; ceux-ci seuls étaient utilisés à l'origine, et non le français, qui doit sa diffusion en pays de langue romane à l'installation de Calvin dans la cité de Genève et au rayonnement de sa prédication à partir de ce moment (1541) ; l'afflux de protestants français, notamment après la date fatidique de 1685, accrut le prestige de la langue, comme des mœurs et des modes de France, durant tout le XVIIIe siècle. Enfin, dans les principautés danubienne et carpatique de Valachie et de Moldavie, les Phanariotes cultivent le français, s'attachant des secrétaires venus de Paris. En 1744, l'abbé Desfontaines, offrant au régent Constantin Mavrocordat sa traduction de Virgile, le loue de régner sur un pays où « la langue française est préférée à toutes les langues modernes » (cf. Condeescu 1973, p. 354).

Même si, dans tous les pays cités, une partie des savants et des lettrés de la bourgeoisie partageait avec l'aristocratie le culte et la pratique du français, l'assise sociale demeurait étroite. C'étaient surtout les utilisateurs cultivés qui pouvaient tirer parti des qualités internes par lesquelles les contemporains aimaient à expliquer le succès du français. L'une d'entre elles était son aptitude à la conversation ; Voltaire écrit dans *Le Siècle de Louis XIV* (1751, chap. 32) :

> « La langue française est, de toutes les langues, celle qui exprime avec le plus de facilité, de netteté et de délicatesse, tous les objets de la conversation des honnêtes gens ; et, par là, elle contribue, dans toute l'Europe, à l'un des plus grands agréments de la vie. »

Cette opinion ne se rencontre pas seulement chez des auteurs français. Le Piémontais Caraccioli écrit dans son ouvrage *L'Europe française*, publié à Turin en 1776 :

> « Si la langue française est maintenant triomphante, c'est que, naturelle et concise dans ses expressions, elle est la langue de la société. [...] Il faut revenir à la langue française quand on veut converser ; moins diffuse que toute autre, moins difficile à prononcer, elle n'exige ni une abondance de mots ni des efforts de gosier pour donner du corps aux pensées. »

On aimait, au XVIIIe siècle, à comparer les langues entre elles, selon des critères qui, jugés à l'aune de la linguistique moderne, paraissent bien subjectifs. On parlait volontiers « de la richesse lexicale de l'anglais, lequel cependant n'est pas assez " châtié " ; de la gravité de l'espagnol qui ne le préserve pas de l'enflure ; de l'énergie de l'allemand, trop voisine pourtant d'une désagréable dureté ; de la mignardise de l'italien », dont pourtant, « les intonations seraient molles et languissantes » (Condeescu 1973, p. 357). De tels jugements se trouvent, entre autres, chez de La Touche, dans la préface de la quatrième édition de son *Art de bien parler français* (1730). Enfin, on louait beaucoup la clarté du français, et l'on y voyait une cause de son universalité. Des exemples contemporains laissent apparaître, en effet, quand on compare le français à l'anglais, une plus grande clarté du premier, due, notamment, à l'emploi des prépositions et des articles : *world population conference* est ambigu, alors que le français doit choisir entre « congrès mondial de la population » et « congrès sur la population du monde » (Hagège 1987, p. 167) ; et un cas célèbre est celui de la Résolution 242 de l'ONU, dont la version française est préférée par les pays arabes, et la version anglaise par Israël, car sur un point capital, relatif aux territoires occupés, la première est très précise, alors que la seconde est ambiguë (*ibid.*, p. 168).

L'universalité à l'épreuve

Rivarol, dont le *Discours* fit brillamment la synthèse de ces arguments, n'aperçut pas davantage que ses contemporains les signes annonciateurs d'un déclin. En 1783, date à laquelle il rédige son œuvre, le traité de Versailles proclame l'indépendance des États-Unis, acquise grâce au concours de la France. Rivarol le mentionne avec chaleur, concluant son livre par ces mots : « L'histoire de l'Amérique se réduit désormais à trois époques : égorgée par l'Espagne, opprimée par l'Angleterre et sauvée par la France. » En réalité, une autre décision était intervenue vingt ans plus tôt, dont le traité de Versailles compensait en quelque manière les humiliations, mais n'annulait aucunement les conséquences. En 1763, le traité de Paris, mettant fin à une guerre meurtrière entre la France et l'Angleterre pour la domination de l'Amérique du Nord, avait scellé le destin du français dans ce continent plein de promesses, et par contrecoup en Europe, comme on le voit aujourd'hui : la France cédait à l'Angleterre le Canada, la vallée de l'Ohio, la rive gauche du Mississipi et la plus grande partie des Antilles. Ainsi, le français était chassé d'une terre qui allait devenir un des centres mondiaux des affaires. L'anglais, appuyé sur un rivage de l'Atlantique aux États-Unis et sur l'autre à la Grande-Bretagne, devenait la langue des relations entre les continents. « Or c'était là », écrit Brunot (1968, t. XI, Deuxième Partie, p. 341), « la véritable universalité, sans qu'il y eût rien à retrancher cette fois à la valeur du mot ; et cette universalité était perdue pour notre langue ».

Certes, le prestige de la Révolution auprès des intellectuels dissidents d'une Europe où dominaient les monarchies conservatrices permit au français de gagner des milieux nouveaux, tout comme le lui permit, sur l'autre versant politique, l'action des émigrés, dont certains durent l'enseigner pour vivre en exil. D'autre part, le français fut servi par les conquêtes militaires du Directoire, du Consulat et de l'Empire. Mais l'opposition au régime napoléonien ravive les nationalismes, et nuit à la diffusion, ou même au maintien, du français en Espagne, en Allemagne, en Italie. De surcroît, en 1805, la vente de la Louisiane aux États-Unis par Napoléon parachève le traité de Paris, et peut être considérée comme un des désastres de l'histoire externe du français : les colons du bas-Mississipi, à l'origine venus de France, n'ont bientôt plus d'écoles ni de livres, et c'est ainsi que passe à l'anglais, en quelques générations, une des populations les plus fermement attachées au français et à son illustration en dehors de l'Europe. Les revendications nationalistes du milieu du XIXe siècle, largement nourries par le culte des langues particulières, et plus tard l'affirmation politique de divers pays européens, ne seront guère favorables au français. La défaite de la France devant l'Allemagne en 1870 atteint le prestige de la langue en même temps que celui du pays. Au début du XIXe siècle, la notion d'universalité du français se rencontrait encore chez certains auteurs (cf. Condeescu 1973, p. 411), qui prenaient un parti opposé à celui des écrivains anglomanes comme Stendhal dans la *Vie de Henri Brulard* (1835). Mais à raison des progrès de l'anglais en tant que langue du commerce sous l'égide de la Grande-Bretagne puis des États-Unis, à raison de la croissance accélérée de ces derniers et de leur affirmation comme grande puissance mondiale, ainsi que de la disparition des derniers bastions francophones d'Amérique sauf à l'est du Canada, la notion d'universalité du français disparaît peu à peu dans la seconde moitié du XIXe siècle, sans qu'on en prenne clairement conscience. Cependant, le mouvement était plus ancien qu'on n'imagine, et le rayonnement commercial et politique de l'Angleterre apparaissait à un indice éloquent, les taux d'emprunt réciproque : de 1650 à 1780, les emprunts de l'anglais au français diminuent de 75 %, alors que ceux du français à l'anglais augmentent de 200 %.

De même qu'en 1579, dans son traité de la *Précellence du langage français*, H. Estienne s'en prenait à la diffusion de l'italien, dont la mode à la cour des Valois et parmi la noblesse française compensait les frustrations autrefois ressenties en Italie face au rayonnement médiéval du français, de même, des réactions de sauvegarde apparaissent en France quand, après la Première Guerre mondiale, le recul du français devant l'anglais devient manifeste. Après la Seconde Guerre, ce recul s'accentue encore pendant un temps, du fait du discrédit jeté sur la politique collaborationniste de Vichy. En 1945, un indice du repli frileux relayant le fier rayonnement est donné par un article d'A. Siegfried saluant comme une « victoire française » l'admission du français à côté de l'anglais en tant que langue de travail à la conférence mondiale de San Francisco (cf. François 1959, t. II, p. 299). Dans les années soixante, la prise de conscience du progrès de l'anglo-américain au détriment du français sur la scène internationale revêt la forme d'une campagne contre ce rival et, plus généralement, contre la civilisation américaine et la pression qu'elle exerce sur l'Europe. R. Étiemble est le principal représentant de ce courant dans son ouvrage *Parlez-vous franglais ?*, dont la parution, en 1966, coïncide avec le sursaut national d'une France animée par l'idéal de grandeur que le général de Gaulle, revenu au pouvoir, oppose à divers défis, surtout la crise algérienne et l'inféodation de l'Europe aux intérêts américains (cf. Hagège 1987, chap. IV).

Ainsi, les deux périodes de rayonnement européen du français ont façonné en France, mais aussi dans d'autres pays, francophiles et de tradition culturelle française, l'idée d'une vocation européenne et mondiale propre à cette langue. De ce fait, il s'est créé dans les esprits une manière d'accoutumance. Les deux temps de gloire sont ressentis comme les manifestations d'une mission dont le français serait investi, plutôt que comme des scintillements liés à des circonstances déterminées. Dès lors, si une autre langue paraît lui ravir la palme de l'universalité, il s'ensuit un sentiment de détrônement, qui n'est pas sans avantage, pour ce qu'il produit d'ardeur à défendre la diversité contre l'uniformisation. Car, comme on vient de le voir, le rayonnement même du français a également servi les autres langues, celles, précisément, de tous ces lettrés et étudiants attirés en France, et dont la présence suscitait une curiosité pour les cultures qu'ils représentaient. Ainsi, le français, en même temps qu'il s'est donné vocation de langue commune, apparaît comme un garant de la variété constitutive de l'Europe.

Le français entre la nostalgie du passé et la nostalgie du futur

Si les frustrations causées par la domination de l'anglo-américain en Europe sont liées à la connaissance d'un brillant passé, il ne s'ensuit pas que la position du français soit mauvaise aujourd'hui. Elle est même, à certains égards, meilleure qu'autrefois, pour diverses raisons. En premier lieu, les langues minoritaires de France ne sont plus soumises, même si des progrès restent à faire dans la reconnaissance de leurs droits, à une politique centraliste autoritaire qui rendrait moins convaincante la vocation du français au statut de langue commune en Europe. Certes, l'ordonnance de Villers-Cotterêts, qui, en 1539, renforçait les dispositions antérieures en substituant la langue du roi au latin dans les contrats et procédures de toutes juridictions, visait aussi les idiomes régionaux, même si, dix ans plus tôt, la fondation du Collège des Trois Langues ou Collège Royal, futur Collège de France, avait paru dirigée contre le latin lui-même et sa domination exclusive, puisqu'elle faisait figurer le grec et l'hébreu à ses côtés. D'autre part, il est vrai que la deuxième grande loi linguistique de l'histoire du français, celle du 2 thermidor an II, conséquence des célèbres rapports de Barère et de l'abbé Grégoire, exclut l'usage des langues régionales (cf. Hagège 1987, pp. 195-200). Mais il faut rappeler que les campagnes, en grande partie catholiques et monarchistes, apparaissaient à l'esprit jacobin comme peuplées d'adversaires, qui, sous l'influence des prêtres et des nobliaux, prenaient prétexte de l'usage des dialectes pour proférer un discours hostile à la république ; de plus, l'ignorance de la langue d'État pouvait servir d'excuse au refus d'appliquer les lois ; enfin, il était nécessaire, en pleine Révolution, de cimenter l'unité de la nation face aux périls extérieurs, et l'on avait hérité de la monarchie une conception qui associait l'autorité au nivellement des différences, notamment linguistiques.

Il est plus facile, aujourd'hui, de comprendre que ces différences sont les composantes d'une riche harmonie nationale. Une première réponse a été apportée en 1951, par la loi Deixonne, aux revendications linguistiques des Basques, des Bretons, des Catalans, des Corses, des Flamands, des Occitans, et aux usagers de parlers alémaniques (alsaciens) et franciques (mosellans). Il convient de noter que ces deux derniers, ainsi que le catalan, le corse, dialecte italien relié au toscan et aux parlers méridionaux de la péninsule, enfin le flamand occidental (arrondissement de Dunkerque), rattaché au néerlandais, appartiennent tous à des zones frontalières ; ils constituent donc pour la France de précieuses passerelles vers les grandes langues de pays voisins, avec lesquels les liens économiques et politiques, dans le cadre de l'union européenne, sont de plus en plus étroits : Allemagne, Italie, Espagne, Pays-Bas. En outre, le recours à une langue régionale implique, au-delà du simple besoin de communication, la complicité d'un groupe dont une même sensibilité assure la cohésion. Les langues minoritaires ne peuvent menacer l'unité nationale, en admettant qu'elles échappent aux périls de l'urbanisation et des grandes routes, s'ajoutant aux effets négatifs d'une longue histoire. Il appartient à l'État de préserver ces langues, au lieu de contraindre leurs défenseurs les plus résolus, prenant à témoin l'opinion européenne, à demander l'arbitrage de Bruxelles. Car depuis que la fin des régimes communistes a ouvert la voie aux revendications locales, on est plus sensible que naguère, en Europe, à la nécessité de défendre les langues minoritaires.

À l'attitude d'ouverture relative vis-à-vis de ces langues

s'ajoute pour le français un autre facteur favorable. Alors qu'en Irlande, l'anglais n'est pas originel mais importé, le français appartient, en Europe, non seulement à la France, mais à la Wallonie, à la Suisse romande, et à diverses communautés qui en conservent depuis longtemps l'usage. La position du français en Europe est, en outre, renforcée non seulement par le Québec francophone, mais encore par la renaissance, aux États-Unis, d'une conscience nationale nourrie de l'attachement à la langue. Ce phénomène s'inscrit dans le cadre général de la quête des sources, typique de la société américaine d'aujourd'hui, et qui caractérise en outre deux ensembles : dans les États de l'est et de l'ouest les communautés hispanophones, et à travers toute l'Union les communautés noires, dont beaucoup de membres s'identifient comme afro-américains.

Parmi les descendants des francophones, certains sont issus directement des Français de l'ancienne Louisiane, et constituent dans plusieurs États des groupes non négligeables : dans les années soixante-dix, ils représentaient, par rapport à la population totale, 22 % en Louisiane, 10 % dans le Michigan, 8 % dans l'État de Washington, 7,9 % dans le Minnesota, 7,9 % dans l'Oregon, 7 % dans le Missouri. D'autres descendent d'immigrants d'origine canadienne, qui venaient chercher un emploi dans les États de l'est les plus proches du Québec, et y constituaient ce qu'on a appelé les petits Canadas de la Nouvelle-Angleterre : Vermont (31 %), New Hampshire (30 %), Maine (26 %), Rhode Island (21,8 %), Massachusetts (17 %), Connecticut (12 %) (cf. Louder et Waddell 1971). Malgré les fortes pressions assimilatrices caractéristiques de la société américaine, les traditions et la langue ont été défendues avec assez d'opiniâtreté pour que la renaissance d'aujourd'hui ne soit pas un pur artifice voué à l'échec. Il existe de nombreux journaux, et le nombre de francophones réels (qui ne coïncide pas avec celui des descendants de

Français émigrés) est important : le Massachusetts l'emporte, avec 300 000 francophones, suivi par le Maine, le New Hampshire, le Connecticut et le Vermont (cf. *Vie française*, 1984, p. 137).

La crédibilité du français en tant que langue à vocation fédératrice sur le continent européen profite aussi des efforts accomplis pour le défendre au Québec, face à la puissance d'absorption de l'anglo-américain dont il est environné. La fameuse Loi 101 ou Charte de la langue française est toujours en vigueur, malgré le désaveu permanent opposé à l'unilinguisme qu'elle institue par les anglophones détenteurs de puissants intérêts. Son existence atteste que la préservation des langues par des mesures légales est tout aussi naturelle que leur promotion par des mesures du même type, comme les lois scolaires qui, dans de nombreux pays d'Europe, donnent une place dominante à l'enseignement de l'anglais. La défense du français par les Québécois est celle d'une langue que les hasards de la géographie française ont ouverte à l'océan et à la mer, tout en ne l'empêchant pas de voisiner sur 2 350 kilomètres de frontières terrestres, dans d'autres directions, avec diverses langues d'Europe. Son ouverture aux mers l'a répandue sur tous les continents. Le français n'apparaît plus comme une langue nécessairement liée au pouvoir. Sa faible diffusion dans les masses à l'époque classique pouvait laisser croire qu'il lui suffisait d'être connu des oligarchies détenant l'autorité politique. Mais aujourd'hui, sa promotion parmi des populations plus vastes qu'autrefois a modifié la situation. De même devient moins justifiable la crainte d'un impérialisme de la France par le biais du français, telle que la mentionne un linguiste d'Europe centrale écrivant en allemand :

> « La complaisance que les Français mettent à vénérer leur langue maternelle et à la placer au-dessus de tout autre idiome européen éveille une méfiance inutile, et

renforce un soupçon – en réalité sans fondement : s'ils veulent promouvoir le français au statut de seconde langue commune de l'Europe, c'est dans la mesure où ils en attendent, à long terme, une francisation des peuples européens (au moins dans le cadre du Marché commun). » (Décsy 1973, p. 246).

Cette opinion perd tout crédit si l'on prend pour critère des intentions françaises le degré d'intérêt témoigné aux autres langues : le système d'enseignement français est un de ceux qui offrent le plus riche éventail, puisque sur l'ensemble du territoire, treize langues sont proposées, dont neuf européennes, et parmi ces dernières trois romanes (cf. Hagège 1987, pp. 204-205). La connaissance des langues romanes est pour un francophone, semble-t-il, un instrument de cohésion plus fort, dans la communication avec un italianophone, un hispanophone ou un lusophone, que le passage par l'anglo-américain. Une ouverture plus grande encore aux langues étrangères pourrait contribuer à réparer une anomalie : la plupart des cadres supérieurs, en France, n'ont étudié que l'anglais, alors que les trois quarts du commerce extérieur se font avec des pays non anglophones. Cette ouverture qu'il faudrait encore accroître n'est pas sans liens avec l'orientation démocratique du régime, et serait vraisemblablement compromise s'il était relayé par un pouvoir ultranationaliste, qui ne tiendrait pas pour évidente la nécessité d'accueillir les langues les plus diverses, et d'en faire acquérir les bases aux écoliers. L'effort à consentir pour développer encore l'enseignement des langues étrangères apparaît comme un des préalables au maintien des positions actuelles du français dans le monde : bien que parlé par un nombre de personnes inférieur à celui des hispanophones et à celui des lusophones, il connaît une diffusion plus large sur les cinq continents.

Une dernière raison sert la diffusion du français en lui donnant plus de chances encore qu'aux périodes de sa plus grande illustration. C'est la modération relative des exigences puristes, et la tolérance à l'égard des usages variés qui résultent, précisément, de cette vaste propagation. La pression d'une norme littéraire et le prescriptivisme qui s'y attache ont pu faire obstacle, jadis, à l'expansion du français. La vogue des salons et le culte de la conversation de bonne compagnie ont, certes, beaucoup fait, durant l'âge classique, pour le prestige intellectuel du français, dont l'histoire trouve ici une de ses pages les plus brillantes. Mais dans le même temps, le français apparaissait comme une langue exigeante, et parmi les éléments favorisés de la société, le souci constant d'en sauvegarder la forme la plus pure pouvait effacer celui de répandre son usage chez le plus grand nombre. À une époque récente encore, le seuil de tolérance à l'écart n'y laissait qu'une marge assez étroite, suscitant une crainte de la remontrance grammairienne, de nature à décourager beaucoup d'hésitants. Telle est bien la menace qui peut peser sur une langue dont le choix suppose, au-delà du désir élémentaire de communiquer, la recherche de l'élégance du style, reflétant le raffinement de la pensée.

À cet égard, la diffusion de l'anglo-américain pouvait paraître plus facile, puisqu'elle est servie par l'image démocratique d'une langue à fonction utilitaire immédiate, au moins sous celle de ses formes qui est familière à l'Européen moyen. L'histoire du français, quant à elle, a accentué son caractère de langue savante. Une illustration en est fournie par l'abondance des dérivés empruntés dès le Moyen Âge au latin, au lieu d'être formés sur des racines françaises : *œil* et *père* ne produisent pas d'adjectifs, et il n'est pas sûr que pour les francophones qui connaissent *oculaire* et *paternel* mais ignorent le latin, de nombreux autres dérivés fabriqués par les clercs ne demeurent opaques. Exagérant l'importance de l'opposition, ainsi instituée dès une haute époque et accrue par le classicisme, entre la langue écrite et ses variantes parlées, un grammairien du début de ce siècle, A. Thérive, a pu écrire un livre au titre sensationnel, *Le français langue morte* (1923) : il y rapprochait le destin du français littéraire et celui du latin, se survivant dans les cultures européennes après l'extinction de son usage. Cette vue est démentie par la réalité d'aujourd'hui. Certes, l'emploi d'une norme raffinée du français reste comme à l'époque classique, dans quelques lieux tels que la Roumanie ou le Liban (bien que le français soit menacé, dans ce pays en plein désarroi d'identité), l'indice d'un certain statut intellectuel. Mais dans la plus grande partie du monde francophone, la vitalité du français se marque au foisonnement des emplois libres. Cette situation est liée à un phénomène nouveau, qui a transformé le destin du français, et qu'il est temps d'examiner maintenant.

L'univers francophone et l'Europe

Par un étonnant concours, c'est au moment même où la domination économique de la Grande-Bretagne puis des États-Unis commençait à donner à l'anglais une position de plus en plus forte, c'est-à-dire dans les premières décennies du XIXe siècle, que le français amorçait la plus vaste expansion de son histoire. Il s'agit initialement d'une entreprise coloniale, où la conquête militaire s'assortit d'une ouverture de nouveaux marchés. Mais aujourd'hui que les pays du Maghreb, d'Afrique subsaharienne et d'ailleurs s'ajoutent à tous ceux d'Europe, d'Amérique et du Proche-Orient dans lesquels le français est soit langue maternelle soit langue d'élection, le nombre des francophones dans le monde est plus élevé qu'il n'a jamais été, même aux époques de plus intense rayonnement. Les statistiques varient, et je ne reviendrai pas sur ce point, que j'ai traité ailleurs (cf. Hagège 1987, chap. VII). Je rappellerai seulement que la notion de francophonie, popularisée par l'écrivain et homme d'État sénégalais L. S. Senghor, puis reprise par d'éminentes personnalités de divers pays : Cambodge, Liban, Niger, Tunisie, ne fut pas à l'origine une idée française, ce qui montre assez combien le français a pu fructifier hors de France. Le gouvernement de Paris, engagé dans la décolonisation au moment où cette notion se répandait, c'est-à-dire au début des années soixante, était soucieux de demeurer à l'écart, afin de ne pas donner à penser qu'il se saisissait du prétexte de la langue pour assurer une nouvelle domination. Mais bientôt, il apparut clairement que les États qui entendaient ainsi promouvoir le français avaient choisi de définir par leur attachement à son usage une partie de leur propre identité. Tout tendait à accréditer cette idée que les Français, s'ils sont les dépositaires de leur langue, puisque c'est en France que se trouve son berceau historique, n'en sont cependant pas les propriétaires exclusifs. Le gouvernement français, dès lors, commença de prendre une part active à l'entreprise et aux rencontres de chefs d'États qui en rythment annuellement les manifestations.

Or le français, langue européenne, est en train d'acquérir dans certaines parties du monde francophone un visage nouveau et original. Il s'agit, notamment, de l'Afrique, où le français, aujourd'hui, est soit langue officielle unique (Bénin, Congo, Gabon, Niger, etc.), soit langue officielle parallèlement à d'autres : l'anglais (Cameroun), l'arabe (Mauritanie, Tchad), une langue africaine (Burundi, Ruanda), ou plusieurs langues africaines (Côte-d'Ivoire, Sénégal, Zaïre, etc.). Dans de nombreux quartiers des grandes villes, Abidjan, Bangui, Dakar, Lomé, N'djaména, Yaoundé, etc., on rencontre des formes créolisées du français, très variables et fort intéressantes du point de vue linguistique. Mais il existe aussi, bien qu'il ne soit pas lui-même tout à fait unifié, un français africain écrit, au statut de plus en plus affirmé. Né, pour une part, des rapports coloniaux, il est mis à contribution par une littérature de valeur, qui rétablit une continuité subtile avec les usages non écrits, tendant ainsi à abolir la barrière qui, en France, les sépare depuis fort longtemps du registre littéraire. Résultat d'une appropriation du français, cette langue prend une voie originale par rapport à celle de Paris. Elle prolonge l'Europe en Afrique d'une manière créatrice, puisqu'elle n'est pas encore devenue opaque aux francophones d'Europe, et que dans le même temps, née sur un autre terreau, elle les conduit à se déprendre du jacobinisme qui donnerait la norme parisienne pour référence obligée de toutes les francophonies du monde. Ainsi apparaît au plein jour la fécondité du français, enrichi, hors d'Europe, par des apports nouveaux.

Cette langue, que l'on peut, au prix d'une simplification, appeler le français africain, possède dans son lexique et sa grammaire des traits que l'on retrouve presque partout, en dépit de sa diversification d'un lieu à l'autre selon les langues africaines différentes auxquelles sont faits des emprunts. De nombreuses études (cf., notamment, Dumont 1990, *passim*) ont relevé une longue série de mots et expressions qui intéresseront tous les francophones en leur montrant quels échos d'une grande langue européenne les Africains, depuis qu'ils l'ont reçue en partage, réfléchissent vers son continent d'origine. On trouve ainsi *couloirdeuse* « prostituée », *échangère*, même sens, *deuxième bureau* « petite amie en additif aux liens conjugaux », *droguiste* « guérisseur » (africanisation d'un mot qui reçoit un sens lié aux pratiques ancestrales). On rencontre encore *ambiancer* « mettre de l'animation », *charlater* « consulter un charlatan », *amourer* « avoir des relations sexuelles », *gréver* « faire la grève », *cadeauter* « gratifier d'un cadeau », *amender* « punir d'une amende », etc., type de dérivation souple d'un verbe, transitif ou intransitif, à partir d'un nom. Le préfixe *dé-*, à valeur privative, est très largement utilisé, devenant beaucoup plus productif qu'en français européen, et ajoutant des sens nouveaux à des mots anciens : *déforcer* « affaiblir », *démarabouter* « libérer d'un envoûtement » (par un marabout, pris ici au sens de sorcier, plutôt que de vénérable religieux musulman), *déconseiller* « donner de mauvais conseils », *détresser* « recoiffer en dénouant les tresses », *dévierger* « déflorer ». Le suffixe *-erie* est également réactivé dans de nombreux vocables, comme *essencerie* « poste à essence ». Des noms composés sont formés avec beaucoup de liberté : *radio-bambou* « la rumeur publique » en français sénégalais ou, en français de Djibouti (îlot de francophonie assumée, dans un vaste environnement arabophone, et malgré de graves difficultés dues au sous-équipement scolaire), *bras-cassé* « fonctionnaire payé mais sans affectation », *maître-tuyau* « instituteur frappant ses élèves au moyen d'un tuyau renforcé ». Beaucoup d'expressions, enfin, sont calquées sur celles de langues africaines : *couper les lèvres* « acheter le silence », *accepter la bouche* « se soumettre à l'autorité », *frère de case* « individu avec qui on entretient une relation privilégiée », etc.

Cette floraison du français sur d'autres terres montre qu'il est possible, dans les pays de la francophonie autres que la France, la Suisse, la Belgique et le Canada, de préserver les identités diverses, à travers une langue dont la vitalité se nourrit de celles auxquelles elle emprunte leur sève créatrice. Ainsi, la promotion du français se trouve coïncider avec celle-là même d'autres langues, selon un mouvement différent de celui qui, en d'autres temps, a défini son universalité. Il offre un modèle d'alternance, et comme un exemple, à toutes les langues dont les usagers redoutent qu'un instrument de communication unique ne lamine leurs individualités.

Enfin, si l'on définit l'Europe non plus comme une entité géographique mais en termes politiques, alors ne devrait-on pas faire mention des départements et territoires d'outre-mer qui, à l'étape historique actuelle, relèvent de la juridiction française, faisant de la France un État discontinu ? Il y a certes, ici, matière à débat. En rappelant le profil linguistique de ces terres lointaines, on se donne du moins la possibilité de mettre en évidence la richesse humaine que, par le biais de leur rattachement à la France, ces pays apportent indirectement à l'Europe. Car on y trouve une grande diversité de langues : les quelque trente de Nouvelle-Calédonie (Îles Loyauté comprises), celles de Polynésie, dont le tahitien, le marquisien et les idiomes des Îles Gambier, Touamotou et Australes, toutes terres océaniennes où se parlent en outre diverses formes de français néo-calédonien et polynésien, fort intéressantes par les traces communes qu'on y trouve d'un français colonial autrefois répandu parmi les fonctionnaires civils et militaires qui faisaient voyager les mots à travers les Antilles, la Réunion, l'Île Maurice et l'Océanie (cf. Picoche et Marchello-Nizia 1991, p. 108) ; les créoles réunionnais, guyanais, guadeloupéen, martiniquais ; les langues indiennes encore parlées en Guyane, notamment le galibi du bas-Maroni et le palikur du bas-Oyapok, utilisés par les descendants des populations qui survécurent aux massacres et déportations de Caraïbes et d'Arawaks autrefois installés dans les îles antillaises, et dont les premiers avaient commencé d'éliminer les seconds avant l'arrivée des Espagnols.

Même si l'on considérait que toutes ces langues n'ont pas droit de cité dans une étude linguistique de l'Europe, il resterait que la France est liée, par le français, aux pays qui l'ont pris pour moyen officiel de communication. L'Europe a sans doute intérêt à s'ouvrir, par ce biais, à des parties du monde moins favorisées qu'elle. Il s'agit de ce qu'on désignait jusqu'ici comme « Tiers Monde », et qu'on ne peut plus appeler de ce nom, puisque l'effondrement du communisme vient de mettre fin, au moins dans les formes politiques, à l'affrontement de deux blocs. En écoutant les appels pressants de ce « Second Monde », l'Europe pourrait se donner un moyen de résoudre les problèmes aigus posés par le déséquilibre, qui ne cesse de s'aggraver, entre pays riches et pays pauvres. Mais un préalable existe, qu'il faut rappeler malgré son évidence : le français doit être défendu en Europe, et, pour commencer, en France même. Or la situation actuelle risque de compromettre l'audience du français, notamment en Afrique subsaharienne, vaste continent où se joue, pour une large part, l'avenir de la francophonie : si, dans des domaines décisifs comme ceux des sciences et des techniques, l'attitude actuelle se maintient, et que le français, malgré les pieuses déclarations d'intentions des autorités, se trouve de plus en plus exclu et supplanté par l'anglais dans les publications des chercheurs et même dans les congrès tenus en France, les Africains qui ont choisi le français seront de moins en moins convaincus du bien-fondé de leur choix ; cette situation, jointe au dynamisme démographique des pays africains anglophones, comme le Nigéria ou le Ghana, et à l'attraction qu'ils exercent sur l'Afrique francophone, peut aboutir au déclin du français en Afrique.

Mais en Europe même, où le 31 décembre 1992 est le dernier délai accordé aux États pour l'adaptation définitive des législations nationales aux directives communautaires, la situation privilégiée dont jouit encore, parmi les neuf langues de travail, le français, langue de création et non de simple traduction, a été remise en cause par l'entrée du Royaume-Uni et de l'Irlande dans le Marché commun. L'anglais et l'allemand seront les bénéficiaires des nouvelles adhésions probables, celles des pays scandinaves et des pays d'Europe centrale (cf. Labrie 1992). Et de ce que sera la position du français en Europe dépend pour une part l'avenir de la francophonie. Pourtant, chacune des trois grandes langues à vocation fédératrice de l'Europe a un rôle à jouer, que lui fixe un certain destin. Le développement des exigences culturelles, en réaction de lassitude face à l'insolente frénésie du profit, donne toutes ses chances au français. Et il peut, dans divers domaines où l'anglais et l'allemand sont moins présents, devenir, par une heureuse complémentarité, un facteur d'équilibre trilingue en fédérant les aspirations.

Deuxième partie

RICHESSE ET ENTRELACS DES IDIOMES EUROPÉENS

Les trois langues à vocation fédératrice dont je viens d'esquisser les traits sont certes des piliers de l'Europe. Mais elles ne sont que trois au sein d'un grand nombre. L'Europe dessine un monde linguistique très divers et très complexe. La quantité des langues qui s'y parlent et leur haut degré d'interpénétration ne sont pourtant pas des caractéristiques qui lui appartiennent d'une manière exclusive : on les retrouve sur tous les continents. Mais elles prennent ici un relief singulier du fait de l'exiguïté du territoire. Les contingences de l'histoire ont joint leurs effets aux contraintes de la géographie. Non seulement les langues de l'Europe sont plus nombreuses à avoir rayonné dans le monde que celles de l'Asie elle-même, vaste ensemble de pôles fédérateurs, mais en outre, leur diversité revêt une importance considérable pour leur propre terre d'origine : elle est une des causes, en même temps qu'une des conséquences, des destins tourmentés de l'Europe. Les chapitres 5 et 6 du présent livre tenteront de faire apparaître la richesse linguistique du continent européen et l'enchevêtrement de ses parlers.

CHAPITRE 5

L'infinie tentation des variétés sonores

Où s'arrête l'Europe des langues ?

Il est temps, après avoir parlé des grandes langues d'Occident, de se demander où s'arrêtent dans les autres directions les frontières linguistiques de l'Europe. Depuis que se sont formées des sociétés humaines, les forces d'unification n'ont cessé de niveler les cultures et d'élargir le champ des communications. Inéluctable contradiction, par laquelle se trouvent à la fois brimées les expressions individuelles et satisfaites les aspirations de chacun à une existence sociale. Mais ces mêmes forces sont demeurées impuissantes à réduire sérieusement les écarts entre les langues. Dans la petite Europe plus qu'ailleurs, la prolifération des échanges aurait dû raboter les aspérités du multiple. Car ce corridor étroit s'aveuglant en étranges culs-de-sac n'est que l'ultime appendice des plaines de l'est, qui viennent s'y résoudre en finistères indéfiniment rongés par l'océan et ses immenses silences. Pourtant les pulsions de diversité ont résisté à celles de l'identique. Ni les entreprises successives, et très précoces, de fédération, violente ou pacifique, ni l'ancienneté des liens entre des civilisations sans cesse entremêlées sur de petits espaces n'ont eu raison des particularismes millénaires qui contribuent puissamment à forger les différences entre les langues.

Cependant, les plus anciens textes reflètent la représentation que l'on se faisait autrefois d'une certaine forme d'homogénéité par-delà les dispersions. Mais ils sont vagues et contradictoires quant aux limites exactes de l'espace qui est censé abriter ces contrastes. Dans le poème *À Apollon pythien*, de la fin du VIIe siècle av. J.-C., un contemporain d'Hésiode appelle « Europe » une partie de la Grèce continentale ; mais dès le Ve siècle av. J.-C., Hérodote (*Histoires,* VII, 5 ; cf. Duroselle 1989, p. 36) applique ce même nom à l'ensemble du continent relié par la Grèce à l'Asie, ou du moins à l'idée que l'on pouvait alors se faire de sa configuration.

Les manuels et les atlas n'ont pas de mal à délimiter ce continent à l'ouest et au nord, où les frontières constituées par l'Atlantique et le pôle, respectivement, semblent aller de soi. Mais il existe une antique incertitude quant aux limites à l'est. Les critères diffèrent et ne donnent pas de résultats concordants. Si l'on adopte celui de la linguistique génétique, qui a défini depuis le début du XIXe siècle une grande famille indo-européenne de langues historiquement apparentées, on est conduit à loger au Bangladesh les frontières orientales de l'Europe. Si l'on retient, à l'exclusion de tout autre, le critère de la diffusion territoriale des langues, c'est-à-dire, ici, du russe, on se heurte encore à une difficulté. Les ouvrages classiques, en effet, se contentent de déclarer que par convention, on considère les monts Oural comme la frontière entre l'Europe et l'Asie. Dès lors, appartiennent à l'Asie les grandes villes de Tchéliabinsk et d'Ekaterinburg (Sverdlovsk jusqu'en 1991), presque totalement russes et russophones, mais situées sur le versant oriental de la chaîne. Car en fait l'Oural, aisément franchissable, n'a jamais opposé de barrière à l'immense expansion du russe jusqu'aux limites extrêmes de l'Asie. Aujourd'hui même, la renaissance de la Russie, conservant, malgré la dislocation de l'Union Soviétique, la plus grande partie de l'empire des tsars, dont elle avait toujours été le centre véritable comme elle l'est demeurée sous le régime communiste, implique, à terme, une remise en cause de la définition de l'Europe.

En effet, deux partis sont possibles, l'un et l'autre lourds de conséquences. Ou bien l'on fait coïncider les frontières orientales de l'Europe avec celles de l'Ukraine, de la Biélorussie et des pays baltes, mais dans ce cas, la surface du continent se trouve presque réduite de moitié par rapport à celle qui lui est communément assignée. Ou bien l'on intègre à l'Europe la Russie au sens plein, et dans ce cas, les frontières sont portées jusqu'à l'océan Pacifique. Car la Russie, tout en affirmant sa vocation européenne, ne peut pour autant renoncer à sa personnalité sibérienne. La Sibérie a commencé d'être russifiée dès la fin du XVIe siècle pour les terres situées au-delà de l'Oural, et dès le deuxième tiers du XVIIe siècle pour celles qui s'étendent jusqu'aux grands fleuves d'Extrême-Orient, au bord desquels sont établis en 1631 les premiers postes cosaques. Irkoutsk, entourée de contrées où se parlent des langues altaïques, Khabarovsk, au confluent de l'Amour et de l'Oussouri, Vladivostok, sur la mer du Japon, sont aussi des villes russes. Le russe est largement majoritaire en Sibérie.

Là, les langues autochtones des familles ouralienne, altaïque (turc, mongol, toungouse) et paléosibérienne, dont les noms scintillent d'antiques errances nomades, de l'ostiak au kamtchadal en passant par le ket et le lamoute, du vogoul au yakoute en passant par le youkaguir et le bouriate, sont celles de communautés numériquement réduites, aux vocabulaires assez fortement pénétrés par le russe. Il n'est pas exclu que cette situation, si les liens de la Russie avec l'Occident devaient devenir de plus en plus étroits, ne modifie d'une manière importante, un jour, la configuration de l'Europe. Mais il paraît raisonnable, pour l'heure, de tenir compte de ce que le terme « Europe » signifie encore pour la majorité des esprits. Il faut combiner le discriminant purement linguistique avec ceux, politiques, économiques, religieux, que l'histoire, et l'usage fait par elle de la géographie, ont imposés à la définition du terme. Je prendrai donc ici le parti de ne pas traiter des langues qui se parlent au-delà de l'Oural. Ainsi, je ne retiendrai, parmi les idiomes des peuples samoyèdes, qui nomadisent d'Arkhangelsk jusqu'à la presqu'île de Taïmyr, que celui des Youraks, dont l'aire de migrations, bien que considérable puisqu'elle couvre la partie septentrionale de la Russie dite d'Europe, ne dépasse pas Vorkouta à l'est.

Cependant, même ainsi, la frontière orientale de l'Europe n'est pas encore tout à fait fixée. Car rien n'est précisé, dans les ouvrages de référence, quant aux limites en direction du sud-est. Si l'on assigne cette fonction à la rivière Oural, qui paraît faire naturellement suite à la chaîne du même nom, le Kazakhstan se trouve coupé en deux, ce qui, du point de vue humain, ne peut se justifier. Il semble préférable de retenir pour frontière, plus à l'ouest, le cours de la Volga, puis la mer Caspienne, dans laquelle elle se jette. Dès lors, l'ensemble du Caucase, que la Caspienne borde à l'est, est considéré comme européen, et par conséquent aussi les langues qui s'y parlent. Ce choix peut être discuté, certes. Il paraît, néanmoins, préférable à celui qu'adoptait L. Tesnière quand il notait, en appendice à l'ouvrage d'A. Meillet (1928, p. 444) :

> « La frontière entre l'Europe et l'Asie s'est trouvée déplacée plusieurs fois. Actuellement, elle laisse en Asie une partie du territoire de l'Oural, de la République autonome des Kirghiz, et du Caucase du Nord, et la totalité de la République autonome du Daghestan et de la Transcaucasie (Arménie, Géorgie, Azerbaïdjan). Nous

nous en tiendrons à cette division, sauf en ce qui concerne le Caucase. »

Prendre clairement la Caspienne pour limite au lieu de s'en remettre à des tracés dont Tesnière reconnaît les constantes fluctuations permet du moins, sans hésiter davantage, de trancher le débat. Un autre intérêt de ce choix est qu'il donne occasion d'inclure le kalmouk, rappelant que l'histoire de l'Europe de l'Est est liée, à travers celle de la Russie, aux migrations des peuples d'Asie centrale qui vinrent, à une époque relativement récente, s'installer en deçà de l'Oural.

Un autre mouvement comparable qui a contribué à façonner le visage linguistique de cette région est celui des Turcs. L'histoire de leur expansion depuis les forêts sibériennes et l'Altaï à travers les steppes, justement dites eurasiennes, du Kazakhstan et de l'Ouzbékistan, et, sous les traits de la tribu ottomane, dans les Balkans puis jusqu'aux portes de Vienne (1529), pourrait justifier l'inclusion en Europe de la péninsule anatolienne, dite Turquie d'Asie, qui fut et demeure encore le plus grand centre politique des Turcs. Mais la tradition l'en exclut, alors même que sa configuration géographique pousse la Turquie presque aussi loin, à l'ouest, que l'Ukraine. La tradition ne retient en Europe que la Thrace orientale, dite Turquie d'Europe, c'est-à-dire l'appendice qui, après la frontière grecque, commence, approximativement, à Andrinople (aujourd'hui Edirne) et s'achève à Constantinople. Quoi qu'il en soit, cet appendice suffira pour valoir à l'osmanli (turc de Turquie) d'être ici compté parmi les idiomes européens, et donc d'y figurer à côté d'autres langues turques parlées en deçà de la Caspienne et de la basse-Volga. Leur énumération lasserait sans doute la patience si leurs noms, même tirés de racines opaques au profane, ne stimulaient l'imagination ou ne ranimaient le souvenir d'une histoire tourmentée, qui vit autrefois s'affronter les hégémonies européenne et asiatique.

Ces langues turques sont, pour l'essentiel : le tatar (de Kazan, d'Astrakhan, mais aussi de Bulgarie, et enfin de Crimée, où les Tatars font partiellement retour, aujourd'hui, après quarante-sept ans d'exil), le tchouvache, le bachkir, le nogaï, l'azéri et d'autres idiomes, sis au Caucase comme lui (balkar, karapapakh, karatchaï, koumik, turkmène, identique à celui de la République voisine de Turkménie) ; on trouve encore le gagaouze de Moldavie, et enfin le karaïte, plus au nord.

Ainsi, tout devient plus complexe, et plus intéressant, dès lors que l'on définit les frontières orientales de l'Europe en fonction des traces linguistiques profondes où se lisent les rapports étroits qu'entretinrent avec le monde slave et avec le reste du continent les populations venues d'Asie. C'est encore en adoptant un critère largement politique et culturel, où sont incluses les considérations linguistiques, que l'on proposera de traiter deux cas particuliers qui semblent remettre en cause l'évidence des frontières naturelles maritimes. Il s'agit, dans l'un et l'autre, de ces terres émergées et excentrées où se sont formées des langues assez originales : l'islandais d'une part, et de l'autre le maltais. La situation purement géographique de l'Islande, plus proche du Groenland que de l'Écosse, pourrait causer quelque hésitation, si l'on ne tenait compte de la langue ; or l'islandais, idiome typiquement scandinave, appartient de plein droit au groupe germanique. Quant au maltais, dialecte arabe mêlé de fortes influences italiennes, il reflète par là même le riche affrontement des cultures maghrébine et européenne que, depuis des temps immémoriaux, la Méditerranée, lieu de constant passage, relie entre elles et aux façades avancées du Proche-Orient, c'est-à-dire de l'Asie. Enfin, si l'on ne retenait qu'un critère politique et administratif, sans prendre en considération la géographie, il faudrait inclure dans la présente étude les langues des territoires qui, bien que situés sur d'autres continents, relèvent encore, aujourd'hui, des autorités britannique et française (cf. p. 118-119).

Les grands ensembles

L'histoire de l'Europe, telle que la raconte celle de ses langues, oppose deux mondes culturels, de plus en plus nettement différenciés à partir de 395, date de la séparation des Empires romains d'Orient et d'Occident. Le type de relations que nouent entre elles la langue et la religion est le principal critère de cette opposition. C'est l'évangélisation, pilier du christianisme, qui a produit les premiers monuments écrits que l'on connaisse en langues indo-européennes d'Europe de l'Est. La traduction des Écritures en gotique, au IVe siècle, par l'évêque Ulfila, issu d'une tribu de Gots christianisés qui, poursuivis pour arianisme, s'étaient installés en Mésie (Bulgarie orientale), fixa la langue, ainsi que l'alphabet spécial créé par Ulfila pour la noter. Cette traduction, dont les chapitres constituant le Nouveau Testament ont été presque entièrement conservés, fut utilisée durant plusieurs siècles. Les frères Cyrille et Méthode se sont servis quant à eux, au IXe siècle, d'un alphabet inspiré du modèle grec et dit glagolitique, qui est encore en usage aujourd'hui dans certaines églises croates d'Istrie. Cet alphabet représente la première mouture (assez différente, il est vrai) d'un autre, dit cyrillique du nom d'un des frères, et répandu dans le monde slave orthodoxe dès l'époque qui suivit son invention. En effet, après que les deux missionnaires, durant leur séjour en Moravie, eurent traduit les Évangiles, les Actes des Apôtres, les Psaumes et une partie de la Bible (Ancien Testament), leurs disciples s'étaient établis, à la fin du IXe siècle, en Bulgarie, où ils trouvèrent une large audience à la cour du tsar Siméon. De la sorte, ils firent rayonner en Serbie, en Valachie, en Moldavie et dans toute la Russie kiévienne non seulement cette écriture cyrillique, qui allait devenir ainsi le symbole du monde orthodoxe, mais encore le parler bulgaro-macédonien qu'elle notait, à savoir celui-là même des deux frères, qui étaient originaires de Salonique. Ce parler servit donc de base au slavon ecclésiastique. Les Slaves, à cette époque, pouvaient encore, probablement, se comprendre tous entre eux ; mais nous n'avons aucun texte écrit de slave commun, langue reconstituée par les savants. Déjà commençaient de naître plusieurs langues slaves dispersées. Ainsi, la traduction de Cyrille et Méthode fonda, certes, la littérature slave, mais sur la base d'une seule langue slave, le slavon d'Église ; d'autre part, cette littérature est d'abord chrétienne.

Cette même caractéristique s'observe dans d'autres civilisations de l'est de l'Europe. Ainsi, les Arméniens ont traduit la Bible assez tôt, probablement dès le Vᵉ siècle bien que les témoignages écrits soient plus tardifs. La tradition attribue à saint Mesrob non seulement cette traduction, mais aussi l'invention du très fidèle alphabet, encore en usage aujourd'hui, grâce auquel furent posées les bases d'une littérature chrétienne. Ce même processus d'invention d'un support écrit permettant la traduction des textes sacrés et fondant la langue littéraire qui les répand s'observe aussi pour le géorgien, doté vers le Xᵉ siècle, comme l'avait été l'arménien, d'une écriture parfaitement adaptée à la norme de l'époque.

Ce type d'évolution ne se limite pas à l'est de l'Europe. Chez les nations voisines, au-delà de la frontière du continent, ce sont aussi les débats religieux qui ont favorisé la création de langues savantes. Tel est le cas pour les formes littéraires du copte, du syriaque, et plus loin vers l'est, pour celle du pehlevi, dans laquelle fut traduit l'*Avesta*, quand, vers le IIIᵉ siècle, le zoroastrisme fut établi en Perse comme religion d'État par la dynastie sassanide. Bien au-delà en Asie, tel fut aussi le cas, aux époques suivantes, pour trois langues : d'une part un stade tardif du sanscrit, le pāli, dans lequel fut prêché le bouddhisme, d'autre part, quand ce dernier se répandit en

Asie centrale, le sogdien, qui fut avant de disparaître le prestigieux représentant du moyen-iranien oriental, et enfin une vieille langue indo-européenne dont on a retrouvé les témoignages dans la région de Koutcha (Turkestan chinois), à savoir le tokharien. Ainsi, c'est un trait de civilisation que l'est de l'Europe partage avec l'Asie, que ce lien entre le prosélytisme religieux et la constitution de langues écrites. Un fait frappant de l'histoire contemporaine atteste la permanence de cette tradition : les bolcheviques ont promu de nombreuses langues de minorités nationales en les utilisant pour propager non plus, certes, la foi orthodoxe, mais en tout état de cause une idéologie sur laquelle était fondé l'État.

Les Églises slaves ont modelé leurs textes sacrés sur la littérature grecque chrétienne, base liturgique qui n'était pas celle, classique, de la culture grecque antique. En outre, elles n'ont pas maintenu de langue commune. Le vieux slave ecclésiastique des premiers traducteurs était certes à peu près le même dans toutes les Églises, mais il fallait diversement adapter l'alphabet cyrillique selon les idiomes en voie de différenciation. Ces derniers devenaient les langues de civilisations chrétiennes nationales à forte tendance autonomiste, et même explicitement autocéphale : aujourd'hui, les patriarcats de Moscou, de Bulgarie, de Serbie, détachés de Constantinople dès avant la fin du XVIe siècle, proviennent en chaque lieu d'élections distinctes. D'autre part, les périodes littéraires, chez les peuples slaves de l'est de l'Europe, furent de courte durée, et les renaissances remises en cause par des ébranlements dont la conquête turque, interrompant la continuité des traditions culturelles, fut le plus violent.

À ce type de rapport entre langue et civilisation s'oppose celui qui est propre à l'Occident. Ici, ce n'est pas la littérature sacrée qui a fixé les grandes langues. Le premier monument écrit de vieil-anglais que l'on possède, le *Beowulf*, achevé au début du XIe siècle, est un poème épique. Dans le domaine allemand, c'est un glossaire latin-germanique paru à Freising en 760, l'*Abrogans* (titre identique au premier mot de la liste). Les *Serments de Strasbourg* (843), considérés comme l'acte de naissance du français, sont un texte politique, un pacte d'alliance entre deux souverains, rédigé dans une forme écrite transdialectale, où l'on retrouve du poitevin, autant que du picard et même quelques traits occitans. Cette langue (cf. Cerquiglini 1991) n'est pas encore du français médiéval, mais ce n'est déjà plus du latin, il s'en faut de beaucoup. À des dates et selon des modalités diverses, la même chose est vraie des autres langues occidentales, notamment l'italien, auquel Dante et Pétrarque donneront au XIIIe siècle sa forme moderne. Mais s'il est vrai qu'à l'ouest de l'Europe, les langues, notamment celles qui sont dites romanes et proviennent du latin, ont, durant le Moyen Âge, de plus en plus clairement affirmé leur préséance comme idiomes nationaux, le latin, qui se maintenait en tant que langue de l'Église et que langue savante, a, de ce fait même, acquis une force de cohésion considérable. Cette force s'est même étendue à une partie de l'Europe centrale et orientale, où le christianisme s'est répandu de proche en proche : les Slovènes ont été christianisés par les Italiens et les Allemands, les Hongrois par les Slovènes, les Slovaques par les Hongrois, et au nord, les Lituaniens par les Polonais. Au XIe siècle, le latin, langue de l'Église romaine catholique, est l'idiome savant même dans les pays qui n'appartiennent pas à la Romania.

Dans ces pays, comme dans certains de ceux d'Occident, la défense des langues maternelles n'a pas évincé le latin en tant que langue savante, mais a réduit son usage comme langue de l'Église, en affrontant l'Église elle-même. Il est intéressant de remarquer, en effet, que les déchirements du christianisme au XVIe siècle et au début du XVIIe ont servi les idiomes nationaux, dans la mesure où la Réforme les consacrait en suscitant la traduction de la Bible latine, et où la Contre-Réforme, soucieuse d'extirper le protestantisme, utilisait les mêmes armes que lui. Le rayonnement, au moins local, de plusieurs langues d'Europe centrale et septentrionale date de cette époque, où paraissent à peu de temps d'écart deux versions rivales, successivement protestante et catholique, des textes sacrés : la Bible protestante hongroise de 1590 est suivie en 1604 d'une Bible catholique ; en Lituanie, la Bible protestante de 1590 est remplacée au XVIIe siècle par une Bible catholique ; en Slovénie, la Contre-Réforme est la plus radicale : les livres protestants sont brûlés et interdits ; la Bible catholique qui substituée deux siècles plus tard (1796) à la protestante sera censée l'améliorer quant à la langue. Avant que Luther, qui aimait mieux, disait-il, adorer Dieu en allemand qu'en latin, eût fourni leur modèle à toutes ces entreprises, J. Hus avait indiqué la voie : il avait fixé une forme écrite, notamment dans l'*Orthographia bohemica* qu'on lui attribue (vers 1410), ouvrage fort en avance sur son temps, dans lequel il proposait un système ingénieux de signes diacritiques qui devait être imité par les Hongrois et par les Polonais ; la réforme religieuse hussite et les querelles subséquentes entre Utraquistes, Taborites et Catholiques eurent pour effet de conférer au tchèque, en Bohême, la dignité d'une langue capable de servir à l'enseignement de la religion ; et cet exemple devait se répandre en Slovaquie et en Hongrie.

En dépit de cette affirmation des langues nationales, le latin conservait comme langue savante un remarquable pouvoir d'union. Même en recul devant ces dernières dans le domaine de l'expression religieuse, il gardait, du fait de ses liens étroits avec l'Église romaine, assez de prestige pour tracer à lui seul un axe de scission entre deux Europes : celle de l'ouest, catholique ou, moins souvent, protestante, et celle de l'est, orthodoxe. Cet axe traverse des territoires où il sépare l'un de l'autre des peuples parlant pourtant la même langue : Ukrainiens catholiques à l'ouest, orthodoxes à l'est, et de même pour les Russes Blancs, ainsi que, plus au nord, Finnois, luthériens comme une partie des Baltes, et distincts, en tant que tels, des Caréliens, qui, orthodoxes, leur font face à l'est. L'écriture revêt ici une puissante valeur de symbole. L'alphabet latin, icône d'union, est devenu le mode de transcription, acquis selon une volonté consciente, de nations qui ne faisaient pas partie de l'empire romain, comme les Germains et les Irlandais, ainsi que de nations slaves. Ce choix d'écriture a disloqué le monde slave, arrachant aux cultures européennes de l'Est les peuples qui en figuraient la frange occidentale : Polonais, Tchèques, Slovaques, ainsi d'ailleurs qu'une autre nation, de langue non slave et même non indo-européenne, les Magyars. Leur langue avait, elle aussi, bénéficié des affrontements religieux, sans que rien de linguistique n'opposât aux catholiques les minorités que la Contre-Réforme n'avait pu reconvertir : calvinistes hongrois, luthériens tchèques, et, en moins grand nombre, slovaques.

Furent aussi coupés des cultures orientales de l'Europe par le catholicisme et son symbole graphique, l'alphabet latin, certains peuples slaves du Sud : les Slovènes et les Croates. Les Serbes et les Croates utilisaient jusqu'en 1992 une langue littéraire unifiée, le serbo-croate. Il n'existait jusqu'au milieu du XIXe siècle que des parlers dispersés : le kaïkavien, en usage au nord du domaine croate, et notamment à Agram, aujourd'hui Zagreb ; le čakavien, parlé au sud, c'est-à-dire dans une partie de la Bosnie et en Dalmatie ; le čakavien est considéré comme le parler le plus conservateur au sein du domaine croate ; serbe et croate constituent l'ensemble qui a gardé la part la plus importante du vieux fonds slave, en dépit de l'afflux de mots turcs en serbe de Serbie, de Bosnie et d'Herzégovine, du XVe au XIXe siècle. Pourtant, c'est un autre parler, le štokavien, déjà intégré depuis le bas Moyen Âge à la langue littéraire croate et depuis le XIXe siècle à celle des Serbes, qui devait connaître la plus brillante destinée. Commun, sous une au moins de ses trois variantes de prononciation, aux Serbes, à la majorité des Croates, aux habitants de Bosnie-Herzégovine et à ceux du

Monténégro, le štokavien avait fourni la base du dictionnaire composé par le grand philologue serbe V. Karadžić, dont il était la langue maternelle. Karadžić, poursuivant l'entreprise de promotion du serbe amorcée dès l'époque des Lumières, avait rédigé son ouvrage de 1813 à 1818, moment propice au nationalisme linguistique, puisqu'il suivait la période de sursaut qui aboutit à l'insurrection des Serbes contre la domination turque. Karadžić joignit ensuite ses efforts à ceux de L. Gaj, Croate patriote appartenant au mouvement dit « illyrien », qui souhaitait restaurer avec les Slovènes et les Bulgares l'unité originelle des Slaves du Sud. Ce fut le štokavien que l'on retint donc pour base du serbo-croate, selon un choix dialectal équilibré qui répondait aux vœux solidaires des philologues patriotes. Telle fut la décision de la Convention littéraire de Vienne, tenue en 1850 et confirmée beaucoup plus tard, en 1954, par l'Accord de Novi Sad sur une langue unifiée. Ces deux moments sont séparés par une date politique essentielle, octobre 1918, où fut proclamée sous la forme d'un royaume l'Union des Serbes, des Croates et des Slovènes (SHS), qui, répondant aux vœux des Slaves du Sud, regroupait ces portions de l'Empire austro-hongrois, démantelé à la suite de la Première Guerre mondiale.

Mais Serbes et Croates, les deux peuples les plus importants en nombre de cette formation nouvelle, la Yougoslavie (« pays des Slaves du Sud »), comme on l'appela à partir de 1931, représentaient deux mondes culturels différents, n'adhéraient pas à la même Église, et, usage saturé de sens, n'utilisaient pas le même alphabet : les Croates appartiennent à l'Église romaine et ont adopté l'écriture latine, alors que les Serbes, de civilisation byzantine, sont orthodoxes et se servent de l'écriture cyrillique. Douze siècles de vie séparée et d'influences différentes, s'ils n'avaient pu voiler l'unité linguistique d'origine malgré la divergence entre les sources d'emprunt, surtout russes et turques en serbe, surtout allemandes, tchèques et plus récemment françaises en croate, avaient creusé de profondes failles. Une opposition quasiment irréconciliable apparaît, dès le début des années vingt, entre séparatisme croate et centralisme grand-serbe, ressenti, notamment par le Parlement de Zagreb, comme une pression chauvine, et alimenté par la tradition prestigieuse d'un empire serbe doté de son Église propre dès 1219. Cet empire avait atteint son apogée, notamment littéraire, durant la seconde moitié du XIVe siècle, avant que la conquête ottomane ne refoulât les Serbes vers le sud, en particulier au Kosovo, qu'ils considèrent donc comme terre historique, non sans réaction des Albanais, ainsi qu'on le verra. Le serbe et le croate peuvent être considérés aujourd'hui, au moins pour ce qui est de leurs formes littéraires, comme deux langues certes extrêmement proches, mais néanmoins distinctes : entre elles existent non seulement d'importantes divergences lexicales, notamment dues à des dérivations sur bases distinctes, mais aussi, ce qui est plus notable, des différences de normes syntaxiques, et même, sur certains points, morphologiques (formes des pronoms interrogatifs, des indices de possession, des adjectifs indéterminés ; répartition opposée du genre de certains noms ; emplois de temps différents dans les subordonnées conditionnelles ; rections casuelles différentes pour certains verbes ; place non identique de l'auxiliaire enclitique signifiant « être ». Tous ces points me sont précisés par une communication personnelle du professeur B. Franolić ; cf. aussi Franolić 1972, p. 39 n. 55). La différence entre serbe et croate est encore plus claire du point de vue sociolinguistique, bien que, si l'on s'en tient à un critère typologique, on puisse considérer qu'il s'agit de deux composantes d'un diasystème reposant sur trois variétés dialectales, à savoir les parlers néo-štokaviens ; de ce diasystème font aussi partie les composantes bosniaque-herzégovienne et monténégrine. Cela dit, il ne semble pas que les différences lexicales et morphosyntaxiques précitées fassent sérieusement obstacle à la communication orale (sauf, ici comme dans bien d'autres pays, entre usagers de dialectes géographiquement et historiquement fort éloignés) ; cette situation peut avoir contribué, en marge des raisons proprement politiques, à accréditer la notion de serbo-croate comme langue unifiée. Quoi qu'il en soit, on voit que Serbes et Croates, si différents par leurs cultures, n'utilisent pas non plus une langue absolument identique. L'antagonisme entre les deux peuples devait être relayé par les énormes massacres que perpétra contre les Serbes, durant la Seconde Guerre mondiale, le régime croate pro-nazi des Oustachis.

Face au ressentiment serbe, le prestige et l'autorité de Tito (Croate de naissance) parvinrent à maintenir un équilibre. Mais dix ans après sa mort en 1980, l'opposition entre ces deux peuples slaves devait aboutir à un violent conflit. La guerre civile aurait pu être évitée si tous s'étaient inclinés devant la décision prise par la Communauté Européenne de reconnaître les indépendances croate et slovène dès janvier 1992, et celle de la Bosnie-Herzégovine le 6 avril ; les États-Unis reconnaissaient les trois Républiques le 7. Vingt jours plus tard, naissait une nouvelle République fédérale de Yougoslavie, que n'ont encore reconnue ni les uns ni les autres, et qui, formée de la Serbie et du Monténégro, entend reconstituer une Grande Serbie avec les minorités serbes de Croatie et de Bosnie-Herzégovine. Ainsi, le rêve d'union des patriotes croates et serbes du XIXe siècle n'a pu résister aux forces de démembrement que détermine presque par nécessité l'axe des civilisations, des Églises et des écritures. L'éclatement de la Yougoslavie sous nos yeux figure aujourd'hui encore, de manière saisissante, la dislocation du monde slave, et plus généralement la fragmentation de l'Europe, du nord au sud, en deux ensembles.

Il existe cependant des situations intermédiaires. La Roumanie en est un cas typique. Habités, à l'égard de l'Occident, d'une nostalgie exilique de cousins latins des périphéries, les Roumains n'ont cessé, sous tous les régimes depuis le XVIIe siècle, de proclamer leur attachement à la latinité. Leur langue en est un garant indubitable, ce qui ne peut manquer de frapper si l'on songe que la province de Dacie ne demeura romaine et romanisée que durant 155 ans, de 106 à 261. À la suite des invasions slaves des VIe et VIIe siècles, une partie du vocabulaire du roumain fut assez slavisée pour que certains, notamment Adelung, dans son *Mithridates* (1771-1806), grande compilation des idiomes du globe, le considèrent comme une langue slave. Les Roumains, en majorité orthodoxes, ont utilisé les textes religieux slaves, qu'ils ont notés d'abord (assez tardivement, à la fin du XVe siècle) en caractères cyrilliques, ne passant qu'en 1868 à l'écriture latine. D'autres influences encore se sont adjointes, pour donner à la langue un visage original et composite, en quoi se rencontrent les deux Europes : la longue vassalité imposée par l'Empire ottoman qui, à partir du XVIIIe siècle, nomma, pour hospodars (régents), des Phanariotes (princes grecs habitant à Constantinople le beau quartier du Phanar), a eu pour conséquence un apport de mots turcs et helléniques, en partie éliminés dans les années 1860-1877 ; le hongrois, véhicule de la culture occidentale pour les Roumains, fut aussi source de nombreux emprunts ; enfin, le prestige de Paris et la quête d'un ressourcement alimentent, surtout depuis la fin du XIXe siècle, un courant francophile, auquel est dû un afflux de mots français et qui n'a cessé de s'affirmer. Évoquant le surgeon des influences orientales sur le rameau latin, G. Călinescu écrit (1985, pp. 8-9) :

> « Que la langue, dans sa structure et le fonds de son lexique, soit latine, c'est là un fait aveuglant. L'influence slave, cependant, peut égarer l'étranger parlant une langue néo-latine s'il n'a pas de connaissances philologiques [...]. Le hongrois a apporté un enrichissement lié à l'attitude vitaliste particulière au peuple magyar, pourvoyeur de mots peignant le grand, le sublime, la hauteur de la pensée [...]. Parmi les turquismes se trouvent des notions reliées aux intérieurs orientaux, aux objets de bazar, qui donnent à la

phrase un aspect multicolore [...]. Les hellénismes [...], à l'effet toujours subtil et humoristique, reflètent la finesse affective, l'aspiration à la culture, la préciosité [...]. Ce mélange de mots aux origines les plus diverses confère à la langue roumaine une extraordinaire richesse de coloris. »

Il existe une autre différence entre les deux Europes, reliée, elle aussi, aux fractures de l'histoire. Dans les pays occidentaux, les langues de minorités qui ne correspondent pas à des États mènent pour leur pleine reconnaissance une lutte difficile face aux idiomes romans et germaniques officiels, anglais, français, espagnol, tous organes d'expression de pouvoirs politiques solidement et anciennement établis, dont l'audience est mondiale. Dans la partie orientale de l'Europe, la situation est autre. Les idiomes de populations non constituées en États ne jouissent certes pas des mêmes privilèges que les langues officielles dominantes, mais leur poids est grand. Ils constituent les vivants témoignages des constantes pénétrations du monde slave par les peuples venus de l'est, ou de la permanence des identités nationales chez d'autres peuples, soumis au mouvement inverse, c'est-à-dire à l'avancée russe vers l'est. Au cours d'une histoire agitée, les Russes, les Ukrainiens et les Russes Blancs n'ont pas disposé d'assez de temps pour se doter de structures dont la solidité leur permît d'absorber d'autres entités, comme l'a fait l'empire chinois, où les Mongols et les Mandchous se sont sinisés par la langue et la culture au point de fournir deux dynasties, celle des Yuan et celle des Qing, une des plus durables (1644-1911). En Occident, les destins historiques ressemblent par certains traits à ceux de la Chine. Ainsi, le chef franc qui s'appellera Charlemagne se convertit au christianisme et restaure à son profit l'Empire romain. Dans d'autres cas, l'envahisseur ne s'assimile pas ; mais alors, même après une longue période de rayonnement politique et culturel, il est expulsé, comme ce fut le cas des Arabes en Espagne reconquise et rendue au castillan. La mosaïque linguistique des pays européens de l'Est, qui contraste avec cette unité des États occidentaux, ne résulte pas toujours de mouvements plus ou moins spontanés de populations. Dans cette partie du continent, précisément parce qu'elle n'avait pas été façonnée par une civilisation recouvrant verticalement tous les domaines comme la civilisation gréco-romaine, certains États ont éprouvé le besoin d'un concours, qu'ils ont recherché auprès de leurs voisins.

Ainsi les Lituaniens, vers le XIIe siècle, firent venir des scribes de Russie Blanche, par le truchement desquels de nombreux mots de russe blanc furent introduits en lituanien. Vilnius, capitale de la Lituanie, se trouve aujourd'hui au-delà des limites orientales du domaine lituanien, et entourée de campagnes où l'on parle russe blanc. Il fallut aussi, en Lituanie et en Pologne, mais également plus au sud, et généralement dans les pays orientaux sans classe moyenne, importer des étrangers. Les Juifs, venus d'Allemagne, répondirent à ce besoin. D'où la bigarrure linguistique de ces terres, où le yidich, qui appartient au germanique, coexistait, avant la Seconde Guerre mondiale, avec des langues slaves ou baltiques, ou avec le roumain. Certes, les commerçants arméniens qui, fuyant les Tatars, s'étaient aussi établis en Bessarabie avaient perdu, en s'assimilant, l'usage de leur langue (cf. Meillet 1928, p. 194). Mais cette situation est rare à l'est du continent.

Le contraste que dessinent entre les deux Europes les types de répartition entre langues de minorités nationales et langues majoritaires apparaît clairement si l'on examine la situation selon les pays. C'est à l'ouest que se trouve la plus grande partie des États totalement ou presque totalement homogènes en termes linguistiques, c'est-à-dire ceux où les langues minoritaires sont parlées par moins de 10 % de la population, notamment l'Islande, le Portugal, la Norvège, le Danemark, les Pays-Bas, l'Allemagne, l'Autriche, l'Italie, la Grande-Bretagne. C'est à l'est que se situent la plupart des États où les minorités nationales utilisant couramment leur langue maternelle dépassent 10 % de la population totale, comme la Roumanie, la Bulgarie, l'Ukraine, la Lituanie, et surtout l'Estonie et la Lettonie. Dans ce pays, les russophones représentaient, au cours des années soixante-dix, plus de 40 % de l'ensemble ; et ils constituaient plus de la moitié de la population de Riga. Ces chiffres (donnés par Haarmann 1975, pp. 42-66) se sont peut-être modifiés ces dernières années, mais légèrement : la presse n'a pas fait état, pour l'heure, d'une importante émigration des russophones depuis l'indépendance des pays baltes, en dépit des pressions qu'ils y subissent (cf. p. 271). À l'ouest, d'autre part, la Belgique, avec 56 % de Flamands néerlandophones et 43 % de Wallons francophones (en incluant Bruxelles ; le reste, 1 %, est germanophone) ne peut être tenue pour un contre-exemple, puisqu'elle fut non un carrefour d'ethnies juxtaposées par les contingences du passé, mais le fruit d'une union politique voulue, au moins jusqu'à sa toute récente division en trois entités largement autonomes.

Il importe de noter que cette division du continent en deux grands ensembles ne recoupe pas celle que l'on obtient si l'on adopte un critère génétique de classement en familles de langues. L'arabe est présent en Europe, ainsi qu'une langue isolée, le basque, une langue mongole, de nombreux idiomes turcs, et enfin des idiomes caucasiens. Les autres langues de l'Europe, les plus importantes en nombre d'usagers, se trouvent constituer deux ensembles, mais sans rapport direct avec ceux que je distingue ici par des discriminants non génétiques. Ces deux ensembles sont assez inégalement répartis. La famille indo-européenne occupe la plus grande partie du continent. La famille ouralienne, qui, comme elle, a suivi les migrations des hommes, s'est beaucoup moins répandue, et n'occupe aujourd'hui qu'un onzième, environ, de l'espace européen. C'est probablement entre la fin du Ve et le début du IIIe millénaire av. J.-C. que les peuples de langues indo-européennes ont quitté leur berceau originel (si ce concept est bien fondé, ce qui n'est pas évident) ; certaines hypothèses d'historiens allemands le situent entre la Weser et l'Oder, mais les théories modernes le placent beaucoup plus loin au sud-est : embouchure du Danube, ou rivages septentrionaux de la mer Noire, ou Caucase, ou même (cf. Renfrew 1987) Anatolie. Ces peuples ont répandu leurs idiomes dans diverses directions : d'une part à l'extrême sud-est, où devaient se former les branches indo-iranienne et arménienne ; d'autre part au sud, dans la zone où leurs descendants ont constitué les populations connues sous les noms de Grecs, de Thraces, d'Illyriens, de Vénètes, d'Italiques ; également au nord, où ils furent les ancêtres des Germains, à l'est, où ils furent ceux des Slaves et des Baltes, et enfin à l'ouest, où leurs descendants allaient être les Celtes. On peut donc considérer que l'histoire ancienne de l'Europe est celle d'un continent qui s'indo-européanise de plus en plus profondément.

Les populations de langues ouraliennes, quant à elles, quittèrent en partie, sans doute vers le milieu du IIIe millénaire av. J.-C., c'est-à-dire après le départ vers la Sibérie occidentale de certaines de leurs tribus, celles des Samoyèdes, leur habitat historique au pied de l'Oural, collines boisées et plaines traversées par les réseaux fluviaux de la Volga, de son affluent la Kama et de la Pétchora. Cependant, non seulement un grand nombre de ces Ouraliens demeurèrent sur leur territoire, où ils vivent encore aujourd'hui, mais en outre, ceux qui le quittèrent n'allèrent pas au-delà de deux zones séparées : d'une part la plaine du moyen-Danube, correspondant à la Hongrie actuelle, d'autre part la région baltique, occupée à présent par la Finlande, par les parties lapones du nord de la Scandinavie, par l'Estonie et par les terres qui s'étendent entre la Carélie et le cours de la Dvina. Partout ailleurs, les mouvements migratoires des tribus de l'est furent contenus par l'expansion d'un peuple indo-européen, les Slaves, et singulièrement de son rameau principal, les Russes.

Ainsi, l'examen des langues d'Europe selon le discriminant génétique apporte un utile éclairage à l'histoire de son peuplement, mais ne coïncidant pas avec la distinction de deux grands ensembles culturels, il confirme indirectement l'utilité de cette distinction, fondée sur un critère moins mécanique que la pure appartenance à une famille : la Hongrie, la Finlande et l'Estonie, pays de langues non indo-européennes, doivent, en termes de civilisation, être rangées, bien qu'avec quelques nuances, dans l'ensemble occidental, alors que la Russie, l'Ukraine et la Russie Blanche, pays de langues indo-européennes, doivent être rapportées à l'ensemble oriental, où elles voisinent avec l'Arménie et la Géorgie.

De tout ce qui précède, le résultat est clair : par le type de rapport entre langue et civilisation (dont la religion), par le type de répartition entre langues majoritaires et langues minoritaires, il existe bien en Europe deux grands ensembles : les cahots de l'histoire ont façonné un monde double, où la tendance, à l'est, semblerait être à la dispersion, cependant qu'à l'ouest, elle semblerait être à l'unité. Mais les phénomènes culturels sont moins lisses et moins diaphanes qu'il ne paraît d'abord. L'unité est atteinte comme un idéal, indéfiniment menacé ; la dispersion est l'étape provisoire d'un long cheminement vers une unité désirée. Aujourd'hui, à l'ouest, la Communauté Européenne est bien en marche, mais c'est au terme d'une longue préparation ; car l'aspiration à l'union suppose une prise de conscience des intérêts réels d'un continent où a longtemps dominé, précisément, la vocation à l'identité dispersée et âprement préservée, qu'explique la longue histoire des nations européennes. L'Union Soviétique, pour sa part, vient certes de se disloquer, mais au moment qu'on la réputait défunte, en décembre 1991, on lui substituait, dans un même mouvement, une Communauté des États Indépendants que certains jugent balbutiante et précaire, ou même déjà moribonde, mais qui parvient encore à survivre, sous nos yeux, à la griserie d'émancipation de ses membres, jaloux d'une liberté fraîchement acquise.

Que cette Communauté soit viable ou qu'elle doive momentanément disparaître, si l'on prend pour indices les langues, et si l'on admet que ce qu'elles symbolisent va bien au-delà du pur linguistique, on constate une curieuse situation. Dans l'ouest, dont l'unité s'accélère, plusieurs idiomes au passé prestigieux ont vocation de langue commune, et la primauté de l'anglais, même si elle est déjà effective dans de nombreux domaines, est loin de rallier tous les suffrages. À l'est, au contraire, une seule langue, le russe, jouit d'une diffusion considérable. Il est parlé comme seconde, et souvent même comme première langue, par de nombreuses et importantes populations non russes, non seulement en République de Russie, mais dans diverses Républiques de l'ancienne Union Soviétique. Il est donc un facteur de cohésion d'une singulière puissance. Cette situation pourrait apparaître comme le reflet, en langue, d'un phénomène naturel qui frappe tout observateur attentif : l'est de l'Europe est une vaste plaine, jusqu'à la Finlande au nord et à la Bulgarie orientale au sud, alors que l'ouest est fragmenté en petites chaînes sinueuses n'offrant jamais une masse continue de plateaux comme ceux de tous les autres continents. L'Europe est un espace géographique morcelé, sauf quand on aboutit, venant de l'ouest, à la grande plaine russe. Cette configuration naturelle a depuis fort longtemps contribué à créer une certaine physionomie politique. C'est contre cette dernière que la construction de la Communauté Européenne a entrepris de réagir. La configuration de l'est, au contraire, devrait un jour faciliter une intégration économique et politique sur des bases nouvelles. N'est-il pas singulier que le témoignage des langues, sans annoncer infailliblement ce destin, le laisse au moins entrevoir ?

CHAPITRE 6

Les codes enchevêtrés

La ronde des langues

Dans le présent livre, qui n'est pas un catalogue, les langues d'Europe sont mentionnées à divers titres, qui permettent d'en regrouper l'étude, car on ne prétend pas les énumérer et les décrire ici les unes après les autres. Mais on peut donner une idée de leur variété, et de celle de leurs statuts sociaux, en en présentant quelques-unes, choisies parmi les moins connues et situées en des lieux assez divers. Avant de le faire, il convient de fixer quelques acceptions de termes importants.

Langue et dialecte

En termes purement linguistiques, un dialecte ne se distingue pas d'une langue : il est, tout naturellement, doté d'un système phonétique, d'une grammaire et d'un lexique. La différence entre les notions de langue et de dialecte est donc d'un autre ordre. Par dialecte, on entend ordinairement soit un des registres oraux d'une langue, soit une variante identifiée comme telle mais trop peu différenciée pour faire obstacle à la compréhension ; cette variante, d'autre part, n'est pas promue par un choix politique lié à un lieu géographique de pouvoir, ni fixée par une normalisation officielle. L'examen même de ces discriminants fait assez apercevoir qu'une opposition tranchée entre langue et dialecte est loin d'être toujours possible. Les situations sont complexes, et cette distinction, qui répond, certes, à une utilité, doit demeurer souple. Une partie des langues qui seront parcourues ici seraient sans doute plus proprement appelées dialectes, et même, certains usages apparaîtront clairement comme des dialectes assignables à une langue de plus vaste champ. Mais ces cas sont plus rares ici qu'en Afrique ou en Asie. On saisit là un des traits qui dessinent le visage linguistique de l'Europe : c'est le continent où s'est réalisée avec le plus de force la réduction, et souvent l'élimination, des variations dialectales, parfois importantes, comme elles l'étaient, par exemple, et le sont encore pour une part, en slovène ou en estonien. La cause principale de cette situation a été le rayonnement des langues communes, que favorisaient une diffusion de plus en plus vaste et le statut social privilégié de leurs utilisateurs. Tel est typiquement le cas de la France, mais aussi de pays comme l'Allemagne et l'Italie, où, malgré la richesse dialectale, une langue littéraire s'est imposée, ou comme la Suède, où le haut niveau de vie d'une société industrielle et démocratique tend fortement à neutraliser les particularismes linguistiques et les variations régionales.

Il en résulte qu'en dépit de sa diversité, qui est grande, l'Europe n'est pas un cas de concentration de langues aussi remarquable que d'autres lieux du monde. Avec une soixantaine de langues parlées par 620 millions de locuteurs sur une superficie de 10 200 000 km^2, elle ne saurait être comparée à l'Inde qui, pour une superficie de 3 300 000 km^2 et une population de 684 millions d'âmes, compte environ deux cents langues, dont une quarantaine parlées chacune par quelques centaines de personnes, ni à la Chine, où 9 736 000 km^2 abritent près d'un milliard d'habitants, parmi lesquels 762 millions, certes, ont pour langue maternelle le chinois ou une de ses formes ; mais le reste s'y répartit entre une cinquantaine de langues nationales dont quatre seulement sont utilisées par plus de quatre millions d'individus. Ces importantes différences de proportions apparaissent plus clairement encore si l'on retient que 78,5 % des Européens parlent une des huit langues du continent qui ont pour caractéristique de dépasser trente millions de locuteurs (cf. Haarmann 1975, p. 16), à savoir le russe, l'allemand, l'anglais, le français, l'italien, l'ukrainien, le polonais et l'espagnol.

Cette situation est le résultat de conditions historiques qui donnent au continent européen un profil particulier. L'entreprise d'édification de normes linguistiques communes n'est pas une exclusivité de l'Europe, mais c'est là qu'elle est la plus précoce et la plus étendue. Cette entreprise porte la marque d'une volonté des hommes. Car les langues, bien qu'à un niveau très supérieur de complexité, sont aussi des espèces vivantes. Elles tendent indéfiniment à proliférer sans l'apparence d'un projet cohérent qui en organise la turbulence. La diversification est dans leur nature. Celles qui, en Europe, ont connu une fortune particulière sont les mêmes qui ont été façonnées par un pouvoir intellectuel, ou politique, ou par les deux à la fois, non sans le soutien d'un certain dynamisme économique. La diversification naturelle des langues se trouve, dans ce cas, volontairement contrariée par les hommes, et par leur effort en vue de promouvoir un instrument commun au plus grand nombre, et dont puisse se soutenir une civilisation consciente d'elle-même. Cette entreprise n'est pas gratuite. C'est l'évolution des modes de langage qui peut rendre nécessaire le réglage périodique d'une langue littéraire commune, ainsi que de l'orthographe, s'essoufflant à refléter des évolutions sonores trop rapides. Les langues les plus fragmentées en variétés dialectales se trouvent être celles que le hasard d'un destin singulier n'a pas associées à un État-nation politiquement unifié et indépendant. De cela le basque et l'occitan sont de claires illustrations, comme le sont, aux autres extrémités de l'Europe, des langues dont il sera question tout à l'heure.

Soutien politique d'un État centralisé, planification, apprentissage précoce à l'école, telles sont les forces solidaires qui produisent et consolident une langue commune, en l'opposant à la diversification spontanée des usages dialectaux. L'action latérale d'autres facteurs peut s'y ajouter, s'exerçant alors dans un sens ou dans le sens opposé. L'un d'eux est la mobilité, peu favorable aux différenciations dialectales. Le russe en fournira plus loin une illustration. L'action de l'apostolat chrétien, quant à elle, n'est pas uniforme. Soucieux d'efficacité, les missionnaires s'intéressent aux langues communes quand elles correspondent à l'usage réel des populations, ou bien ils les créent quasiment eux-mêmes (ainsi qu'on l'a vu plus haut par l'exemple de Luther, imité de bien d'autres), en traduisant les Écritures, c'est-à-dire en assurant une large audience à la forme linguistique qu'ils connaissent le mieux, soit leur propre dialecte. Mais quand les parlers maternels vivants représentent l'usage réel des populations, les clercs y sont très attentifs, puisqu'il s'agit de leurs outils de travail. Il n'est donc pas étonnant qu'il existe aussi des versions des Écritures, le livre le plus traduit de l'histoire universelle, dans les langues des zones les moins accessibles du globe, et que les dialectologues les plus zélés se soient souvent recrutés parmi les missionnaires.

Après ces rappels sur les notions de langue et de dialecte, on propose un rapide voyage à travers les sonorités européennes. On saluera, au gré de quelques haltes, certaines langues dont il ne sera pas, ou presque pas, fait état ici dans d'autres pages, c'est-à-dire, d'ouest en est, deux langues romanes, cinq germaniques, une du grand nord, une du sud balkanique, une d'un peuple itinérant, et enfin, au sud-est, celles du Caucase.

En pays roman : chatoiements lusitaniens

Des mots empruntés aux langues africaines, amérindiennes et asiatiques dès la seconde moitié du XVe siècle, dans le sillage des grands navigateurs, ont fait du portugais, malgré les emprunts érudits à la syntaxe et au vocabulaire latins sous l'égide des humanistes de la Renaissance, la plus exotique des langues d'Europe occidentale. La longue occupation maure, contre laquelle les Portugais, demeurés maîtres d'une partie du nord, lancèrent sans cesse leurs assauts pour reconquérir le sud, eut pour effet d'accroître cet exotisme en drainant de nombreux mots arabes, qui vinrent se joindre au fonds latin. Certes, le XVIe siècle introduisit des mots italiens, et le XVIIe des mots espagnols, surtout jusqu'en 1640, date de restauration d'une dynastie nationale, séparée de celle de l'Espagne et constituée par la Maison de Bragance ; à partir de la seconde moitié du XVIIIe siècle, c'est le français qui devient source importante d'emprunts. Mais ces influences d'autres langues romanes n'empêchent pas la composante non latine de s'accroître encore d'apports brésiliens : ceux de langues africaines parlées par les esclaves noirs, et ceux de langues amérindiennes, notamment le tupi, auquel le portugais se substituait en tant qu'idiome véhiculaire. Au XXe siècle, l'emprunt croissant à l'anglais n'est pas un fait original par rapport aux autres langues européennes. Mais un trait essentiel confère au portugais une coloration (« tiers »-)mondiale typique de certaines langues de cette Europe, dont les capitaines et les marchands ont laissé en bien des lieux des traces culturelles, moins contestables que les autres, de leurs rêves de conquêtes : en dehors de l'Europe et de l'Amérique, le portugais est la langue officielle de nombreux pays, notamment africains, même s'il est vrai que les populations y parlent, en fait, des créoles à base lusitanienne (Angola, Mozambique, Guinée-Bissau, au large de cette dernière dans l'Atlantique les Îles du Cap-Vert, et dans le golfe de Guinée, les Îles Principe et São Tomé). Ainsi, le portugais est, comme l'espagnol, une des langues mondiales de l'Europe.

Dispersions romanches

On n'observe pas le même dynamisme dans cet ensemble linguistique souvent encore présenté comme la quatrième langue de la Suisse, alors que depuis 1938 ce n'est pas le statut de langue officielle qui lui a été reconnu, mais simplement celui de langue nationale, qui implique le soutien financier du canton et de la Confédération, mais n'attribue pas d'autre privilège à ce qu'on tient précisément pour un complexe dialectal trop éclaté. Au surplus, il se trouve en constant recul devant la progression de l'alémanique, ce qui accroît encore sa précarité. On regroupe sous le nom de rhéto-romanche les parlers des descendants des Rhètes, ensemble de tribus d'origine probablement ligure, que Dioclétien fixa autour de Coire au IIIe siècle ap. J.-C. Ces parlers, que 50 000 locuteurs environ utilisaient encore dans les années 1970, sont subdivisés en trois groupes assez fortement différenciés : frioulan de la Région Autonome du Frioul-Vénétie Julienne et des provinces italiennes de Trieste, Udine et Gorizia, ladin des hauteurs dolomitiques du Tyrol méridional et enfin romanche des Grisons, incluant lui-même le haut et le bas engadinois, le sursilvan (avec deux variantes catholique et protestante !) et le surmiran. Ces noms disent l'environnement forestier de hautes vallées alpines, autant que l'archaïsme de parlers où se conservent d'antiques usages, tel celui qui retient pour nom de l'église *baselgia* (cf. *basilique*), comme une autre langue excentrée de la famille, le roumain, qui a *biserică,* et à l'opposé du reste de la Romania, où se sont imposées partout les variantes d'*ecclesia* (cf. Duval-Valentin 1983, p. 473). On doit souligner, certes, les efforts opiniâtres d'une longue succession de poètes, conteurs, philologues, du XVe au XXe siècle, la fondation, en 1919, d'une Ligia (Ligue) Rumantscha, les tentatives récentes de création d'une *koinê* rhéto-romanche, et la suppression des dispositions scolaires qui favorisaient l'alémanique dans les villages où le romanche est majoritaire. Il reste, pourtant, que la dispersion des parlers, les différences importantes, comme celle que l'on note entre sursilvan et ladin par exemple, et enfin la pression des dialectes germaniques qui investissent le romanche dans les Grisons constituent autant d'obstacles à la défense efficace de cet îlot de vieille latinité niché dans de hautes communes où se conservent certaines traditions de l'antique Europe.

Paroles boréales

Le danois n'est jamais devenu langue officielle au Groenland, pays aujourd'hui semi-autonome qui envoie deux élus au *folketing*, et où un préfet est représentant de Copenhague. En revanche, dans l'Islande voisine, ce n'est qu'en 1918 que le danois a cessé d'être langue officielle de l'administration, et en 1944 seulement que l'indépendance a succédé à une longue période d'union avec le Danemark. Mais l'islandais avait, en fait, amorcé dès la deuxième moitié du IXe siècle un développement séparé, de même que les dialectes norvégiens occidentaux, dont il était un descendant et avait initialement conservé la forme ancienne ; il fut au Moyen Âge, à la suite du vieux-norois, la langue d'une poésie scaldique raffinée.

L'islandais, longtemps abrité de tout contact par l'isolement insulaire, est aujourd'hui, plus qu'aucune autre langue d'Europe, marqué par un conservatisme consciemment revendiqué, assorti d'une grande créativité, et dirigé, naguère, contre l'influence danoise, aujourd'hui contre celle de l'anglo-américain. Dans les trois autres terres scandinaves, au contraire, on note un trait frappant pour des pays européens : Danois, Norvégiens et Suédois peuvent à peu près communiquer entre eux en parlant chacun sa langue. Il s'agirait aujourd'hui d'un seul idiome, rattaché au germanique du nord, si la situation d'unité qui prévalait encore à la fin du XIIe siècle ne s'était modifiée, et si plus tard, en 1523, l'indépendance suédoise, due à l'action de Gustave Vasa, n'avait mis un terme à l'union des trois royaumes, réalisée, il est vrai, au bénéfice du Danemark, pouvoir le plus fort alors. En 1815, l'union personnelle de la couronne norvégienne avec celle de Suède devait préluder à un affranchissement du norvégien par rapport au danois.

La cinquième langue scandinave, le féroïen (ou féringien), est parlée sur des îles situées à mi-chemin entre les Shetlands et l'Islande. Bien que jouissant d'un statut de semi-autonomie, les Féroé dépendent du pouvoir politique danois depuis 1380, date à laquelle, comme l'Islande et le Groenland, elles furent rattachées au Danemark en même temps que la Norvège, dont les trois relevaient alors. De ce fait, et bien que le féroïen soit à l'origine un dialecte des provinces occidentales de la Norvège, d'où venaient à l'époque viking les colonisateurs de ces petites îles, la quasi-totalité des 45 000 habitants sont bilingues, et fortement soumis à la pression du danois, unique langue officielle jusqu'en 1938. À cette date, une ordonnance, aboutissement des efforts qu'avait inspirés l'exemple des autonomistes norvégiens et islandais, donne au féroïen un statut égal à celui du danois dans l'éducation. Les réformateurs se sont toujours efforcés, à l'époque moderne, de conjurer les danicismes, et le féroïen apparaît de moins en moins comme un dialecte du danois, ce qu'en tout état de cause il n'est pas, et de plus en plus comme une langue européenne indépendante. Ces affirmations d'identité, reflétées aussi dans les orthographes, qui demeurent distinctes en dépit de nombreux efforts d'unification, donnent certes aux langues scandinaves des couleurs variées, par lesquelles elles apportent leur tribut à la diversité linguistique du continent. Mais en même temps, ces langues sont bien intégrées à l'Europe : les emprunts au latin, à l'allemand et au français sont nombreux. Les réactions puristes des XVIIIe et XIXe siècles ne sont pas parvenues à les réduire de façon sensible (cf. Karker 1983).

Les premiers occupants de l'espace nordique sont aussi les seuls dont la langue, appelée généralement lapon, mais désignée sous le nom de *same* par les autochtones, et finnique comme les langues balto-finnoises (finnois, estonien, etc.), n'ait pas de statut officiel. Le lapon est pourtant parlé aux extrémités septentrionales de trois démocraties, la Norvège (qui regroupe le plus grand nombre de Sames : 18 000 en 1975), la Suède et la Finlande. Il se rencontre également en Russie, dans la presqu'île de Kola, où 1 070 des 1 900 Lapons recensés en 1975 étaient donnés pour locuteurs de langue maternelle same. Du fait de cette situation, la langue a beaucoup emprunté à ses voisines, et la plupart des 45 000 locuteurs sont bilingues. Cependant, les jeunes générations de ce peuple, décimé hier par la Seconde Guerre mondiale et aujourd'hui par la pauvreté, liée à la rudesse des conditions de vie, s'efforcent de défendre leur langue : d'une part en rénovant, non sans purisme, un lexique que sa richesse en suffixes rend souple et adaptable, d'autre part en conjurant la fragmentation dialectale par la scolarisation sur la base d'une forme linguistique unifiée, commune, depuis 1947, aux Lapons de Suède et de Norvège, dont les manuels de classe sont maintenant identiques. Cette forme est notée par une orthographe qui reflète fidèlement les faits phoniques complexes de la langue.

Balkans, lieu d'antiques interférences

Des forêts de conifères et des toundras du cercle polaire, l'Europe passe insensiblement aux bouffées méditerranéennes du 41e parallèle, qui traverse le sud de l'Albanie. Dans cette contrée dont le nom est souvent associé à la misère et à l'oppression, il s'est trouvé plus d'hommes qu'on ne croit pour forger, par un choix conscient, une langue nationale où se reflète l'aspiration à une large unité. La conquête ottomane, amorcée dès la fin du XIVe siècle, avait été suivie par l'islamisation de la majorité des Albanais. Mais le réveil d'un esprit d'indépendance, manifesté dans le sillage du Congrès de Berlin (1878), aboutit à la dénonciation des écoles musulmanes, où l'on enseignait les langues fondamentales de l'islam eurasien, soit le turc, l'arabe et le persan, et à l'ouverture, en 1887, de la première école albanaise. Cependant, la langue présente deux variantes : on parle le guègue au nord, ainsi qu'en Macédoine septentrionale et dans le Kosovo, territoire relié à la Serbie mais dont la plus grande partie de la population est constituée d'Albanais, qui réclament leur rattachement à l'Albanie voisine ; leur capitale, Prichtina, est, avec son université, un brillant foyer de culture albanaise ; c'est une autre variante, le tosque, que l'on utilise au sud, ainsi que dans les communautés émigrées d'Italie (Abruzzes, Calabre, Pouille, Sicile) et de Grèce (surtout Attique, Épire, Eubée, Péloponnèse).

Or, bien que les albanophones du nord soient majoritaires et que le guègue ait été, comme le tosque, à la base de la langue littéraire dès l'indépendance, acquise à l'égard d'Istanbul en 1912, et à la base de la langue officielle sous le roi Zog (1924-1939), ce fut le tosque que l'on adopta en 1944 après la défaite de l'Allemagne. Reflet d'un impressionnant volontarisme linguistique chez les intellectuels de ce pays où la vie, aujourd'hui, est si précaire et si morose, le Congrès de 1972 a confirmé ce choix et l'a étendu à l'orthographe. Cette décision reflète le souci d'unifier l'ensemble culturel albanais, y compris ses composantes extérieures (cf. Drettas 1989). Au sein de la langue contemporaine, la créativité sur racines autochtones est remarquable. Dans le domaine des emprunts lexicaux, l'albanais tend à substituer l'italien, et surtout le français, au turc et au grec, sources traditionnelles. Quoi qu'il en soit, l'appel aux uns comme le recours aux autres affermissent l'européanité de cette langue, que l'on fait parfois remonter à l'ancien illyrien ou au thrace, tous deux disparus de longue date.

Mais d'autres liens de l'albanais attestent la cohésion européenne qui s'inscrit dans l'histoire de cette langue. Depuis le milieu du XIXe siècle, on a remarqué assez de traits communs aux langues des Balkans pour faire de ce domaine, non sans quelque systématisation, un chapitre à part à l'intérieur de la philologie, puis de la linguistique, comparée. Ainsi, l'infinitif a quasiment disparu en grec péninsulaire, il est presque absent en tosque et peu usité en roumain parlé ; un futur composé se rencontre en grec, en tosque, en roumain, en bulgare, en macédonien et en serbo-croate ; il est d'usage en grec, albanais, roumain, beaucoup plus régulièrement qu'en français parlé dans *je l'ai vu, l'enfant*, d'annoncer, par un indice personnel, un nom complément d'objet, surtout pour thématiser cet indice. Tous ces traits grammaticaux ne se retrouvent pas dans la langue d'un pouvoir politique qui a dominé les Balkans pendant plusieurs siècles, à savoir le turc, dont l'influence, certes importante, s'est limitée au vocabulaire.

En revanche, on considère que les peuples des Balkans, dont les cultures sont liées aux traditions byzantines, enracinées par plus d'un millénaire de présence de l'Église grecque jusqu'à l'arrivée des Ottomans, ont identiquement conservé dans leurs langues des traits dont le grec pourrait avoir été la source, comme il demeurera jusqu'au début du Moyen Âge une base d'emprunts lexicaux pour le slavon d'Église et les langues slaves des Balkans, notamment le bulgare et le macédonien. Quant aux traits grammaticaux, ils se sont propagés dans l'ensemble des langues balkaniques, le serbo-croate étant le moins affecté. Ainsi, l'albanais et ses voisins portent les traces d'un antique destin commun qui fait des Balkans un lieu fascinant de l'Europe des langues.

Mots de voyageurs

Le romani, ou romanès, langue des Tziganes, est l'unique représentant européen du groupe indo-aryen des langues indo-européennes, groupe auquel appartiennent aussi les autres idiomes du nord de l'Inde. Les nomadisations à partir de ce pays, où les ancêtres des Tziganes parlaient le hindi, et en direction de l'ouest, lestèrent la langue, au passage, d'un lot de mots persans. Les Tziganes préfèrent être appelés Roms, du sanscrit *domba* « caste inférieure de forains ». Le nom de Gitans que l'on donne aux groupes occidentaux vient de celui de l'Égypte, comme l'espagnol *gitano* et l'anglais *gypsy*, rappelant que ces groupes firent une longue halte en Égypte. D'autres vinrent de Bohême en France, d'où le nom de Bohémiens. Le romani n'est pas une langue de pure oralité. On dispose depuis plus de cent ans d'abécédaires, de fragments des Écritures, de textes politiques, notamment soviétiques et yougoslaves, ainsi que d'essais littéraires, écrits en romani (cf. Courthiade 1989). Les modes de transcription varient beaucoup selon les lieux, du fait de la dispersion même des Roms dans de nombreux pays. Le plus souvent, les Roms n'y sont pas reconnus comme groupe national, ce qui, s'il faut en croire une décision hongroise de 1961, aurait pour but de faciliter leur intégration sociale. L'absence d'État propre où, parmi ces populations en grande partie sédentarisées, se serait constituée une bourgeoisie nationale est une des causes de l'émiettement des parlers, fortement influencés par les langues locales, que pratiquent tous les Roms, en vertu d'un bilinguisme généralisé. Ils vivent en effet, selon le cas, dans l'une des zones linguistiques serbo-croate, albanaise, bulgare, roumaine, hongroise, slovène, tchèque, slovaque, allemande, polonaise, baltique, russe et ukrainienne, sans compter les parlers périphériques : ibéro-romani ou calo au Portugal, où les Roms sont la seule minorité nationale, et en Espagne, ou encore, dans d'autres pays, anglo-romani, finno-romani, arméno-romani. Néanmoins, des efforts ont été déployés récemment afin d'instituer une forme unifiée de la langue qui puisse conjurer le polymorphisme dialectal et ses conséquences négatives sur la communication entre groupes allogènes. On tente également de réaffirmer l'origine indienne, par emprunts au sanscrit et au hindi. L'Inde, qui soutient cette cause, a sollicité le concours de l'Unesco, et attiré l'attention sur la nécessité d'une langue commune, en laquelle tous les Roms puissent un jour se reconnaître. Ce débat autour d'une langue soumise aux appels contradictoires de l'unité et de la diversité illustre opportunément l'importance de la contribution des Roms à la richesse linguistique de l'Europe.

Le mont des langues

Les sommets, troués de petites plaines, qui séparent la mer Noire de la Caspienne sont occupés par les quatre Républiques de Russie, de Géorgie, d'Azerbaïdjan et d'Arménie, dont les trois premières contiennent des entités encore appelées récemment Républiques Autonomes et Régions Autonomes. C'est précisément sur le discriminant des cultures, c'est-à-dire, très largement, des langues, qu'ont été créées ces entités. Le morcellement de cette terre au relief très accidenté n'est peut-être pas sans lien avec cette différenciation linguistique, qui valut au Caucase d'être appelé le « mont des langues » par les géographes arabes du Xᵉ siècle, et qui en fait une de ces régions du globe où beaucoup de langues sont réunies sur peu d'espace. Seuls appartiennent à la famille indo-européenne l'arménien et deux langues iraniennes, le tati et l'ossète (cf. p. 254). Le géorgien et l'arménien, dont les monuments écrits remontent respectivement aux VIᵉ et Xᵉ siècles, sont de vieilles langues de culture ; l'arménien a été influencé, du fait d'un très ancien voisinage, par le persan, le turc et le géorgien ; ce dernier, dont une des variantes est parlée par les musulmans de la République Autonome d'Adjarie, a lui-même reçu, comme ses proches, également de famille caucasique, le mingrélien, le laze et, dans une moindre mesure, le svane, des apports indo-européens et sémitiques. On sait que l'arménien, dont il existe deux variantes, orientale et occidentale, utilisées, respectivement, en République d'Arménie et dans les communautés émigrées, d'Istanbul à Marseille en passant par la Grèce, la Bulgarie et la Roumanie, est parlé, en outre, dans la Région Autonome du Nagorno (au sens de « haut ») Karabagh, enclavée en République d'Azerbaïdjan. L'attachement à la langue n'est pas étranger au grave conflit opposant les habitants de cette Région aux Azéris qui les entourent, musulmans dont l'idiome est très proche des autres langues turques du sud-est de l'Europe, notamment celles du Caucase et l'osmanli de Thrace orientale (turc de Turquie). Symétriquement, le Nakhitchevan, où se parle l'azéri, est enclavé en Arménie !

Au nord-ouest du Caucase, vivaient autrefois les Oubykhs. Chassés par les Russes, ils se réfugièrent, dans la seconde moitié du XIXᵉ siècle, en Turquie, où l'oubykh achève de mourir avec les derniers vieillards qui le connaissent encore. Subsistent au Caucase, dans des Républiques ou Régions intégrées à la Géorgie ou à la Russie, d'abord l'abkhaze, encore bien représenté dans la presse et l'édition, ensuite les dialectes de l'ensemble tcherkesse-kabarde-adyghé. Le reste du Caucase comporte d'une part le pays des Tchétchènes-Ingouches, qui a proclamé unilatéralement son indépendance en 1991 et où se parlent les langues du même nom, étroites parentes, d'autre part la République du Daghestan, rattachée à la Russie ; les langues qui occupent cette zone de montagnes très morcelée sont parlées par des populations fort variables en nombre, allant de quelques centaines à quelques centaines de milliers de personnes, et leurs noms sont rutilants comme les sonorités infiniment riches de leurs consonnes : avar, bats, dargwa, khinaloug, lak, routoul, tabassaran, etc. L'islam, très répandu, a introduit de nombreux mots arabo-persans et turcs. Mais les vocabulaires administratifs et politiques sont surtout chargés d'emprunts russes.

Ainsi s'achève cette traversée, à vive allure, des territoires sonores d'un continent. Ces idiomes très variés reflètent des cultures entre lesquelles la divergence ne compromet pas l'unité. C'est sans doute là une des contributions essentielles de l'Europe à l'histoire des civilisations. On peut comprendre, face à cette floraison, que les amants des langues aient le souci de préserver tant de précieux témoignages.

La symbolique des noms jumeaux

Les terres changent souvent de maîtres. Elles changent aussi de noms. Les appellations doubles, ou multiples, sont un phénomène universel de la géographie humaine. L'Europe, dont la longue histoire est si chargée de soubresauts, en offre davantage d'illustrations, peut-être, que l'Afrique ou l'Amérique. Raguse avait d'abord été soumise à l'autorité de Byzance, puis, jusqu'en 1358, à la suzeraineté de Venise, mais elle est depuis la fin de la Première Guerre mondiale la croate Dubrovnik. L'audacieuse équipée du poète G. D'Annunzio en 1919 parvint à maintenir italienne, quelque temps durant, la ville de Fiume ; mais attribuée à la Yougoslavie (Croatie) en 1947, elle s'appelle aujourd'hui Rijeka, sans que ce changement de nom soit un changement de sens (le mot signifie « fleuve » dans les deux langues). La slovaque Bratislava, longtemps hongroise sous le nom de Poszony, est Presburg pour les germanophones. Vienne, joyau de l'Autriche, reconquise au IXe siècle sur les Magyars en même temps que la marche bavaroise, s'appelle Bécs en hongrois, et Dunaj (« danubienne ») en slovène. Le nord-ouest de la Roumanie est l'archétype de ces terres d'Europe centrale âprement disputées, depuis des siècles, entre des nations dont chacune est également convaincue d'y avoir un droit exclusif. Il s'agit de la Transylvanie, Transilvania ou Ardeal des Roumains, Erdély des Hongrois, Siebenbürgen des Allemands ; sa capitale, la Cluj-Napoca des Roumains, est Koloszvár pour les Hongrois et Clausenburg pour les descendants des colons allemands : plusieurs de ses villes portent deux noms, un roumain et un allemand, et certaines y ajoutent un nom hongrois : Sibiu/Hermanstadt/Nagyszeben, Sighişoara/Schassburg/Segesvár, Braşov/Kronstadt (simple homonyme du port russe de la Baltique proche de Saint-Pétersbourg) ; cette dualité de désignations dit l'importance et l'ancienneté de la population saxonne de cette province. Plus à l'ouest, dans le Banat, la Timişoara des Roumains se nomme Temesvár en hongrois.

Les noms de la plus grande ville de Galicie disent aussi ses fortunes diverses : la Lviv des Ukrainiens est occupée au XIVe siècle par les Polonais, qui l'appellent Lwów, puis attribuée en 1772 aux Autrichiens, qui lui donnent le nom de Lemberg. Les Russes prennent Lvov en 1914 mais la perdent l'année suivante. Reprise aux Polonais par les Soviétiques en 1939, elle est occupée par les Allemands en 1941 et conquise par l'Armée rouge en 1944 ; mais depuis l'indépendance de l'Ukraine en 1991, elle est de nouveau purement ukrainienne au lieu d'être soviétique. Après plus de six cents ans d'occupation allemande sous le nom de Breslau, la capitale de la Basse-Silésie, Wrocław, est redevenue polonaise, moyennant l'évacuation de sa population allemande, par un de ces immenses déplacements humains qui ont bouleversé le visage de l'Europe, manière de réplique aux déportations nazies, elles-mêmes si semblables à d'autres lacérations du faciès de ce continent, comme les transferts massifs dans les camps staliniens. Königsberg, germanisée dès le XIIIe siècle, et où enseigna Kant, est prise par l'Armée rouge en 1945 et reçoit le nom de Kaliningrad, aujourd'hui ville d'une République de Russie dont le territoire, en cette zone, est devenu discontinu, puisque depuis l'indépendance de la Lituanie en 1991, on ne peut avoir accès à Kaliningrad qu'en passant par ce pays, au lieu de l'unité soviétique de naguère. Memel, sur la Baltique, est détachée de l'Allemagne en 1919 et prend en 1923, à la suite de l'occupation lituanienne, le nom de Klaipeda, qu'elle retrouvera à la fin de la guerre, après avoir successivement porté les deux noms au cours de nombreux combats de 1939 à 1945. La ville finlandaise de Turku porte aussi le nom suédois d'Åbo.

Il n'est pas nécessaire d'étendre cette liste, comme on pourrait aisément le faire. Les noms jumeaux ou multiples disent les destins de l'Europe à travers l'onomastique. Leur examen peut servir de préambule à celui des interférences profondes entre les cultures sous les espèces des langues.

Interpénétrations

L'enchevêtrement des langues n'est pas une exclusivité de l'Europe, non plus que les affrontements parfois violents qui en sont corollaires. Mais l'exiguïté du continent rend le phénomène plus saisissant. Les langues d'Europe sont étroitement mêlées les unes aux autres, non seulement du fait de la fréquente coexistence de plusieurs idiomes dans les limites d'un même territoire de dimensions réduites, mais aussi parce qu'au sein d'un grand nombre d'entre eux, les couches interfèrent, qui correspondent à des périodes différentes de leur histoire. Les exemples du premier fait sont abondants. Pour l'ouest, je me contenterai de rappeler celui de l'Italie. On y rencontre des francophones dans les hautes vallées d'Aoste, de la Doire Ripaire et du Piémont vaudois, des germanophones dans le val Gressoney et dans d'autres, des Slovènes dans le Val de Resia et dans les cols des Alpes Carniques, des colonies albanaises dans le sud, où se trouvent aussi des établissements serbes et grecs, enfin des Catalans en Sardaigne.

Plus à l'est, la Voïvodine, intégrée à la Serbie depuis la Constitution de septembre 1990 après en avoir été une Province Autonome (le Kosovo est dans le même cas) est un ancien territoire de l'Empire austro-hongrois. Rattachée en 1918 au Royaume des Serbes, des Croates et des Slovènes, la Voïvodine compte, à côté de 57 % de Serbes, d'importantes minorités : Croates, Hongrois et Roumains, tous issus des pays limitrophes, mais aussi Monténégrins et Slovaques. Cette bigarrure d'une terre de carrefour, typique de l'Europe centrale, résulte en partie de la politique conduite par l'Autriche, laquelle, l'ayant reprise aux Turcs, souhaitait repeupler la riche plaine agricole danubienne qu'elle venait ainsi d'obtenir. Récemment, les minorités ont demandé à Belgrade un statut largement fédéral, impliquant notamment la reconnaissance de leurs droits linguistiques par le biais de l'institution scolaire. Car depuis 1918, la politique du pouvoir a favorisé le serbe, langue majoritaire. Or actuellement, la réplique de Belgrade est l'expulsion massive des minorités, qui risque de vider la Voïvodine de ses Croates et de ses Hongrois, et d'en faire une terre uniquement serbe. Elle cesserait, dans ce cas, d'être le lieu de riches interpénétrations qu'elle était depuis le XVIIIe siècle, malgré l'expulsion de sa population allemande au XXe siècle.

Un autre exemple d'imbrication des langues est celui de l'Ukraine subcarpatique, autrefois appelée Ruthénie, qui fut ôtée à la Slovaquie et rattachée à l'Ukraine en 1945. Dans cette région peu étendue sont étroitement mêlées des populations ukrainiennes, slovaques, hongroises, polonaises et roumaines. Les plus cultivés parlent la plupart des langues correspondantes, auxquelles s'ajoutait l'allemand avant 1939. Bien au-delà de cette zone, vers le nord-est, un exemple limité à une seule ville est tout à fait éloquent, car il figure avec acuité l'accumulation des langues. C'est celui de Białystok. Aujourd'hui au nord-est de Varsovie en territoire polonais, la ville se situait, dans la seconde moitié du XIXe siècle, au centre d'une contrée opprimée et âprement disputée : la province balte de Lituanie, intégrée à l'empire russe depuis 1807 après douze ans de domination prussienne à la suite du troisième partage de la Pologne, lequel avait également mis sous l'autorité du tsar ce qui restait de ce royaume tout proche. La population de Białystok se composait donc, vers 1850, du fonds polonais, des fonctionnaires russes, des colons prussiens, enfin des négociants et employés juifs. Or si ce moment de l'histoire peut revêtir un intérêt dans la perspective du présent livre, c'est parce qu'en 1859 naît à Białystok, précisément, celui que l'affrontement des langues devait conduire à inventer l'espéranto, le docteur L. Zamenhof. Ces passages de sa correspondance illustrent clairement son dessein :

> « Ce lieu de ma naissance et de mes jeunes années imprima leur première direction à toutes mes idées futures. À Białystok, la population se compose de quatre éléments différents : Russes, Polonais, Allemands et Juifs ; chacun d'eux parle une langue à part et entretient des rapports hostiles avec les autres ; [...] dans la rue, dans les maisons, à chaque pas, tout me donnait le sentiment que l'humanité n'existe pas ; il n'existait que des Russes, des Polonais, des Allemands, des Juifs, etc. [...] Personne ne peut ressentir la nécessité d'une langue humainement neutre et anationale aussi fort qu'un Juif, qui est obligé de prier Dieu dans une langue morte depuis longtemps, qui reçoit son éducation et son instruction dans la langue d'un peuple qui le rejette, et qui a des compagnons de souffrance sur toute la terre, avec lesquels il ne peut se comprendre. » (Lettres à Borovko (1895) et à Michaux (1905), citées par Janton 1973, pp. 29-30.)

Le second phénomène, interne celui-là, est l'interférence des couches constitutives de l'histoire de chaque langue. Un des effets en est l'enrichissement des lexiques par le biais d'emprunts provenant d'origines diverses, selon les périodes. Le russe, notamment, y eut souvent recours après le XVIIe siècle. L'abus du procédé, dans le style à la mode qui caractérisait encore, au début du XXe siècle, la demi-érudition d'une partie des gens de plume, irritait bien des esprits. Lénine, notamment, raille ces usages avec quelque humeur dans son écrit sur *L'épuration de la langue russe* (cité par Vinokur 1947, p. 139), où il défend une langue plus accessible, plus nationale et moins obérée d'emprunts, comme le fera plus tard, pour un idiome plus lointain mais selon une inspiration politique semblable, un autre dirigeant célèbre, Mao Zedong. Mais en deçà des outrances, le russe a assimilé, à des époques et à partir de langues diverses, un grand nombre d'emprunts, qui font aujourd'hui partie intégrante de son lexique. Ainsi, à l'échelle des langues individuelles, l'interpénétration des influences produit une immense polyphonie.

Le grand décalque

L'abondance des emprunts introduit dans les lexiques des langues d'Europe des pans entiers de tautologie. Et cela n'est pas moins vrai des langues d'autres continents. Certes, ces dernières recourent, pour enrichir leur vocabulaire, au fonds classique où chacune d'elles a toujours puisé : sanscrit et pāli pour le hindi, le thaï, le birman et d'autres langues d'Asie du Sud-Est, chinois ancien et sino-japonais pour le japonais, vieux-turc et vieux-mongol pour les langues turques et mongoles, etc. Mais toutes recourent également, pour répondre au besoin de création de termes techniques, à l'anglais, lequel, lui-même, forme sur des racines latines et grecques un grand nombre de ses mots savants. Il en résulte une ressemblance générale des vocabulaires techniques, lors même que beaucoup de langues d'Europe et d'ailleurs n'appartiennent pas au rameau gréco-latin. Si ces homologies présentent l'avantage de faciliter l'apprentissage, ou au moins la compréhension passive, n'ont-elles pas aussi pour conséquence, comme le soulignait Meillet (1928, p. 241), que les langues deviennent, les unes par rapport aux autres, de vastes et fidèles reproductions ? Les mots de chaque langue n'étant plus ces supports infiniment divers de civilisations hétérogènes qui faisaient parfois de la traduction une délicieuse aporie, mais des stéréotypes où s'expriment invariablement les notions et les objets communs à toutes les cultures, l'utilité de tels mots serait surtout pratique, leur justification économique, et l'acquisition d'une langue nouvelle ne constituerait plus un enrichissement pour l'esprit. En réalité, le grand décalque interne des langues de l'Europe ne concerne que certaines parties, parmi les plus techniques, de leurs lexiques. Le reste demeure largement original, en particulier les expressions idiomatiques, bien que ce domaine n'exclue pas les convergences. Et surtout, les structures grammaticales, qui font l'essentiel d'une langue, continuent d'être spécifiques. Dès lors, le pullulement des langues n'est pas celui d'outils inertes et interchangeables. La tendance à l'unité des lexiques spécialisés, loin d'être contradictoire de cette floraison, en est la limite légitime.

Les hérauts de l'universel

L'Europe ne fait pas exception à cette généralité de la sociologie des langues : la multiplication des rapports entre usagers de langues diverses au sein d'un pays plurilingue ainsi que d'un pays à un autre de langue différente sécrète comme par nécessité des individus dont la compétence s'étend à plus d'un idiome. Le plurilinguisme européen n'est pas seulement, comme il l'est dans de nombreuses communautés d'Afrique ou d'Asie, qu'elles soient rurales ou qu'elles édifient une réplique des structures campagnardes après installation dans les quartiers des villes, un produit du voisinage, des relations économiques ou des mariages entre tribus. Il est souvent le résultat de mouvements migratoires, d'échanges et d'assignations nouvelles de territoires à la suite des traités et des guerres bousculant les populations d'un refuge à l'autre. Dans d'autres cas, il résulte de la recherche d'un emploi, ou même d'un choix inspiré par la curiosité pour d'autres cultures. Les plurilingues se rencontrent davantage dans les pays du centre et de l'est de l'Europe, dont ils ont contribué à dessiner le profil intellectuel jusqu'en 1939, que dans ceux de l'ouest, notamment France, Grande-Bretagne, Allemagne, Espagne, Portugal, où les lieux plurilingues sont en quantité relativement restreinte. Du fait de l'importance démographique de ces pays occidentaux, le nombre des unilingues d'Europe, si on les définit comme les usagers dont la langue maternelle coïncide avec celle de leur nationalité et avec celle, officielle, de l'État, dépasse 80 %. Cette situation peut encore s'expliquer par le fait que dans les États plurilingues, les sujets définis par cette double équation n'ont guère besoin d'apprendre les langues des minorités, et qu'inversement, parmi les membres de ces dernières, il existe, à côté des bilingues, des unilingues dont la langue maternelle est non pas celle de leur nationalité, mais celle de l'État. Tel est le cas en Russie, où l'ancienneté d'implantation du russe donne à cette langue une place de choix : 82 % des Juifs, 67 % des Polonais, 33 % des Bachkirs, 22 % des Mordves, 20 % des Russes Blancs, 15 % des Ukrainiens, 13 % des Tchouvaches, 11 % des Tatars (chiffres donnés dans Haarmann 1975, p. 31) ont pour langue maternelle le russe. D'autre part, le russe est en général fort bien connu chez les minorités non russes qui l'utilisent comme seconde langue. En Serbie, les Serbes, ayant pour langue maternelle l'idiome dominant, ne peuvent éprouver, à l'égard du hongrois ou de l'albanais, le besoin qu'éprouvent, à l'égard du serbe, les Hongrois de Voïvodine et les Albanais du Kosovo, lors même que dans chacune des deux entités territoriales, les idiomes de ces minorités ont statut de langues régionales officielles.

En Europe occidentale, le bilinguisme ou le plurilinguisme de certains États ne doit pas faire illusion, car il ne signifie pas nécessairement plurilinguisme généralisé des individus : les francophones de Suisse romande ne sont pas plus souvent germanophones que les Wallons de Belgique ne sont néerlandophones ; et d'autre part, le bilinguisme belge, par opposition à celui qui a cours en Russie et dans les autres Républiques naguère soviétiques, est de type territorial, de même qu'en Finlande : seule Bruxelles est officiellement bilingue (mais à majorité francophone), le français étant langue légale unique en Wallonie, comme le néerlandais l'est dans le reste du pays ; en Finlande, une quarantaine de communes sont bilingues (finnois/suédois), une quarantaine encore sont suécophones, et toutes les autres, soit 433 (chiffres donnés par Haarmann 1975, p. 109) sont finnophones. Il en résulte qu'à l'ouest de l'Europe, auquel il convient d'ajouter les parties du continent que leur culture rattache à l'ouest, l'unilinguisme est statistiquement dominant dans les grands États, et naturellement dans les plus petits, comme San Marino et le Vatican, italianophones, le Liechtenstein, germanophone, ou Monaco, francophone (à côté du monégasque, parler proche du génois, et aujourd'hui en voie d'extinction). On ne trouve des plurilingues que dans des cas isolés. Des communautés trilingues, notamment, se rencontrent dans les Grisons et le Tyrol du Sud, où les habitants ont pour langue maternelle un des parlers romanches, pour deuxième langue l'allemand et pour troisième l'italien ; on en trouve également chez les germanophones des cantons belges du Sud-Est, qui parlent aussi le français et le néerlandais, chez les Turcs du Kosovo, qui ajoutent à la connaissance du turc celles de l'albanais et du serbo-croate, et chez les Hongrois de Slovaquie méridionale, qui pratiquent, en sus du magyar, le tchèque et le slovaque. On trouvait même des quadrilingues, avant 1939, parmi les communautés juives des villes d'Europe centrale et orientale, au sein desquelles certaines vocations littéraires n'étaient pas sans liens avec une réflexion sur la dispersion des langues à quoi leur destin les vouait. Aussi bien, en Europe comme ailleurs, le plurilinguisme est plus fréquent dans les milieux cultivés, du moins quand il s'agit d'une compétence aussi approfondie que multiple.

Ces lettrés plurilingues, minoritaires en Europe et de surcroît moins nombreux encore aujourd'hui qu'hier, sont souvent de grands nomades, par choix ou par nécessité. Leur exemple suggère que l'homme cultivé est dans certains cas celui qui a plusieurs fois, dans sa vie, changé de langue, non sans conserver, à chaque mutation, l'usage de ses parlers antérieurs. Le plurilinguisme, quand il est assez intériorisé pour devenir davantage que l'acquisition hâtive d'idiomes de travail pratiqués comme des expédients sur un mode rudimentaire, a le pouvoir de former l'esprit aux idées en le préservant de la duperie des mots. Car ceux-ci peuvent parfois apparaître comme les vêtements fortuits des concepts. Celui qui s'est habitué à donner plus d'une forme à chaque contenu, retient plus volontiers ce qui ne varie que finement, à savoir ce contenu. La variation n'est pas nulle, certes, car pour beaucoup de noms d'objets, et, bien entendu, pour ceux des notions abstraites, l'homologie des sens, d'une langue à l'autre, est trop exposée à la variation des cultures pour être pure identité. Mais précisément, le bilingue parvenu à un niveau de réelle maîtrise est capable de reconnaître les subtiles différences entre les sens de deux mots dont chacun appartient à une langue distincte et se donne pour la traduction de l'autre mot ; en même temps, le bilingue aperçoit assez ce qu'ont de commun leurs sens pour ne pas se laisser égarer par la discordance de leurs formes. Par cette double aptitude, les plurilingues, dénouant les codes linguistiques enchevêtrés, apparaissent comme les hérauts de l'universel.

Troisième partie

LES LANGUES D'EUROPE ET LE DÉFI NATIONALISTE

« Un État pour chaque nationalité, la nationalité tout entière dans cet État. » Si le principe des nationalités, ainsi exprimé, fut perçu, à la fin du XIXe siècle, dans les empires multinationaux d'Europe (Autriche-Hongrie, Turquie, Russie), comme un redoutable ferment de rébellion, c'est parce qu'il contestait ouvertement un des fondements sur lesquels reposaient ces empires : la domination politique établie sur un territoire unifié où est imposée une langue officielle. C'est de ce terme que l'on désigne la langue de l'ethnie majoritaire, coïncidant souvent avec celle qui détient le pouvoir. La langue officielle, généralement érigée en norme écrite, est celle de l'administration, de l'enseignement, des tribunaux, des services publics, et de l'armée : comme l'école, l'armée est bien connue pour être un puissant moyen d'intégration linguistique, toute recrue étant censée comprendre les instructions, qu'elles soient ou non données dans son idiome maternel. Dans les États unilingues constitués d'une seule ethnie, langue officielle et langue nationale coïncident. Mais dans les pays où il n'en est pas ainsi, la langue officielle n'est qu'une des langues nationales, en sorte que les usagers des autres, s'ils sont attachés à leurs parlers autochtones, peuvent en venir à se considérer comme les victimes d'une brimade permanente, et donc céder à la tentation de défendre l'usage de ces parlers par divers moyens, y compris la force.

Les langues, miroirs d'identité des peuples, ont le plus souvent joué en Europe un rôle de première importance dans les luttes d'affirmation nationale. On a vu, plus haut, des exemples dispersés de ce phénomène, qui sera traité plus en détail ici. Le chapitre 7 montrera les rapports entre langue et nation ; le chapitre 8 présentera et interprétera certains des cas les plus frappants de nationalisme linguistique.

CHAPITRE 7

La sommation par la langue

L'intervention humaine sur le destin des langues : voies privées et voies officielles

Les amants des langues, inspirés par un attachement passionné aux mots, expressions de leur identité, sont souvent conduits à intervenir directement sur le destin de ce qu'ils aiment. Dans toutes les langues d'Europe, à divers moments de leur histoire, les moyens d'expression ont été renouvelés, afin de répondre aux besoins suscités par des techniques, des conceptions ou des pratiques qui venaient d'apparaître. Cette vaste entreprise est tantôt spontanée, tantôt confiée à des experts, sans que ces deux modalités s'excluent nécessairement. Les hommes qui prennent spontanément la charge du destin de leur langue sont des écrivains, des philologues, des folkloristes épris de diversité dialectale, ou simplement des patriotes sans qualification professionnelle, qui n'ont d'autre mobile que l'attachement au parler maternel. Ceux que l'État investit officiellement du soin de la langue sont des spécialistes : linguistes, grammairiens, représentants de diverses disciplines dont la terminologie est en voie d'adaptation à de nouvelles exigences. Ils se constituent en commissions d'experts, et leurs décisions revêtent force de lois, bien que les interventions d'individus non mandatés, mais qualifiés et sachant convaincre, n'aient pas moins de portée. Cette action par les deux voies privée et publique couvre bien des domaines : normalisation, c'est-à-dire choix d'un dialecte qui sera réputé norme officielle, dans les nombreux cas où plusieurs sont en concurrence ; fixation d'une forme littéraire, correspondant, le plus souvent, à cette norme supradialectale ; édification néologique, à savoir choix et adoption de termes nouveaux dans des domaines très divers (sciences, industrie, droit, médecine, vie économique et politique, etc.) ; législation du bilinguisme ou, quand il y a lieu, du plurilinguisme ; dispositions scolaires ; réforme ou, le cas échéant, création d'une écriture. Un trait remarquable ici est que l'Europe, où l'orthographe est depuis longtemps, et dans bien des pays, l'objet de soins constants, est le seul continent dont toutes les langues aient une forme écrite, ou du moins l'aient eu, si l'on compte celles qui ne donnent plus lieu aujourd'hui qu'à une littérature orale (sur tous ces points et ceux qui suivent, on trouvera plus de détails dans une autre publication : cf. Hagège 1983).

De tous ces domaines, le plus intéressant pour notre propos est la néologie. Pour créer des *termes* nouveaux, qui deviendront des *mots* si le consensus des usagers les accrédite, la voie principale est l'emprunt. Comme on l'a rappelé plus haut, les langues du continent ont toutes puisé, directement ou indirectement, au fonds gréco-latin, facteur de cohésion, terreau nourricier de la culture européenne. Même le letton, qui appartient au monde balte, assez éloigné du monde roman, est friand de mots internationaux dérivés de racines latines. L'emprunt peut soit introduire sans modification le terme emprunté, soit le traiter par adaptation à la phonétique de la langue d'accueil. On note souvent, à l'égard de l'emprunt, une attitude nationaliste de rejet : les réformateurs préfèrent alors recourir à des racines locales, ou à des associations de ces racines en mots composés immédiatement analysables pour la plupart des usagers : ainsi s'opposent l'opacité mondialiste des mots importés et la transparence nationaliste des mots autochtones : ce dernier choix est illustré par l'allemand *Fernsprecher* (« loin + parleur »), préféré aux deux racines grecques du mot *Telephon*, qui produisent le même sens. La solution nationaliste paraît avantageuse, donnant des termes diaphanes.

Pourtant, son inconvénient est évident : un terme que l'on rapporte facilement à des racines connues éveille des associations qui peuvent altérer le sens requis, alors qu'un terme international opaque, précisément parce qu'il n'est pas lesté de ces références locales, est un instrument adéquat : démotivé, il peut s'appliquer à un objet ou à un concept précis. Cependant, la solution nationaliste apparaît comme plus démocratique, du fait qu'elle rend le terme nouveau compréhensible à tout usager ordinaire qui ne connaît pas le latin, le grec ou l'anglais. Et dans certains cas, ce sont les propriétés de la langue d'accueil, plus que les tentations chauvines, qui justifient le choix nationaliste : ainsi, l'islandais et le finnois se trouvent posséder, chacun sous une forme distincte, une structure syllabique et un système de sons tels que les termes internationaux y seraient défigurés.

Mais même lorsque ces contraintes n'existent pas, les réformateurs de nombreuses langues adoptent une attitude nationaliste, limitant l'emprunt et lui préférant le recours aux racines locales. Tel est le cas pour le tchèque, le hongrois, le lituanien, le letton, le grec moderne. Parfois même, une inspiration purificatrice conduit à chasser les emprunts que des circonstances particulières ont accumulés. Tel fut le choix officiel dans les États balkaniques, comme on verra plus bas, ainsi que dans certains des lieux nombreux, de la Slovénie à la Lettonie en passant par la Bohême, la Slovaquie et la Suède, où l'allemand, depuis le Moyen Âge, a pénétré la langue comme il a pénétré, dans le sillage d'un vaste mouvement de conquête, les classes privilégiées de la société.

L'emprunt n'est pas le seul procédé néologique, si important qu'il soit. On recourt également au calque, aux moyens internes produisant des mots composés et des mots dérivés, ou encore à l'extension de sens, appliquée à un mot déjà existant dans le fonds autochtone. De ces procédés, le premier peut être retenu ici comme illustration de la manière variable dont est vécu le rapport avec la langue. Un mot-calque est celui que l'on forme en décalquant un mot étranger à l'aide d'éléments constituants qui, eux, sont autochtones, chacun étant la traduction de l'un des éléments constituants du terme étranger. Autrement dit, la structure est importée, mais le matériau est local.

Ainsi, dès l'époque classique, la traduction d'ouvrages français, allemands et anglais, dont bien des termes étaient eux-mêmes calqués sur le latin ou le grec, a introduit en russe, à côté d'emprunts directs (*amfiteatr*, *atmosfera*, *formula*, *instrument*, etc.), de nombreux calques, qui en font une langue slave occidentalisée. On relève, par exemple, *pred-rassudok*, *so-deržat'*, calqués, respectivement, sur *pré-jugé* et sur *contenir*, ainsi que bien d'autres mots, contemporains d'une époque d'affectation francomane que tempéraient en quelque mesure, au milieu du XVIIIe siècle, les recommandations du célèbre poète et grammairien Lomonossov. Quand, vers le milieu du XIXe siècle, l'idéalisme allemand commença d'intéresser la société cultivée en Russie, alors apparurent, notamment dans le lexique savant, de nouveaux calques, tels que *miro-voz-zrenie*, sur *Welt-an-schauung*, soit « vision du monde ». Tous les phénomènes présentés ci-dessus établissent clairement que le recours aux calques, comme l'attitude adoptée dans le débat sur l'emprunt, sont des indices du degré d'attachement nationaliste des usagers à l'égard de leur langue.

La langue crée la nation

Révolutions et langues en Europe au XIXe siècle

Quoi de plus naturel que l'amour d'un homme pour la langue qu'il a reçue de ses parents et transmettra à ses descendants ? Même les vrais bilingues ont une langue dominante, au moins pour certains domaines de la vie, et ils lui sont attachés. Cet attachement ne peut, à l'évidence, que nourrir et consolider la diversité. Ce que reflète, en Europe, la variété des langues, c'est souvent l'affirmation, sans cesse renouvelée, des identités nationales. A. Meillet exprimait ainsi, en 1918 (p. 10), une sorte de paradoxe : « Le monde tend à n'avoir qu'une civilisation ; mais les langues de civilisation s'y multiplient. » Il y a peut-être quelque outrance dans cette affirmation d'une tendance à l'unité de civilisation, mais la rapidité des transports et celle des transmissions d'images et de paroles font que les dissemblances sont encore plus réduites à présent qu'elles ne l'étaient au moment où ces lignes étaient écrites. Pourtant, aujourd'hui comme hier, les peuples aiment à cultiver leurs différences à travers celles de leurs langues.

L'explosion de 1848 secoua l'Europe aux ondes sonores des vieux idiomes retrouvés, dont les absolutismes avaient voulu faire oublier les échos. Ce fut, pour les langues minoritaires d'Europe centrale et orientale, un moment rare et précieux, dont l'intensité ne peut se comparer qu'à celle d'une autre époque de leur destin, à savoir la Réforme. Dans les deux cas, d'humbles instruments accédaient à la lumière, soit en conquérant la dignité de langues écrites, soit en étant reconnus comme pièces maîtresses des identités nationales. Dans l'Europe du milieu du XIXe siècle, les réformateurs et philologues patriotes s'efforcèrent de hausser ces idiomes au statut de langues littéraires, qu'avaient acquis depuis longtemps, grâce à l'opiniâtreté des scribes et des auteurs médiévaux, le français, l'italien, l'anglais, l'allemand et l'espagnol. Les voies d'action apparaissent clairement si l'on retient une région précise, celle des Balkans par exemple. La conquête turque n'avait pas laissé subsister d'aristocratie, c'est-à-dire de classe susceptible, étant donné les anciennes structures sociales, de créer une langue littéraire. L'attitude des amants de la langue est ici variable selon les zones. Ceux des pays slaves, notamment Karadžić pour le serbe, avaient simplement pris pour référence l'usage parlé, selon une méthode différente, malgré les convergences, de celle des grammairiens russes de la fin du XVIIIe siècle réduisant la part du slavon d'Église par adaptation de l'écrit à la langue orale. Sur un point, pourtant, l'affirmation nationaliste conduisait à bannir la pratique courante des locuteurs : les mots turcs, ainsi que les emprunts turcs à l'arabe et au persan, qu'avaient acclimatés dans l'usage quotidien plusieurs siècles d'occupation, furent pourchassés, à la fin du XIXe et au début du XXe siècle, au point de n'être plus aujourd'hui, notamment en bulgare et en serbo-croate, qu'en nombre réduit par rapport à ce qu'ils étaient autrefois.

À l'inverse des pays slaves, un autre État balkanique, la Grèce, choisit de promouvoir, quand elle devint indépendante de l'Empire turc en 1827, non pas la langue parlée, mais précisément un modèle culturel qu'on opposait fièrement à l'occupant : une forme du grec classique, d'où l'on éliminait soigneusement, comme ailleurs, les traces d'influence ottomane accumulées par les siècles. Les promoteurs de ce modèle prestigieux se sont donc efforcés de l'imposer à tous les Grecs. Ils devaient y être aidés, plus tard, par les compatriotes qui, à la suite du traité de Lausanne avec la Turquie (1923), avaient dû quitter pour l'Europe, selon un transfert qui pulvérisait une tradition millénaire, les régions d'Asie Mineure où leurs ancêtres s'étaient établis... trois mille ans plus tôt. Dans ces communautés, en effet, la langue avait évolué moins vite.

Ainsi coexistaient en Grèce, jusqu'à une date récente (1976), deux niveaux de langue : d'une part, la *katharévoussa* (« langue pure »), une forme éloignée de l'usage parlé (comme l'était la langue créée par les lettrés du Moyen Âge en Occident), et que, selon un souci constant de ré-hellénisation et d'archaïsme, on rapproche, de manière partiellement artificielle, du grec classique ; d'autre part, le néo-hellénique ou néo-grec, encore appelé *dimotiki* (« langue du peuple »), c'est-à-dire le grec moderne, résultant de l'évolution naturelle du grec ancien, et devenu fort différent de lui sur bien des points. Dans cette situation, dite de diglossie, la forme littéraire est antagoniste de la forme parlée, laquelle n'est nullement étrangère, elle-même, à la littérature : les défenseurs du démotique ont reçu l'appui de poètes, essayistes et romanciers qui l'utilisent dans leurs œuvres, notamment J. Psichari, dont le livre *Mon voyage* fut en 1888 un des tout premiers à en prôner l'usage. À l'opposé, le culte d'une forme classique est évidemment lié à celui de l'Antiquité, dont certains Grecs d'aujourd'hui sont fiers, pour ce qu'elle a apporté de valeurs civilisatrices à l'Europe et au monde. Au début de ce siècle, la traduction des Écritures en néo-grec provoqua des émeutes contre les « vulgaristes ». Le conflit était également politique : les gouvernements les plus autoritaires ont été, dans l'histoire moderne de la Grèce, ceux qui ont prodigué le plus d'efforts pour répandre l'emploi de la *katharévoussa* dans de nombreux domaines : école, administration, Église, armée. Ce n'est qu'en 1976 que le démotique est devenu langue officielle en Grèce.

Cette situation semble, certes, accentuer le contraste entre le monde slave d'une part et d'autre part l'ouest de l'Europe, auquel doit être rattachée la Grèce, orientale par sa situation géographique mais occidentale par les bases de sa culture. Cependant, la promotion d'une langue, proche de l'oral dans un cas, littéraire dans l'autre, est partout identiquement une entreprise d'affirmation nationale.

Au centre de l'Europe, l'autorité politique ne s'est pas toujours opposée à cette revendication linguistique, quand elle était le fait de minorités entre lesquelles on pouvait entretenir les divisions en encourageant les irrédentismes. Ainsi, le gouvernement autrichien, avant la Première Guerre mondiale, avait reconnu le slovène littéraire comme distinct des autres langues slaves du sud, et favorisé la création d'écoles et l'édition d'ouvrages de référence, en dépit de la place importante de l'allemand dans la ville principale, Laibach, redevenue au XIXe siècle, sous le nom retrouvé de Ljubljana, le centre de l'activité nationale des Slovènes, qui l'avaient peuplée dès le VIe siècle. La promotion culturelle a porté ses fruits. Lors du plébiscite d'octobre 1920, les Slovènes de Carinthie votèrent pour l'Autriche. Et au sein de l'Union des Slaves du Sud, qui devait devenir plus tard la Yougoslavie, le particularisme slovène ne cessa de s'affirmer. Il vient d'aboutir, en 1991, à la sécession et à l'indépendance de la Slovénie. Le fondement linguistique de ce particularisme n'est pas illusoire. Certes, les intellectuels slovènes sont bilingues, parlant le serbo-croate aussi bien que leur langue maternelle. Mais cette dernière, qui ne s'écrit pourtant que depuis le XVe siècle, occupe une place originale parmi les langues slaves. Elle s'est probablement séparée du serbo-croate dès le VIIe siècle, et elle conserve des traits archaïques (ainsi, le slovène est le seul idiome de cette famille, avec le sorabe, qui ait préservé, dans la conjugaison et dans la déclinaison, le duel, référant à deux personnes ou à deux objets, et formellement distinct du singulier comme du pluriel).

La politique conduite par les puissances dominantes pour

faire obstacle au rapprochement de nations liées par des langues apparentées n'aboutit pas toujours à une stratégie de division sous couvert de soutien. L'administration hongroise, par exemple, s'est opposée, après le compromis de 1867 avec l'Autriche, au développement d'écoles et de publications propres aux Slovaques, ce peuple que la conquête magyare, au début du XIe siècle, avait séparé des Tchèques pour près d'un millénaire. Les conflits nationalistes appuyés sur les langues, dans l'Europe du milieu du XIXe siècle, sont fort complexes, et l'on voit diverger des intérêts qu'une même revendication autonomiste aurait dû rendre convergents : cette opposition de Budapest aux Slovaques était une riposte à l'appui que ces derniers, répliquant eux-mêmes au refus hongrois d'accorder une autonomie linguistique à la Slovaquie, avaient apporté à l'Autriche contre les Magyars révoltés en 1848 !

Enfin, une donnée permanente de l'histoire linguistique de l'Europe, et singulièrement de cette région des Balkans aux destins tourmentés, est l'incidence du politique non seulement sur la fonction, reconnue ou récusée, des langues portées comme étendards par des peuples avides d'indépendance, mais même sur les débats purement internes de définition de ces langues. Le macédonien constitue un cas saisissant. Héritière du prestigieux royaume qu'Alexandre conduisit jadis à la conquête de l'Asie, la Macédoine, tour à tour maîtresse de la Grèce puis soumise à Rome, fut occupée par les Slaves aux VIe-VIIe siècles, et devint bulgare au IXe. Mais elle est serbe au milieu du XIVe, avant d'être réduite à l'état de vassale des Ottomans à la fin de ce même siècle. Une telle histoire, qui n'est ici retracée qu'à gros traits, peut aider à comprendre que Grèce, Bulgarie et Serbie se soient toujours attribué chacune sur la Macédoine un droit que les gouvernements respectifs jugent légitime. La Bulgarie avait perdu au traité de Neuilly (1919) l'étroit accès à la mer Égée que lui avait laissé en 1913 la paix de Bucarest, signée à la suite de sa défaite, lors de la deuxième guerre balkanique, devant les Grecs et les Serbes, entre lesquels avait alors été partagée la Macédoine. La partie attribuée à la Grèce allait être peuplée par le transfert, mentionné plus haut, des anciennes colonies helléniques d'Asie mineure. La partie attribuée à la Serbie allait constituer plus tard, et jusqu'en 1991, une des six républiques yougoslaves, la plus méridionale de la fédération. Or les autorités bulgares, à la fois par hostilité envers Tito en conflit avec Staline et par souci de retrouver un accès à la mer Égée, continuèrent de revendiquer la Macédoine, en affrontant la Serbie.

Il se trouve qu'un des principaux arguments de part et d'autre est linguistique, ou se prétend tel. Selon la thèse officielle de Sofia, le macédonien n'est qu'un dialecte bulgare. Le gouvernement de Belgrade, pour sa part, au terme d'une politique d'absorption culturelle qui le réputait dialecte du serbo-croate et encourageait la connaissance de ce dernier, a fini par reconnaître le macédonien comme langue officielle de la République Fédérée de Macédoine. La réalité ne justifie ni l'une ni l'autre de ces causes politiques. Le macédonien est plus proche, certes, du bulgare que du serbo-croate, mais il est distinct des deux (il a perdu les déclinaisons slaves comme le bulgare, mais il diffère de ce dernier sur trois points au moins : l'article défini présente trois formes référant au proche, au lointain et à l'intermédiaire ; il n'a pas de marque spéciale pour le masculin singulier suffixé à un adjectif précédant un nom complément ; il existe un passé composé fait d'un auxiliaire « avoir » et d'un participe passé passif qui rappelle la forme correspondante du néo-grec, relique de l'infinitif aoriste classique). Il se trouve qu'aujourd'hui, le nom même de cette langue slave, comme celui du pays où elle est parlée, sont contestés avec véhémence par le gouvernement et l'opinion en Grèce. On sait en effet que la reconnaissance, par les pays d'Europe occidentale, de cette république indépendante, qui a fait sécession sans que cet autre pan de rupture de la Yougoslavie entraîne de violences semblables à celles qui ont ensanglanté en 1991-1992 la Croatie et la Bosnie-Herzégovine, était, au début de 1992, subordonnée par les Grecs à l'abandon du nom de Macédoine. Selon Athènes, en effet, ce nom est non seulement celui d'une prestigieuse composante de la Grèce antique avec laquelle les envahisseurs slaves n'ont rien de commun, mais en outre, il paraît plein de périls pour les Grecs ; car il serait de nature à convaincre Skopje de s'engager dans une guerre de « libération » de tous les « frères » macédoniens et ainsi, de créer une Grande Macédoine ayant accès à la mer. Les Macédoniens, pour leur part, arguant de leur pacifisme et de leur faiblesse de petit pays, se défendent de nourrir de tels desseins. Quelle que doive être l'évolution, cet exemple fait apparaître que les nationalismes s'affrontent jusque sur les noms des langues et des lieux.

Le monde slave, lieu d'embrasements linguistiques

Si le rayonnement d'une économie ne suffit pas toujours à assurer celui d'une langue, il demeure vrai, cependant, que la revendication linguistique, lorsqu'elle est forte et ancienne, trouve un appui précieux dans l'indépendance économique récemment acquise et énergiquement affirmée. C'est là ce qui explique qu'au début du XXe siècle, dans l'Empire autrichien à son déclin, l'allemand, qu'avaient fait dominer pendant une longue période la bureaucratie et le pouvoir étendu des aristocrates, ne peut plus être imposé en bloc à des populations slaves chez qui la misère a fait place à une aisance matérielle croissante, et donc au souci d'approfondir leurs cultures, de favoriser l'usage et l'enseignement de leurs idiomes maternels, et de secouer le joug d'une langue étrangère. En 1916, les députés slaves du Reichstag, réunis pour la première fois depuis le début de la guerre, proclament hautement leur droit à s'exprimer dans leurs langues respectives. L'existence de parlements provinciaux s'ajoutant au parlement central avait évidemment servi les langues des nations slaves soumises à Vienne : tchèque, slovène, polonais de Galicie, ruthène. Il en allait de même dans la partie hongroise de l'Empire. La Croatie était liée à la Hongrie, depuis 1102, par une union personnelle (monarchique) qui, en dépit des inégalités qu'elle impliquait, fut une des plus solides de l'histoire européenne, et qui du moins, devait plus tard permettre aux Croates, contrairement à ce qui advint aux Serbes, d'être relativement épargnés durant la domination ottomane. Comme les Slovaques, dont la dépendance à l'égard des Hongrois était plus ancienne encore, les Croates avaient soutenu Vienne lors de la révolution hongroise de 1848.

Quand fut établi en 1867 le régime dualiste austro-hongrois, Budapest riposta aux Croates de la même manière qu'aux Slovaques : l'usage du croate était toléré, mais son développement entravé. La conséquence des pressions anti-croates et anti-slovaques vaut d'être méditée, tant elle est révélatrice des tensions contradictoires qui font l'histoire linguistique de cette partie du monde slave. La résistance à la magyarisation de l'armée et de l'administration aiguisa le désir d'indépendance et de restauration des antiques solidarités slaves, au point d'occulter d'abord, dans les États qui seront construits en 1918 sur les ruines de l'Empire austro-hongrois, les différences importantes qu'a creusées l'histoire durant de très longues séparations. Ces différences resurgissent aujourd'hui et disloquent les fédérations (cf. pp. 138-141 et 193-195).

Or ces différences ne peuvent faire oublier l'unité d'autrefois. De cette unité, les langues, précisément, sont les vivants témoins. En dépit de leurs divergences au long des siècles, les langues slaves conservent des traits communs qui en font un groupe tout à fait original en Europe. Un des plus frappants concerne le système verbal, fondé non sur la notion abstraite de temps, qui radicalise et simplifie un pur phénomène physique, mais sur la notion d'aspect, plus concrète, moins facile à cerner, et liée à l'appréciation subjective du degré d'achèvement de l'action. Par certains faits archaïques de leur structure, les langues slaves peuvent être considérées comme moins infidèles que les autres au type ancien des langues indo-européennes. On le voit, si l'on observe les langues occidentales : l'allemand lui-même est assez usé, les langues romanes le sont plus encore, et l'anglais l'est tout à fait. Quant au lexique slave, la multiplication des emprunts l'a certes occidentalisé, mais le fonds du vocabulaire slovaque ou croate demeure assez étranger à un Espagnol ou à un Britannique. Le polonais lui-même, où l'Église romaine a introduit tant de mots occidentaux, conserve un air exotique pour l'oreille et pour l'œil d'un Européen de l'Ouest.

On peut en dire autant du tchèque moderne. Les pays de langue tchèque ont connu des époques brillantes : ce fut le prince de Moravie qui, dans la seconde moitié du IXe siècle, demanda à l'empereur de Byzance l'envoi des missionnaires Cyrille et Méthode, dont on a vu ce que leur doivent les langues et les Églises slaves ; au XIVe siècle, sous le règne prestigieux de Charles IV, l'allemand, répandu depuis longtemps dans les grandes villes d'Europe centrale, vécut une symbiose harmonieuse avec le tchèque lors même que ce dernier connaissait un âge d'or : c'est à Prague que la fondation de l'université en 1348 devait donner à l'allemand littéraire sa première impulsion. Mais l'expansion du tchèque, langue illustre, fixée dès le XIIIe siècle, d'un des plus brillants États d'Europe centrale, est brusquement enrayée lorsque les Habsbourg, réagissant contre les progrès de la Réforme, écrasent la noblesse de Bohême à la fameuse bataille de la Montagne Blanche (1621), amorce d'une violente entreprise de Contre-

Réforme et grave déchirure dans l'histoire politique et linguistique du pays. Le tchèque tombe quasiment, alors, dans l'oubli pour deux cents ans. Cependant, grâce à la volonté nationale et linguistique des classes urbaines, parmi les plus puissantes d'Europe, et à l'appui persévérant de la population campagnarde, animée par le modèle de J. Hus, qui avait illuminé le début du XVe siècle, le tchèque échappe au sort des langues de l'Elbe et de la Baltique, que la poussée allemande fit totalement disparaître, comme on l'a vu (cf. pp. 61-62). Les patriotes ne cesseront de lutter contre la germanisation, dont le point culminant est, en 1770, la généralisation de l'allemand. Ils s'appuieront, notamment, sur les travaux des philologues J. Dobrovský et J. Jungmann : le premier propose en 1809, pour modèle de codification, une langue proche de celle du XVIe siècle ; le second fait paraître, de 1835 à 1839, son monumental dictionnaire tchèque-allemand, où il exploite le plus possible les autres langues slaves, singulièrement le polonais.

En effet, ce dernier, à la différence du tchèque, bénéficiait d'une tradition ancienne et continue de culture littéraire. Créatrice d'un vif sentiment d'unité, celle-ci contribua fortement à la reconstruction d'une civilisation polonaise, comme il apparut après la Première Guerre mondiale, quand on s'efforça de conjurer les effets des dépeçages de la fin du XVIIIe siècle (notamment du deuxième et du dernier des trois partages de la Pologne : 1793 et 1795), de même que ceux du congrès de Vienne (1815) et que les conséquences de la révolution anti-russe de 1830. L'usage du polonais ayant été jalousement maintenu, souvent dans une semi-clandestinité, partout où cela était possible, on put rendre immédiatement à cette langue l'université de Varsovie, alors entièrement russe, et celle de Poznan, totalement germanisée par la Prusse ; seule la Galicie était demeurée relativement libre, l'administration autrichienne ayant laissé à Cracovie son rôle de centre de la vie intellectuelle.

Faute de posséder comme les Polonais l'avantage historique de la continuité, les Tchèques s'engagèrent intensément dans les mouvements de 1848. Les travaux philologiques cités ci-dessus avaient préparé la restauration du tchèque. Le réveil politique fut largement étayé par le réveil linguistique. La tradition tchèque appelle « éveilleurs », précisément, les artisans de la renaissance nationale, qui tous s'intéressaient, peu ou prou, à la langue, et souhaitaient bohémiser la science de leur temps (cf. Millet 1983). Mais ce fut en 1882 seulement que l'université de Prague, d'allemande, redevint tchèque. Une des caractéristiques dominantes de l'effort de normalisation fut la chasse aux germanismes. Il reste, certes, des mots d'origine allemande, qui contribuent à donner au tchèque, parmi les langues slaves, une physionomie particulière. Mais les philologues patriotes sont parvenus à édifier une langue qui n'a que peu en commun avec celle, très pénétrée de l'influence de Vienne, qui se parlait en 1800, même parmi la population des campagnes, dans un pays où l'aristocratie était germanophone, et où Dobrovský allait célébrer en allemand les mérites du tchèque ! On introduisit par réaction des mots slaves anciens, que Russes ou Polonais ne peuvent pas toujours reconnaître, comme *divadlo* pour désigner ce que les langues de la même famille appellent, ainsi qu'en Occident, *teatr*. Du moins l'action des réformateurs, même au prix d'un accroissement de la complexité lexicale de la langue et de son opacité grammaticale, aboutissait-elle au résultat souhaité : rétablir le tchèque, par lequel on se sentait politiquement et culturellement défini, à sa place dans le concert des langues slaves, où il est un élément de la puissante homogénéité d'ensemble.

La jeune démocratie tchécoslovaque, fondée en octobre 1918 par la réunion de deux peuples slaves, dut à son tour, par une ruse assez courante de l'histoire, faire face aux revendications linguistiques de ses minorités : Hongrois de Slovaquie (10 % de la population aujourd'hui encore), Ukrainiens de Ruthénie, et à partir de 1920, Polonais en Silésie dite de Cieszyn. En outre, face à une Bohême assez prospère, en majorité catholique mais à forte minorité luthérienne ou de libre pensée, les Slovaques, dominés par le clergé catholique et relativement pauvres, dénoncent dès 1918 le centralisme tchèque. Le slovaque, langue sans État depuis le début de son histoire, s'était maintenu autonome grâce à une étonnante situation : il était pris en étau, mais de manière en fait profitable, entre le hongrois, dont l'avait protégé sa solidarité de langue slave avec le tchèque, et le tchèque lui-même, dont l'avait écarté une immense période d'imprégnation hongroise. Bratislava, la grande ville slovaque, fut, durant l'occupation turque de la plus grande partie du sol magyar, et même bien au-delà, c'est-à-dire de 1541 à 1784, la capitale de la Hongrie. Une grande partie de la noblesse slovaque se considérait comme hongroise de nationalité et de culture, et selon Décsy (1973, p. 95), des Hongrois illustres, comme Petöfi et Kossuth, seraient d'origine slovaque. Les campagnes slovaques furent longtemps utilisées comme réservoir de repopulation des terres hongroises dépeuplées par les guerres ottomanes ; les nouveaux arrivants étaient soumis à une magyarisation méthodique.

Mais au XIXe siècle, la conscience nationale slovaque trouve un ferment dans la langue, que l'action du petit clergé avait défendue dans les zones rurales. À la fin du XVIIIe siècle déjà, le philologue A. Bernolák avait fixé une norme écrite visant à affranchir le slovaque du tchèque, mais cette *bernoláčina* (« langue de Bernolák ») n'était utilisée que par les catholiques, et reprenait la tradition de la Contre-Réforme, qui avait opposé au tchèque le slovaque occidental. C'est dans les années trente du XIXe siècle que les protestants raniment l'opposition contre le tchèque, sous l'égide du philologue L. Štúr, lequel prend pour base les dialectes du centre, plus éloignés du tchèque que ceux de l'ouest. La *štúrovčina* (« langue de Štúr ») finira par s'imposer, avec le soutien d'autres philologues, à l'ensemble des Slovaques, catholiques et protestants, lors du congrès de Bratislava, en 1851. La Tchécoslovaquie, redevenue en 1989 une démocratie de type occidental, est actuellement en train de se dissoudre en deux États indépendants (ou rattachés par des liens très ténus ?). Il convient de rappeler que le slovaque est distinct du tchèque, en dépit de leur ressemblance (deux traits, déjà assez techniques, peuvent dispenser d'un exposé plus détaillé : comme en russe et à la différence du tchèque, l'accusatif et le génitif pluriel ont la même forme dans les noms masculins référant à des humains ; d'autre part, on ne met pas au génitif le complément d'un verbe négatif, alors qu'en tchèque littéraire, cet usage, bien qu'en régression, n'a pas disparu).

Après la Seconde Guerre mondiale, un autre problème lié à l'identité nationale et aux minorités qui paraissent la menacer se posa au gouvernement tchèque. Il le résolut en expulsant 2 900 000 Allemands des Sudètes qui vivaient depuis longtemps en Bohême, où ils avaient commencé par occuper ce massif du nord-est. Le traité d'amitié signé entre Prague et Bonn en février 1992 ne permet à leurs descendants de retrouver leurs propriétés familiales que s'ils retournent définitivement en Bohême et en adoptent la nationalité et la langue.

Langues et identités des confins baltiques

Les peuples de la Baltique illustrent bien, sur un territoire restreint, l'âpreté des luttes conduites par tant de nations européennes soucieuses d'affirmer leur identité contestée en brandissant leur langue comme une sorte de mise en demeure. Les emprunts faits aux ancêtres du lituanien et du letton par les langues finniques occidentales (finnois, estonien, etc.) et même par celles du bassin de la Volga, indiquent que les populations de langues baltiques, avant d'être prises dans l'étau de deux cultures conquérantes et rivales, l'allemande et la russe, ont fondé une civilisation capable de rayonner au-delà de son territoire. Celui-ci constitue un carrefour de langues et de peuples très divers ; car nombreux sont ceux qui, depuis des temps fort reculés, ont cherché à s'établir sur les rivages de la mer Baltique. En effet, s'il est vrai que l'étroitesse des détroits danois ne facilite pas le passage des plus gros paquebots d'aujourd'hui, dont beaucoup, venant de l'ouest, ne remontent pas au-delà de Rotterdam, il n'en demeure pas moins que la Baltique, libre de glaces pendant plus de la moitié de l'année, était la seule issue maritime vers l'Occident à laquelle puissent accéder les habitants des grandes plaines du centre et de l'est de l'Europe. Cette situation a dès longtemps exposé les peuples de la Baltique à une conjugaison de convoitises.

On ne connaît pas de trace écrite du lituanien, du letton et de l'estonien avant le milieu du XVIe siècle, où sont publiées des traductions de catéchismes allemands, tantôt protestants, tantôt catholiques, l'affrontement entre Réforme et Contre-Réforme ayant du moins l'effet d'attirer l'attention sur des langues qu'un destin contraire avait longtemps maintenues dans l'oubli. Car les Baltes avaient connu des temps brillants. Ainsi, les Lituaniens furent, aux XIIIe et XIVe siècles, des guerriers victorieux, et le Grand-Duché fut alors une importante puissance européenne, résistant à la fois aux princes russes, aux Tatars et à la poussée germanique, tout en étendant son empire jusqu'à Kiev. Mais une même couronne l'associe en 1386 à la Pologne, avec laquelle il constituera plus tard, par l'Union de Lublin, en 1569, un seul État qui devait durer deux siècles. L'association avait, certes, permis aux Lituaniens, à la fin du XIVe et au XVe siècle, d'échapper à l'emprise des Teutoniques, mais la noblesse lituanienne allait se poloniser, et la langue n'allait se maintenir que dans les campagnes, non sans emprunter largement au polonais.

Le letton, pour sa part, occupait un territoire où se rencontrait une certaine diversité de parlers baltes : coure, latgale, zemgale, sèle, etc. Dominées au XIIIe siècle par les Allemands, qui y installent le groupe terrien dit des barons baltes, la Livonie et la Courlande, principales provinces lettonnes, passent à la fin du XVIe siècle sous suzeraineté polonaise, puis, à la fin du XVIIIe, au pouvoir des tsars. La discontinuité d'influences linguistiques, tantôt occidentales, tantôt orientales, qui résulta de cette succession d'aliénations politiques fut un des facteurs grâce auxquels le letton put se maintenir, en dépit de la très forte et séculaire pression de l'allemand, et, dans une moindre mesure, du russe. Un autre élément favorable au maintien du letton fut la correspondance rigoureuse qui exista constamment entre la nationalité, exprimée par la langue, et le statut social : l'aristocratie terrienne et le haut clergé n'étaient qu'allemands, cependant que paysans et artisans des villes étaient presque exclusivement lettons. Il convient d'ajouter que la période d'occupation russe, jusqu'en 1918, servit indirectement les langues autochtones : l'abolition du servage favorisa le développement d'une bourgeoisie lettonne industrieuse et efficace, qui non seulement fit de la Lettonie un des lieux de l'Empire russe où le niveau scolaire était le plus élevé, mais encore se dota d'une langue écrite moderne ; elle y fut aidée par une autre donnée favorable, la mansuétude, toute relative il est vrai, que manifesta à l'égard des mouvements nationaux de la seconde moitié du XIXe siècle une bureaucratie tsariste surtout soucieuse de réduire l'influence des langues rivales.

Ainsi purent s'affirmer le letton et le lituanien, le premier contre l'allemand, le second contre le polonais. Le mouvement patriotique des Jeunes Lettons avait, dans la première moitié du XIXe siècle, recommandé de resserrer les liens millénaires en empruntant des mots, de préférence, au lituanien (cf. Rūķe-

Draviņa 1990), ainsi qu'aux dialectes baltes archaïsants, pour remplacer les vocables allemands que l'on éliminait. Les réformateurs du letton, cependant, étaient loin de rejeter les termes internationaux, et la langue allait plus tard, dans les années soixante du XXe siècle, recevoir, souvent par le biais du russe, un apport massif de mots anglo-américains. En tout état de cause, les philologues du XIXe siècle s'étaient attachés, et avaient, dans une large mesure, réussi, à forger un instrument moderne, capable de traduire les œuvres les plus difficiles de toutes les littératures. Quant à l'effort d'affranchissement du lituanien, il fut momentanément contrecarré lorsque les autorités russes tentèrent d'imposer, de 1860 à 1904, l'usage de l'écriture cyrillique, ce qui déclencha une réaction patriotique d'écrivains et journalistes, et donna plus d'audience encore, indirectement, aux efforts incessants du réformateur J. Jablonskis. Sa *Grammaire* (1901), afin de créer une langue moderne à partir du lituanien, idiome très archaïque marqué par l'usage des campagnes, dans une société à majorité paysanne, prend pour base les parlers occidentaux ; elle élimine, mais sans excès de purisme, les très nombreux mots étrangers, notamment polonais, et elle puise dans le fonds autochtone pour satisfaire aux besoins de la néologie. Ainsi, les conditions étaient créées pour faire des deux langues baltiques des moyens de communication prêts à l'usage quand la Lituanie et la Lettonie devinrent indépendantes après la Première Guerre mondiale (cf. Rinholm 1990).

Bien qu'il appartienne non à la famille des langues baltiques, mais au même sous-groupe que le finnois, l'estonien, dès lors que l'on assortit de considérations historiques et culturelles le critère strictement génétique, s'intègre bel et bien par son destin à l'ensemble baltique. Partagée entre Danois et Allemands dès le début du XIIIe siècle, l'Estonie est soumise aux Teutoniques durant le XIVe, et opprimée par eux tout comme la Lettonie. L'estonien n'est connu, pour cette période, que par des descriptions dispersées, écrites en allemand, langue d'une société urbaine en partie germanisée. Au XVIIe siècle, le pays est dominé par la Suède, dont le roi, Gustave-Adolphe, fondateur de l'université de Dorpat (Tartu en estonien), protège les paysans estoniens, tout en s'efforçant de les convertir au luthéranisme. Mais l'Estonie échoit à la puissance russe en 1721, et malgré des mesures libérales et l'abolition locale du servage en 1816 par Alexandre Ier, la politique de russification, succédant à celle de germanisation, provoque un sursaut nationaliste dans la seconde moitié du XIXe siècle. Suivant l'inspiration du mouvement des Jeunes Estoniens, fondé, lors de la première Révolution russe, en 1905, sur le modèle de celui des Jeunes Lettons, divers réformateurs de la langue ouvrent la voie à J. Aavik, considéré comme le constructeur de l'estonien moderne (cf. Tauli 1983-1984). Celui-ci réussit à populariser l'entreprise d'édification d'une langue adaptée aux besoins, en la présentant comme une urgence nationale d'autant plus aiguë qu'elle commandait l'avenir d'une nation trop longtemps dépossédée de sa culture au bénéfice de celles des dominateurs étrangers. Aavik élimina l'ordre des mots calqué, dans la phrase, sur le modèle allemand, ressuscita des radicaux et des suffixes tombés en désuétude (notamment pour le pluriel des noms), multiplia les emprunts au finnois, langue sœur, et introduisit même un procédé fort rare chez les réformateurs de langues : l'invention de mots-factices, confectionnés de telle manière que leurs sonorités évoquent en quelque mesure leur sens.

Certains de ces mots furent si bien accrédités, qu'ils appartiennent aujourd'hui à l'usage courant, et figurent sans discrimination dans les dictionnaires. Cette heureuse créativité ne peut être comparée qu'à celle des promoteurs des réformes linguistiques turque ou hongroise, ou à celle d'E. Ben Yehouda, qui enrichit considérablement le vocabulaire de l'hébreu, la langue biblique ne pouvant répondre, sous sa forme classique, aux exigences de la vie moderne dans l'État d'Israël. Aavik posait pour principe qu'une langue est d'abord un instrument. Pour ceux qui admettent cette conception un peu restrictive, la conséquence suit logiquement : un instrument peut être amélioré s'il est imparfait. L'imperfection de l'estonien provenait selon Aavik d'une rupture de la relation naturelle entre la langue et la culture : si un peuple vit sous ses propres lois, sa langue est utilisée dans toutes les manifestations de son existence nationale, et par conséquent, elle est en relation étroite avec sa culture, ce qui n'est pas le cas, en revanche, lorsqu'un pouvoir étranger opprime ce peuple, et le soumet à une aliénation linguistique permanente, comme il advint dans les trois pays baltes durant plusieurs siècles.

Il existe dans la zone baltique quatre idiomes du même groupe que l'estonien, et dont le sort est différent du sien. Leur déclin est exemplaire : il montre ce qu'il advient d'une langue que rien, ou presque rien, ne soutient. Le vepse est parlé à l'est de Saint-Pétersbourg, dans la zone délimitée par les lacs Blanc, Ladoga et Onéga. C'était la langue de marchands actifs à l'époque ancienne qui précède le début de leur russification lors de la fondation de Novgorod en 859. La russification se perpétuera au long des millénaires. Cette langue a le malheur d'être située sur une marche frontière, ce qui, pour d'évidentes raisons politiques liées à l'idéologie des grands empires, l'expose à l'absorption. Certes, il y eut sous le pouvoir communiste, jusqu'à la brutale interruption des années trente, un effort d'alphabétisation et de production de manuels. Mais aujourd'hui, cette langue, que son ancienneté rend intéressante pour les spécialistes du finno-ougrien, n'est plus ni enseignée, ni défendue par les moyens audiovisuels. Seuls la parlent encore des locuteurs âgés, avec lesquels elle s'éteindra probablement.

La situation est à peine moins sombre pour la langue vote, parlée encore par quelques dizaines de personnes à l'ouest de Saint-Pétersbourg, le long de la Narva et dans la ville du même nom. Cette langue fut, certes, arrachée par la victoire d'Alexandre Nevski sur le lac Péïpous, en 1242, à l'emprise des chevaliers Porte-Glaive, qui, autrement, l'auraient depuis longtemps fait disparaître ; mais elle fut dès lors soumise à une russification si intense, qu'aujourd'hui, parmi le nombre insignifiant des Votes encore identifiés comme tels, certains se présentent comme Russes même s'ils n'ont pas tout à fait perdu l'usage de leur langue.

382 des 1 100 Ingriens recensés en 1959 (cf. Haarmann 1975, p. 414) parlaient encore leur idiome maternel, le long de la côte entre les rivières Luga et Neva, dans une région rattachée au gouvernorat de Léningrad. Cette vieille langue, encore proche du proto-finnique, est émiettée en parlers différents et de plus soumise, elle aussi, à une intense et ancienne russification; elle est au bord de l'extinction, si elle n'est pas déjà éteinte. Les Lives, enfin, dont la province lettonne de Livonie, à l'est de Riga, perpétue le nom, étaient un peuple finnique fort entreprenant qui, par son activité commerciale sur toute la côte orientale de la Baltique durant le premier millénaire de l'ère chrétienne, domina les autres peuples finniques, notamment Estoniens et Votes, ainsi que certains peuples baltes autochtones, dont les Coures, avec lesquels les Lives fusionnent en s'installant dans le pays d'origine de ces derniers, c'est-à-dire l'autre province lettonne, la Courlande, bordant à l'ouest le golfe de Riga. Mais la destruction de l'aristocratie live lors de la conquête germanique au XIIIe siècle a pour effet d'accélérer l'absorption du reste de cette nation par les peuples baltes, sous le regard indifférent des occupants teutoniques, pour qui ces conflits entre ethnies dominées ne présentent pas d'intérêt. L'usage du live disparaîtra en Livonie au milieu du XIXe siècle ; la langue n'était plus parlée, au début des années soixante-dix du XXe siècle, en association avec le letton, que par une centaine d'habitants de douze villages bilingues de pêcheurs, au nord de la péninsule de

Courlande. Ces villages ont été reconstitués au retour des habitants, qui avaient été expulsés en 1949 par l'Armée rouge (information donnée personnellement en novembre 1992 par M. Karsten Pöhl, qui précise qu'en ce lieu, non loin de Ventspils, se trouvent un musée et une maison de la culture lives).

Il semble que vers la même époque, des efforts aient été accomplis pour sauver ce qui peut l'être encore du live (cf. Décsy 1973, p. 297, n. 16).

Finnois, hongrois : la langue objet d'amour

Le finnois et le hongrois appartiennent l'un au sous-groupe balto-finnois du groupe finnique, l'autre au groupe ougrien, qui forme avec le finnique la branche finno-ougrienne de la famille ouralienne. Il n'a pas été question plus haut de ces deux langues, malgré l'étroite parenté du finnois et de l'estonien, car par leur profil et par leur destin, elles demeurent relativement à l'écart de l'ensemble balte. D'autre part, le finnois et le hongrois ont en commun d'avoir été continûment forgés pendant des siècles, avec une rare sollicitude, par des philologues épris de leur langue, dans laquelle ils voyaient la source vitale de la nation.

– Le finnois et les trois façonnages

Venus, comme les autres peuples finniques, des vallées de la haute et moyenne Volga, les ancêtres des Finnois, se déplaçant vers l'ouest, ont rencontré au bord de la Baltique, au moins 500 ans avant l'ère chrétienne, sinon plus tôt, les peuples baltes qui y étaient installés. De ce contact, le finnois porte d'abondants témoignages, sous la forme des emprunts baltes de toutes sortes que contient son vocabulaire : mots référant aux activités maritimes et agricoles, à la faune, à la flore, dont certains se retrouvent même en lapon, où ils ont pénétré par ce biais. Mais le finnois a également reçu un apport germanique massif, qui remonte au moins au IIe siècle av. J.-C., c'est-à-dire à une époque où les tribus finniques se trouvaient encore rassemblées sur un territoire peu étendu : cette ancienneté est révélée par la forme des mots empruntés. Plus tard, le contact avec le monde slave introduit des mots liés au tissage, au filage et à la religion (cf. Sauvageot 1973, p. 42). Mais les Finnois ne sont pas restés longtemps un peuple libre, et leur relation affective avec leur langue s'est nourrie des contrariétés de leur histoire. En effet, le pays où ils s'étaient installés, fait de lacs, de forêts, de steppes glacées, mais aussi de rivages maritimes, a été soumis à des pouvoirs étrangers pendant près de 800 ans. À la fin du XIIe siècle, la conquête suédoise impose une civilisation et une langue dont l'influence marquera profondément le finnois, puisque le suédois ne sera pas seulement pourvoyeur de très nombreux emprunts lexicaux et même syntaxiques, mais encore servira de relais aux influences linguistiques occidentales, c'est-à-dire latines, allemandes et françaises. Il est toujours seconde langue officielle, bien que depuis la guerre des langues, qui éclate en 1919, il ait été supplanté, progressivement, par le finnois, qui l'a quasiment évincé de l'université, de l'administration, du commerce et de l'industrie, sans compter qu'une partie importante de la population, aujourd'hui comme hier, ne parle pas le suédois : 400 000 environ sur les 4 800 000 Finlandais, sont suécophones (cf. p. 172 pour la répartition) ; il existe par ailleurs en Suède une minorité finlandaise finnophone (240 000 personnes).

L'autre pouvoir étranger est celui des tsars, qui, de la conquête du pays par Alexandre Ier en 1809 à la fin du règne d'Alexandre II en 1881, pratiquèrent à l'égard du finnois et du suédois, comme à l'égard des langues baltes et plus généralement vis-à-vis des revendications autonomistes, une politique où la russification n'excluait pas des mesures relativement libérales. Mais à cette politique succède, sous Alexandre III, une entreprise globale de russification, que seule interrompra la Révolution russe de 1905. Cependant, tandis que les bolcheviques reconnaissent l'indépendance de la République de Finlande au traité de Tartu en 1920, les Finnois de l'est sont partiellement regroupés, au sein de la Russie, en Carélie, où, comme d'autres ethnies dont le nom a été donné à une division administrative, ils sont minoritaires. Demeurant liés au monde russe et à la religion orthodoxe, ils appellent souvent « Suédois » les Finlandais de confession luthérienne.

C'est à l'évêque finlandais M. Agricola, personnage important de l'histoire culturelle du pays, que l'on doit non seulement un des premiers textes écrits, l'*Abécédaire* (1543), mais surtout la création du finnois littéraire, grâce à la traduction du *Nouveau Testament* (1548), faite à partir du suédois et de l'allemand, en utilisant pour base les parlers de la région située au sud-ouest du pays, celle de Turku, la plus anciennement christianisée. Cependant, d'autres influences s'y mêlent, et la langue d'Agricola est composite, comme le sera celle de la grande épopée nationale du *Kalevala* (1849), à fortes influences de l'est, car son auteur, E. Lönnrot, en avait trouvé les matériaux en Carélie.

L'histoire du finnois, en dépit de sa fixation provisoire par l'œuvre d'Agricola, est celle d'une série de façonnages destinés à l'adapter aux exigences changeantes de chaque temps. L'emprunt au latin, à l'allemand et au suédois était, pour l'évêque de Turku, une utile solution si l'on voulait répondre au besoin de termes exprimant les concepts occidentaux de la Renaissance. Mais l'emprunt, selon lui, devait être contenu dans de strictes limites. C'est un fait que le finnois d'alors appliquait strictement certaines règles qui se sont plus tard assouplies (remplacement de *b*, *d* et *g* par *p*, *t* et *k* respectivement, changements de consonnes internes et de voyelles), et dont l'effet était d'altérer plus encore qu'aujourd'hui les mots empruntés. C'est pourquoi Agricola eut aussi recours aux calques, et surtout aux dérivés : à ces derniers, le finnois est fort propice, puisqu'on n'y trouve pas moins de 173 suffixes différents, le lexique contemporain ne contenant que 12 % de mots primaires, c'est-à-dire non analysables en éléments constitutifs. Cependant, le nombre trop élevé des créations de termes insuffisamment digérés par la langue provoque un deuxième façonnage, moins de trois cents ans plus tard, entre 1820 et 1870. On jugea en effet, comme cela s'observe dans l'histoire d'autres réformes de langues, qu'il convenait de rendre au finnois son profil ancien, en puisant dans les parlers ruraux, notamment ceux de l'est. On décida de restaurer les désinences que l'usure des syllabes finales non accentuées avait amuïes, et plus généralement, d'employer des formes pleines, de préférence à celles qui étaient allégées de certaines consonnes ou voyelles.

Cependant, cette deuxième mouture du finnois ne correspondait à aucun usage réel dans la vie courante, sans compter que même devenue langue officielle en 1883 après d'âpres polémiques entre « suécomanes » et « finnomanes », elle demeurait concurrencée par le suédois. C'est pourquoi un troisième réglage eut lieu à la fin du XIXe siècle, sur l'instigation de grammairiens soucieux de rapprocher plus résolument la langue écrite et les registres oraux, nourris des dialectes conservateurs où s'exprimaient les vieilles traditions. On forgea alors, pour traduire des notions telles que « téléphone », « phonographe », etc., beaucoup de termes constitués de racines purement finnoises et souvent archaïques, selon une solution nationaliste fréquemment adoptée par les néologistes patriotes (cf. p. 181). Cependant, la langue qui résulte de cette troisième intervention diffère de l'usage qui s'est imposé dans les villes, et surtout à Helsinki, où les mots internationaux foisonnent, et où l'anglais exerce une forte pression. Un quatrième réglage apparaîtra-t-il un jour aux plus puristes comme une nécessité ?

– Le hongrois et le salut par la langue

Au sein du groupe ougrien des langues ouraliennes, les plus proches parents du hongrois, à savoir l'ostiak (environ 23 000 locuteurs dans les années soixante-dix) et le vogoul (environ 5 000), sont parlés par des populations dispersées sur les vastes espaces que délimitent, de Tomsk à l'embouchure de l'Ob, les cours moyen et supérieur de ce fleuve, ceux de l'Irtych et les extrémités orientales de l'Oural. Ces langues n'appartiennent donc pas à l'Europe telle que je l'ai définie ici. Contrairement au hongrois, elles ne sont pas devenues celles d'États nationaux. Les cavaliers ancêtres des Hongrois quittèrent vers 1500 av. J.-C. les plaines volgaïques, et nomadisèrent jusqu'au IXe siècle de l'ère chrétienne dans les steppes du sud de la Russie, où un long contact avec les Tchouvaches et les Kiptchaks, du IVe au IXe siècle, valut à la langue un apport de mots turcs. Les Magyars atteignent les Carpates en 896, et s'installent au début du Xe siècle dans l'ancienne Pannonie, abandonnée par les Romains dès la fin du IVe siècle.

Aujourd'hui, il convient d'ajouter aux 10 millions de Magyars vivant en Hongrie les 2 millions qui se trouvent en Roumanie (surtout en Transylvanie), les 500 000 de Slovaquie, les 500 000 de Voïvodine, frontalière et dépendant de la Serbie, les 200 000 d'Ukraine et les 8 000 du Burgenland autrichien, également frontalier. Les premiers documents en hongrois datent de la fin du XIIe siècle, soit deux cents ans après les débuts de la christianisation, qui eut lieu quand régnait, à la fin du Xe et au début du XIe siècle, le souverain que l'histoire retient sous son nom canonisé de saint Étienne. À cette christianisation prirent part des missionnaires slaves ; de là le nombre important de mots slaves introduits dès cette époque pour désigner les jours de la semaine mais aussi dans divers autres domaines du lexique : religion, géographie, espèces vivantes, agriculture, artisanat. Cependant, une troisième influence extérieure, celle du latin, devait, notamment par le biais de la traduction des Écritures, marquer la langue littéraire. Les noms des mois en sont un signe entre beaucoup d'autres, et de même la fréquence du suffixe *-us.* Lors de la Contre-Réforme, qui, au XVIIe siècle, ramène au catholicisme plus de la moitié de la population, devenue précédemment protestante, la domination du latin s'étend encore dans le vocabulaire confessionnel, scientifique, politique, administratif ; il est même d'usage alors, au Parlement, dans les assemblées nobiliaires, les débats notariaux, les assises savantes, de ne s'exprimer qu'en latin, ou d'utiliser, comme l'attestent de nombreux documents, un hongrois lardé de mots et tours de phrases purement latins.

Une quatrième langue investit le hongrois depuis le Moyen Âge : l'allemand qui, jusqu'en 1918, constituait la source de mots variés (parfois refaçonnés à la mode latine) des vocabulaires commercial, militaire, etc. Les Allemands, en effet, étaient nombreux dans les villes, et surtout, le nord et l'ouest étaient soumis aux Habsbourg depuis 1526, année même où, de surcroît, la défaite de Mohács, douloureux stigmate de la mémoire nationale, ouvre à Soliman le Magnifique la plaine danubéenne et Buda ; les rois se feront couronner à Bratislava, mais c'est dans la principauté semi-indépendante de Transylvanie, demeurée magyare, que le hongrois parvient à se maintenir comme langue de communication supranationale, en attendant que l'Autriche, ayant expulsé les Ottomans à la fin du XVIIe siècle, s'empare du pays entier. Ces déchirements d'une terre que rendaient exsangue, par ailleurs, des guerres incessantes, finiront par provoquer, à la fin du XVIIIe siècle, un sursaut patriotique dont une des manifestations principales fut, de manière révélatrice, le culte de la langue. Le hongrois, qui paraissait alors, selon le mot du poète moderne E. Ady, une « pauvre cendrillon » lorsqu'on le comparait aux langues de la civilisation européenne des Lumières, était perçu comme le symbole de l'humiliation nationale. Par conséquent, restaurer l'État, c'était, d'abord, réformer la langue.

C'est pourquoi cette réforme prend alors les contours d'un mouvement de grande envergure. Comme si l'on entendait répliquer au défi de Herder, qui, en 1791, avait prophétisé la prompte disparition du hongrois (cf. Fodor 1983, p. 58), on créa d'innombrables termes nouveaux, par emprunt direct, calque sur l'allemand, recharge sémantique de racines autochtones, résurrection de suffixes obsolètes ou devenus improductifs, fusion de deux mots en un seul moyennant la troncation de certaines syllabes, etc. Évidemment, cet élan créateur n'excluait pas certaines outrances, ce qui contribua à susciter une réaction puriste de sauvegarde face au raz de marée des néologismes. Mais le mouvement de rénovation s'étendit jusqu'à la seconde moitié du XIXe siècle. Il gagna même une partie de l'aristocratie magyare, largement germanophone à l'époque. Il marque un paroxysme entre 1848, date de la révolution hongroise contre les Habsbourg, et 1867, date où ces derniers, malgré diverses tentatives de répression et l'imposition de l'allemand comme langue officielle, sont contraints, du fait de l'affaiblissement de l'Autriche, vaincue par la Prusse à Sadowa, de concéder la création de la double monarchie austro-hongroise.

Cette année 1867 est importante pour l'histoire du hongrois. D'une part, c'est alors que le latin cesse de régner dans le pays. D'autre part et surtout, la Hongrie passe alors d'une situation à l'autre, quasiment inverse : opprimé jusque-là par la domination de l'allemand, beaucoup plus réelle que celle du latin, car il s'agissait de la langue de la chancellerie viennoise, le hongrois devient moyen de communication officiel d'un État multinational. Le nouveau pouvoir doit donc composer avec les langues des minorités croate, slovaque et roumaine, ainsi qu'avec celle des colons allemands. Aussi la période suivante est-elle illustrée par de nombreux et souvent vifs débats parlementaires entre les représentants des nationalités et le gouvernement hongrois. Celui-ci, voyant dans les minoritaires des citoyens hongrois, reconnaissait la possession et l'usage d'une langue comme droit individuel propre aux membres d'une communauté, mais non comme titre à l'octroi d'un statut politique ou d'un traitement administratif privilégié. Ces débats, où s'illustra le Hongrois F. Deak, comptent parmi les attestations les plus frappantes du nationalisme linguistique en Europe. Il était sans doute difficile pour les Hongrois d'exorciser les démons d'un chauvinisme de défense qu'avaient nourri les longues oppressions de l'histoire, ainsi que les attitudes hostiles des tenants d'idéologies conquérantes, comme le pangermanisme ou le panslavisme. En réplique, une partie de l'intelligentsia magyare s'était laissé séduire par la quête de parentés culturelles ou militaires prestigieuses avec les Huns d'Attila et avec d'autres, notamment celle qu'exaltait la fragile doctrine pantouranienne (on donnait autrefois le nom de « touranien » à l'ensemble linguistique appelé plus tard « ouralo-altaïque », et qui regroupait les langues des Turcs, des Toungouses, des Mongols et des peuples de l'Oural). Quoi qu'il en soit, la politique linguistique du gouvernement hongrois, au sein duquel certains réclamaient que le magyar fût employé comme langue de commandement dans l'armée de la double monarchie, lui valut bien des critiques, telle que celle-ci, due à A. Meillet (1928, p. 208) :

> « [...] le magyar [...] porte dans son vocabulaire la trace d'influences extérieures de toutes sortes ; il est plein d'emprunts [...], tandis que lui-même n'a exercé sur les langues voisines presque aucune influence durable. [...] Il n'appartient pas à la même famille linguistique que la plupart des langues parlées en Europe [...]. Hors de la Hongrie, il est universellement inconnu [...]. Aussi les nationalités non magyares de la Hongrie éprouvaient-elles comme un acte de tyrannie le parti pris des Magyars de leur imposer

leur langue comme langue d'État. En effet, chacune de ces nationalités avait une langue dont les titres de noblesse valaient autant et plus que ceux du magyar. »

Ces lignes, dont le ton surprend sous la plume d'un scientifique éminent, et auxquelles les Hongrois répliquèrent avec hauteur par la voix du poète D. Kosztolányi (cf. Fodor 1983, p. 63), furent écrites huit ans après le traité de Trianon. Celui-ci avait renversé une nouvelle fois le rapport des forces ; en stricte application du principe des nationalités, la Hongrie perdait les deux tiers de son territoire, c'est-à-dire toutes les provinces où le hongrois n'était pas la langue de la majorité : la Croatie était unie à la Serbie, la Transylvanie attribuée à la Roumanie, et la Slovaquie associée, en même temps que la région subcarpatique, à la Bohême. Du même coup, c'étaient les communautés magyarophones qui devenaient minoritaires dans ce qui allait s'appeler Yougoslavie, ainsi qu'en Roumanie et en Tchécoslovaquie, tout comme l'était dans le reste de la Hongrie la communauté allemande de 500 000 personnes environ qui sera expulsée en 1945.

La situation des minorités magyarophones est demeurée précaire. Ainsi, le renversement du président de la République roumaine, N. Ceauşescu, en décembre 1989, n'a pas été suivi d'un tournant libéral de la politique roumaine à l'égard des Hongrois de Transylvanie, qui conservent, certes, leur presse et leurs écoles, mais se heurtent à l'hostilité générale de la population non hongroise, majoritaire. La situation est d'autant plus explosive que la Transylvanie est revendiquée aussi haut par les Magyars que par les Roumains. Selon les historiens hongrois, il s'agit du refuge sacré où se maintint aux XVIe et XVIIe siècles, comme on vient de le rappeler, un pouvoir magyar non totalement soumis aux Turcs. Quant aux historiens roumains, adeptes, en majorité, de la théorie continuiste liant continuité daco-roumaine et latinité d'origine, ils assurent que la Transylvanie, comme le reste de la Dacie soumise par Trajan au début du IIe siècle, n'a jamais cessé d'être le lieu d'habitat d'une population romanisée, chez qui est née une langue néo-latine ; la revendication magyare, selon eux, s'appuie sur la tardive conquête du Xe siècle. Ainsi, pour les Roumains, l'antique latinité de la Transylvanie est un trait qu'elle partage avec les principautés ancestrales de Valachie et de Moldavie, qui s'unirent en 1859 pour former la Roumanie, laquelle devint indépendante en 1877. La latinité d'origine de la langue elle-même fut constamment renforcée par une entreprise de relatinisation, notamment, pour l'époque moderne, à travers le français ; une conséquence en est que le roumain, comme l'anglais, est une de ces langues d'Europe qui possèdent de nombreux couples de mots quasi synonymes, dont l'un est savant, l'autre ordinaire : le premier est une réfection latine, le second, souvent, un ancien emprunt slave (*amic/prieten* « ami », *secol/veac* « siècle », etc.). La haute conscience latine, exploitée politiquement, alimente les sentiments anti-hongrois.

La nation crée la langue : États fondateurs, écartèlement des idiomes, promotions, résurrections

Les rapports entre revendication nationaliste et conscience linguistique peuvent s'inverser, la première devenant le moteur de la seconde. Mais une langue n'est pas créée *ex nihilo* par un pur vouloir d'identité. Il s'agit plutôt de l'effort que l'on déploie pour donner à un idiome longtemps tenu dans l'ombre, ou quasiment sorti de l'usage, ou constitué de parlers dispersés, la dignité d'une langue littéraire. Le fait est d'importance en Europe, vieux continent de tradition scripturaire, où chaque nation qui souhaitait être reconnue entreprenait de fixer une langue écrite. D'où la multiplication des langues nationales littéraires, rapportées à une norme pourvoyeuse d'identité politique. Quelques illustrations révélatrices seront présentées ici.

Schizoglossie norvégienne

Les Norvégiens sont dans l'inconfortable situation d'un peuple industrieux, au niveau de vie élevé, qui, cependant, n'est pas parvenu à définir, d'un commun accord, sa langue maternelle. Cette étrange discordance est le résultat d'une histoire assez particulière. Royaume unifié depuis la fin du IXe siècle, christianisée à la fin du Ier millénaire, la Norvège est intégrée à une union nordique sous domination danoise à partir de 1397 (Union de Kalmar) et jusqu'à 1814, c'est-à-dire pendant quatre cent dix-sept ans ; elle n'accède à l'indépendance qu'en 1905. Un symbole de cette dernière, précieux entre tous, était la définition d'une langue nationale distincte du dano-norvégien, qu'un si long rattachement au Danemark avait consacré comme langue officielle et d'usage général dans les milieux urbains. La ressemblance entre le danois et de nombreux parlers norvégiens avait facilité cette imprégnation.

Parmi les autres parlers, certains avaient disparu, et l'ancienne langue de culture en usage à l'époque médiévale ne survivait, en partie, que dans la lointaine Islande. Un conflit aigu commença de diviser les Norvégiens lorsque des écrivains et des politiques, au début du XIXe siècle, prônèrent la création d'une langue authentique, susceptible de prendre le relais du dano-norvégien. Les philologues patriotes, notamment I. Aasen, dont le *Dictionnaire* parut en 1850, entreprirent donc de façonner, pour l'opposer au *riksmål* (« langue de l'État »), dit, depuis 1929, *bokmål* (« langue des livres »), usage fortement danicisé, le *landsmål* (« langue du pays »), plus tard appelé *nynorsk*

(« néo-norvégien »). Celui-ci était fondé sur ceux des dialectes de l'ouest qui s'étaient conservés, ce qui le rendait presque aussi insolite pour les dialectophones d'autres régions que pour les usagers du *riksmål*. Après des luttes dont l'acuité surprend, les deux variantes furent finalement reconnues comme langues d'enseignement au même titre et reçurent conjointement le statut de normes, que contribuèrent à fixer diverses réformes de l'orthographe au début du XXe siècle. On tenta d'établir une norme unique intermédiaire, mais ce fut un échec. La tradition norvégienne d'intervention directe sur la langue a pourtant produit des résultats dans certains domaines particuliers, comme celui de la numération : les jeunes générations utilisent plus souvent que les anciennes le système dizaine + unité, de type suédois ou anglais (ex. *trettifem* « trente-cinq »), substitué par une décision gouvernementale et parlementaire de 1951 au système traditionnel unité + « et » + dizaine, de type danois ou allemand (*fem-og-tredve* « cinq et trente »). Quoi qu'il en soit, le problème de la langue nationale norvégienne n'est toujours pas résolu : bien qu'aujourd'hui les passions soient moins vives que dans les années trente de ce siècle, où les partis politiques devaient intégrer à leur programme un article tenant compte de la position de leurs électeurs dans ce conflit, la Norvège n'a pas encore de réelle norme linguistique. Selon le mot d'E. Haugen (1966, p. 280), elle est en état de schizoglossie. En vertu d'une répartition régionale, le *nynorsk* est surtout parlé à l'ouest et au sud, le reste du pays étant le domaine du *bokmål*, qui domine aussi dans les villes.

Reconquête en Frise

La revendication d'identité d'une minorité nationale peut aboutir à la promotion d'une langue que la pression d'une autre, plus répandue, menaçait de faire disparaître. Tel est le cas du frison, qui, comme l'anglais, avec lequèl il a de nombreux points communs, relève de la branche maritime du germanique occidental. Cette langue fort ancienne était celle d'une nation européenne en relation avec la Rome antique dès les premiers siècles de l'ère chrétienne; et ses usagers disaient fièrement autrefois : « Deus mare, Friso litora fecit », « Dieu a fait la mer et le Frison les côtes », par référence aux travaux d'endiguement et d'assèchement qui ponctuèrent la lutte contre l'océan. Parmi la population répartie entre les Pays-Bas (350 000 personnes dans les provinces de Frise et de Groningue) et l'Allemagne (quelques dizaines de milliers dans le Land de Schleswig-Holstein à la frontière avec le Danemark, dans les territoires de la Frise et de la Basse-Saxe entre l'Ems et Wilhelmshaven, ainsi que dans les îles qui bordent au nord ce littoral et où les dialectes sont assez différents de ceux du continent), le frison était en déclin au début de ce siècle.

Ce mouvement s'était amorcé dès le milieu du XVIIe siècle : aux Pays-Bas, la langue ne se maintenait que dans les campagnes, tandis que le néerlandais commençait de la supplanter dans l'administration et dans les documents juridiques. Cependant, à l'époque moderne, l'existence de la Frise néerlandaise comme entité territoriale a encouragé la prise de conscience d'une identité. Des écrivains se sont efforcés de donner à la langue une orthographe cohérente et unifiée, notant une norme transversale aux dialectes. Il existe aujourd'hui aux Pays-Bas une Académie frisonne, qui contrôle les néologismes. Bien qu'il ne soit encore que peu introduit dans l'enseignement et dans la vie légale, puisqu'il est depuis 1937 simple matière à option dans les écoles et depuis 1954 langue facultative dans les tribunaux, le frison, grâce à une action consciente qui a freiné sa régression, résiste mieux qu'autrefois à la très forte pression du néerlandais (cf. Feitsma 1989).

Phénix en Cornouailles

Quand l'expansion des Saxons, au VIe siècle, le coupa du gallois et le confina toujours plus loin à l'ouest en Cornouailles, le cornique s'éloigna de ce frère celtique, tout comme il fut isolé de son cousin de même famille, le breton. Victime de la Réforme dès le deuxième tiers du XVIe siècle et déclinant de plus en plus à partir de cette époque, le cornique finit par disparaître de l'usage parlé vers 1800. Or le phénomène tout à fait étonnant qui caractérise l'histoire de cette langue est qu'elle fut quasiment ressuscitée au XXe siècle. Cette résurrection apparaissait à ses promoteurs comme la conséquence naturelle des liens qui unissent la population de Cornouailles à ses traditions. L'irréfutable logique de ces liens s'exprime dans ce mot simple d'H. Jenner, qui fut un membre influent de la Société cornique-celtique, fondée en 1901 : « Pourquoi les Cornouaillais doivent-ils apprendre le cornique ? – Parce qu'ils sont cornouaillais » (cf. George 1989, p. 360). Malgré les débats sur le choix de l'époque à laquelle il convenait de faire remonter la forme de langue que l'on souhaitait restaurer, l'utilisation, dans la vie quotidienne, par un groupe d'enthousiastes dont le nombre va croissant, de cet idiome mort depuis près de deux cents ans est un fait très remarquable. Certains l'ont même comparé à la renaissance de l'hébreu dans l'État d'Israël...

Bifurcations

Une commune observation vaut pour les exemples qui précèdent : bien qu'il soit vrai qu'un lien existe entre l'importance qu'une langue revêt pour ses utilisateurs et le rayonnement de la civilisation qu'elle reflète, la prise de conscience nationaliste peut porter à soutenir un idiome qui n'est pas, ou qui n'est plus, le vecteur d'une culture de vaste diffusion. Inversement, à défaut d'un ferme vouloir qui s'investit dans la langue et d'une entreprise énergique pour étendre son audience au-delà des frontières qui la bornent à un seul pays, la puissance d'une économie n'est pas une force suffisante. Le japonais peut ici fournir une illustration. Un étrange témoignage, pour être atypique, indique néanmoins l'état de désarroi où en étaient venus certains Japonais au lendemain de la Seconde Guerre mondiale : en avril 1946, le romancier Shiga Naoya publiait un article dans lequel, dénonçant l'« imperfection » du japonais et l'obstacle qu'elle mettrait au développement de la culture, il proposait d'adopter comme langue nationale, pour sa beauté et sa contribution à la civilisation, le français (cf. Griolet 1990, p. 534 s.). Certes, occupant une des toutes premières places parmi les nations, les Japonais sont fort éloignés aujourd'hui de sentiments aussi moroses. Mais quoique l'idée de porter un jour le japonais bien au-delà de son présent territoire ne soit nullement absente dans les milieux nationalistes, le Japon, pour l'heure, n'oppose pas la diffusion de sa langue à celle de l'anglais; il sert même ce dernier par l'usage commercial qu'il en fait.

Dans tout ce qu'on vient de voir, il est apparu que la revendication de la langue comme symbole de personnalité est caractéristique des nations et communautés d'Europe, sans en être, certes, une exclusivité. On a noté, de même, que cette revendication peut être, selon le cas, soit la racine, soit le fruit, et parfois les deux tout ensemble : la langue comme produit, autant que comme moteur, du sursaut national. Il ne s'agit pourtant pas d'une relation universelle, comme on le verra plus loin.

CHAPITRE 8

Citadelles de vocables

Le russe ou l'empire réuni

Il sera question, ici, de certains ensembles linguistiques et politiques particuliers, qui dessinent le profil des nationalismes européens. Citadelles aux angles accusés, ils suffisent à illustrer le propos. Il s'agira du russe, puis d'autres langues autour desquelles s'accumulent souvent diverses frustrations.

Il peut paraître surprenant de parler d'empire réuni au moment même de l'histoire où vient de se disloquer sous nos yeux le monde soviétique. On peut montrer pourtant qu'aussi bien par son passé que par son probable avenir, la langue russe donne quelque fondement à cette formulation.

Fascinations de l'immensité

C'est en décembre 1922 que les Soviets des Républiques Socialistes Soviétiques de Russie, d'Ukraine, de Biélorussie et de Transcaucasie, réunis en Congrès, s'entendent pour constituer l'URSS, à laquelle seront ajoutées plus tard de nouvelles républiques, édifiées dans d'autres zones : Asie centrale, Baltique, Moldavie. Or soixante-neuf ans plus tard, le 8 décembre 1991, l'accord de Minsk proclamait : « L'URSS, en tant que sujet du droit international et réalité géopolitique, n'existe plus. » Si pourtant, dépassant la myopie du contemporain, on tente de considérer les faits à l'aune des vastes durées, on s'avise que la clôture d'une période de soixante-neuf ans n'est pas un phénomène décisif au regard des longs siècles qui ont donné à la langue russe un considérable pouvoir de cohésion en en faisant l'instrument commun d'immenses populations.

De toutes les langues slaves, le russe est, dans l'état présent de son histoire, la plus impressionnante par l'étendue des territoires qu'il couvre, le prestige de la littérature qu'il exprime, la diversité des peuples qu'il fédère, et les tourments de son destin. À quelques variantes dialectales près, par exemple au nord (région d'Arkhangelsk) et au sud (région de Stavropol) de la partie européenne, plus de 113 millions de sujets, soit 82,6 % des habitants de la République de Russie selon les chiffres de 1985, parlent sensiblement la même langue. Ce phénomène, assez rare pour mériter d'être souligné quand on le compare aux très fortes différenciations des parlers dans de nombreuses régions d'Europe, peut s'expliquer par le caractère relativement récent de l'expansion russe vers l'est, ainsi que par la grande mobilité d'une population assez homogène à travers de vastes espaces. En outre, ne rencontrant d'autre borne, au sud, que les cimes glacées de l'Altaï, et à l'est que les infinités sibériennes jusqu'à l'océan Pacifique, le russe est la seule langue slave à pouvoir s'étendre sans entrave : le parcours est borné pour toutes les autres : orientales de la même branche que lui (ukrainien et russe blanc), occidentales (polonais, tchèque, slovaque), méridionales (bulgare, macédonien, slovène, serbo-croate).

Cette langue au pouvoir d'expansion si considérable donne

voix, dès la première ascension de la Principauté de Moscou au XIIIe siècle, à une politique de rassemblement de terres, commençant par celles-là mêmes qui sont reconquises sur divers envahisseurs, des Allemands aux Mongols. Du même coup, les Russes se trouvent mis en contact avec des langues de plus en plus nombreuses. Avant même que fussent occupées, au XIXe siècle, les contrées caucasiennes, fascinant conservatoire des langues les plus diverses comme on l'a vu au chapitre 6, la Russie, vaste Babel, abritait plus de quatre-vingts idiomes, relevant de six familles au moins, de l'indo-européen au toungouse.

Les tsars ne s'étaient pas opposés aux entreprises des missionnaires, dont beaucoup tendaient à promouvoir, par l'évangélisation, les langues des minorités. Certains monarques avaient même marqué quelque sollicitude pour cette inestimable richesse linguistique des terres russifiées. Ainsi, le *Vocabulaire* (*Linguarum totius orbis vocabularia comparativa*, 1786-1789) que l'on doit à P.S. Pallas, naturaliste berlinois d'origine française, lui fut commandé par Catherine II : fort éprise de langues et attentive à leur diversité, elle ne put trouver le temps de conduire à son terme un inventaire qu'elle avait entrepris de dresser ; elle chargea donc Pallas d'aller recenser le plus possible d'idiomes de son immense empire. D'autre part, dans les territoires les plus proches des grandes villes russes, elle adopta une politique favorable aux cultures minoritaires. Ainsi, rompant avec les tentatives de conversion des nations musulmanes, qui avaient essuyé un rejet altier, elle encouragea la création d'écoles coraniques, accrut les prérogatives des muftis dans les villes tatare et bachkire de Simféropol et Oufa, et fit même de cette dernière, en 1788, le centre spirituel des musulmans de Russie. Catherine encouragea également les études orientales à l'Académie impériale des sciences de Saint-Pétersbourg.

Les bolcheviques et la promotion des langues

En dépit de ces actions, qui demeurèrent isolées, on peut considérer qu'il n'y eut pas, sous le régime tsariste, de véritable politique culturelle, en particulier scolaire, qui visât à développer l'usage des langues ethniques de l'Empire russe. En revanche, l'avènement du bolchevisme, présenté sur ce point par ses promoteurs comme une libération par rapport à l'asservissement des cultures auquel avaient conduit les temps autocratiques, ouvrit une période faste. L'intérêt pour les minorités et pour leurs langues se traduisit par la multiplication des dictionnaires et des manuels de grammaire descriptive, couvrant toutes les régions, de l'Oural et de la Volga au Caucase, des steppes d'Eurasie aux plateaux mongols et du Kamtchatka aux aires tribales turques. Ce fut dès cette époque un thème récurrent chez les spécialistes soviétiques que l'importance de la langue dans la définition de l'ethnie (cf. Carrère d'Encausse 1978, p. 291).

Peut-être les bolcheviques, nourris d'une pensée marxiste où la nation apparaissait comme un concept désuet et réactionnaire, affrontèrent-ils ce débat par nécessité plus que par choix : avant 1917, les minorités de Russie, notamment celles qui appartenaient à l'ensemble turcophone, l'avaient posé en termes de revendication scolaire (cf. Imart 1983) ; en outre, le pouvoir se trouvait contraint à quelques concessions, du fait que pendant la guerre civile, les minorités nationales avaient, non sans espoir de récompense, fourni une aide précieuse aux Rouges. Mais surtout, l'illustration des langues les plus diverses répondait, comme autrefois celle des langues d'Occident par l'action des promoteurs de la Réforme, au souci d'assurer la diffusion la plus large et la plus efficace de l'idéologie. Enfin, la reconnaissance d'un grand nombre de langues nationales et l'assignation, aux usagers de ces langues, d'entités administratives particulières, permettaient de neutraliser par le morcellement les aspirations unitaires. Ainsi, au lieu de promouvoir une seule et même langue écrite pour tous les Turcs d'URSS, dont les idiomes sont proches parents, on créa, notamment sur la base de langues réputées différentes, cinq Républiques Soviétiques, dont quatre en Asie centrale (Kazakhstan, Kirghizistan, Ouzbékistan, Turkménistan – je ne mentionne pas le Tadjikistan, dont la langue, apparentée au persan, est indo-européenne, et non turque) et une au Caucase (Azerbaïdjan), ainsi que quatre Républiques Autonomes au sein de la Fédération de Russie, dont une en Sibérie (celle des Yakoutes) et trois, dont il sera question plus bas, en Russie d'Europe. Que cette fragmentation ait ou non répondu au souci d'assurer une domination plus facile, un fait demeure : l'importance attribuée à la langue comme critère d'identification nationale et le découpage politique sur une base largement linguistique sont les ingrédients d'une politique originale, qui ressemble à celle de la Chine mais n'a guère d'équivalent dans les autres États multinationaux d'Europe. Pour mieux affermir l'usage des langues minoritaires, des réseaux scolaires aussi souples que denses furent créés jusque dans les ethnies les plus petites.

La domination du russe

Cependant, il apparaît, dès la fin des années vingt, qu'une des conséquences de cette politique est la diffusion du bilinguisme, et par suite la promotion de ce que la terminologie officielle appelait « langue commune » ou « langue internationale », ou même « seconde langue maternelle », à savoir le russe. À partir des années trente, le système scolaire devient de moins en moins favorable aux langues des minorités, et l'enseignement du russe reçoit partout une puissante impulsion. Les moyens de communication, le service militaire long, la radio, la télévision servent encore cette promotion et apportent leur concours à l'effort d'unification qui multiplie dans les lexiques de toutes les langues nationales d'URSS les emprunts de termes techniques russes, liés aux multiples aspects de la vie dans l'univers soviétique. L'importance attachée à la rectitude des désignations dans un cadre idéologique précis, même quand l'usage de la langue de bois dévie les sens et demande le recours à des clefs, est une ancienne tradition russe, peut-être d'origine byzantine (cf. Imart 1983, p. 231), et à laquelle fait étrangement écho, puisée dans la doctrine confucéenne, la tradition d'un immense et vieux voisin, la Chine, elle aussi empire aux peuples multiples (cf. Hagège 1975, p. 35).

Ainsi succède en URSS, au tiers-mondisme des intentions originelles, le jacobinisme des orientations ultérieures. La politique de promotion du russe s'adressait aussi aux habitants des plus grandes républiques de l'Union, Ukraine, Biélorussie, Kazakhstan, ainsi qu'à ceux des pays baltes et de la Moldavie. Le nombre de nationaux bilingues, dans toutes ces régions, devint important. La connaissance du russe apparaissait comme un préalable à toute carrière autre que strictement locale, et à une réelle réussite sociale. On remarquera à ce propos que même si la défense désintéressée des langues minoritaires n'était pas la préoccupation principale du pouvoir, la politique linguistique de l'Union Soviétique fut loin d'aboutir pour tous à un déracinement. La promotion sociale liée aux métiers de l'industrie impliquait elle aussi, pour quiconque, l'usage du russe, langue du progrès scientifique et économique. Cette nécessité d'une russification au moins partielle était, certes, de nature à heurter les plus nationalistes, mais elle ne fut pas perçue partout comme intolérable. Il reste que le bilinguisme officiel ne pouvait profiter qu'au russe, comme le montrèrent les conséquences de la fameuse réforme de l'enseignement promulguée en 1958, et dont une des clauses laissait aux parents le choix de la langue d'éducation.

Ainsi, cette politique ressemble, malgré les apparences, à celle des tsars, qui avait entraîné, de la part des nations, une riposte certes limitée comme l'étaient les moyens, mais devenue plus ferme lorsque, dans la seconde moitié du XIXe siècle, les ressacs du raz de marée nationaliste de 1848 avaient atteint les Baltes, les Ukrainiens, les Arméniens et les Géorgiens. La vague sera plus lente à parvenir jusqu'aux ethnies dispersées, turques, ouraliennes, caucasiennes, qui, contrairement aux vieilles communautés nourries du souvenir d'une ancienne vie nationale indépendante, étaient étroitement imbriquées dans le domaine russe.

L'épisode des alphabets illustre bien le rapport des forces. Plusieurs dizaines de langues étaient purement orales, et la question se posait de savoir quelle écriture adopter pour les noter. Durant une brève période, on recommanda l'écriture latine. Ainsi, les Azéris la firent adopter au Congrès de Turcologie de Bakou en 1926, et des linguistes éminents, comme E.D. Polivanov, apportèrent leur soutien. À l'étape initiale, le pouvoir, s'il n'appréciait que modérément cette initiative née en dehors de son autorité, ne s'y opposa pas ouvertement. La raison, pour subtile qu'elle paraisse, en est transparente : l'écriture latine note tous les sons, et par exemple les voyelles, ordinairement non représentées dans l'écriture arabe, qui était chez les peuples turcs celle de la tradition religieuse. Or s'il est vrai que la parenté est étroite entre les langues turques, les variations d'ordre vocalique font justement partie des traits qui les distinguent. Mettre en relief ces variations par le biais de l'écriture latine était un des moyens de faire échec à l'idéologie d'union de tous les Turcs, dont le Congrès des Peuples Orientaux, tenu à Bakou dès 1920 (cf. Imart 1983, p. 224), avait réfléchi les échos menaçants. Mais il apparaît bientôt que puisque l'on veut étendre l'écriture alphabétique à toutes les langues d'oralité utilisées sur le territoire de l'URSS, il y a lieu de remplacer l'alphabet latin, marqué comme bourgeois et décadent, par l'alphabet cyrillique. Selon l'idéologie officielle, c'est seulement par ce dernier que les langues dites d'« écriture récente » peuvent accéder à une réelle dignité, car c'est lui qui note le russe, langue de la société socialiste. Si chauvine qu'apparaisse cette adéquation, il convient de rappeler que le choix imposé ne fut pas systématiquement néfaste, ici encore : la généralisation d'une même écriture dans un vaste pays hérissé de cloisonnements permettait aux minorités de participer à un type de civilisation unitaire où elles pouvaient jouer leur rôle si elles savaient trouver les voies d'un compromis, difficile mais praticable, entre insertion dans le siècle et culte de l'identité ; d'autre part, cette généralisation présentait l'avantage de faciliter la communication entre les composantes de cet ensemble aux contrastes aussi profonds que fascinants, et d'assurer, sous le revêtement des mêmes signes graphiques, le passage des mots d'une ethnie à l'autre. Il reste que le dévoiement de l'entreprise devient de plus en plus évident à partir du milieu des années trente : alors commence de s'installer l'énorme étau de répression dont les mâchoires vont broyer Polivanov, en même temps que d'innombrables autres.

Une situation particulière est celle des peuples slaves de l'empire, du fait des liens politiques et linguistiques étroits qui les attachent aux Russes. Au Ve siècle ap. J.-C., les peuples slaves d'aujourd'hui vivaient sur un territoire délimité par les marais du Pripet au nord, par les Carpates au sud et à l'ouest, enfin par le cours moyen du Dniepr à l'est. Sous la pression des Avars et des Huns, les Slaves commencent, au VIe siècle ap. J.-C., à émigrer dans des directions variées, s'installant sur les lieux où on les trouve encore à présent. La Russie kiévienne, dont les habitants sont demeurés sur place, constitue dans la seconde moitié du IXe siècle le premier État slave. Organisé, pense-t-on, à la fin du IXe siècle, par des princes d'origine varègue (viking), cet État fut la patrie unifiée des trois peuples slaves de l'est, Russes, Ukrainiens et Russes Blancs. Le vieux-russe, langue des documents de la Russie kiévienne, est donc l'ancêtre commun du russe, dit aussi grand-russe, de l'ukrainien et du russe blanc ou biélorusse, de sorte que les plus anciens monuments de la littérature russe appartiennent solidairement aux trois. Quand, en 1240, Kiev est détruite par les Mongols, c'est par rapport à ce centre politique, même anéanti, qu'une ville en pleine ascension reçoit le nom de Novgorod, « ville nouvelle ». Mais une autre principauté est soumise à la domination de la Horde d'Or : celle de Moscou; cependant, sa puissance ne cesse de grandir, bien qu'elle doive payer tribut aux khāns, maîtres des steppes du sud. À partir du XIVe siècle, les terres ukrainiennes furent occupées, ainsi que l'ouest de la Russie Blanche, par les Lituaniens, dont la langue officielle était une forme de russe blanc archaïque, lui-même venu de l'est du domaine slave de Russie, abandonné sous la poussée des conquérants asiatiques. Puis, du fait de l'union entre la Lituanie et la Pologne, l'ukrainien et le russe blanc furent soumis durant plusieurs siècles à l'influence polonaise, qui s'exerçait contre l'usage de l'un et de l'autre en tant que langues littéraires, et s'efforçait d'intégrer l'aristocratie à l'Église catholique, ne laissant survivre, dans les campagnes, que les formes parlées. Par suite, alors même que l'ukrainien commençait à dégager ses traits propres par rapport au russe, dont le vocabulaire empruntait bien davantage au slavon d'Église, il n'existait pas de norme littéraire clairement établie.

Les liens de l'Ukraine avec la Russie demeuraient étroits, comme l'attestent de manière frappante deux témoignages, l'un politique, l'autre linguistique. En 1654, B. Chmielnicki, hetman des Cosaques, qui sont comme le cœur battant de l'histoire ukrainienne, offrit, alors qu'il était en rébellion contre le pouvoir polonais, l'allégeance de l'Ukraine au tsar Alexis de Moscou ; bien que les hetmans suivants se soient efforcés de maintenir leur indépendance vis-à-vis des Russes comme à l'égard des Polonais et des Turcs, cette date bien connue est présente aux mémoires à l'époque actuelle, où nous voyons s'affronter vivement les sensibilités nationales, à l'occasion des débats sur le partage des compétences et des territoires entre les deux républiques de Russie et d'Ukraine.

Le témoignage linguistique est celui de nombreux spécialistes, et notamment du fondateur des études slaves, J. Dobrovský, mentionné plus haut à propos de son rôle dans l'histoire du tchèque : jusqu'à sa mort, il refusa de voir autre chose dans l'ukrainien qu'un dialecte du russe. En réalité, l'ukrainien et le russe blanc doivent être considérés comme des langues indépendantes du russe, malgré l'étroite parenté (à la différence du russe, l'ukrainien possède un *é* très fermé, ne prononce pas comme des *a* les *o* atones, forme son infinitif en *-ti*, et conserve un vocatif singulier pour les noms masculins et féminins ; comme le russe blanc, il présente un *h-* à l'initiale des mots devant une voyelle là où le russe présente *g-* ; le russe blanc, quant à lui, est la seule langue slave d'État à prononcer *dz*, *ts* et *ya* (ou *a*) ce qui, partout ailleurs, est *d* mouillé, *t* mouillé et *(y)é* ; c'est aussi la seule à posséder *-ow* au lieu de *-ov* (bien que le slovaque *-ov* se prononce le plus souvent aussi *-ow*) et à former en *-i*, au lieu de *-a*, le pluriel des noms neutres).

Mais la doctrine officielle sur l'ukrainien dialecte du russe eut un long règne : la Grande Encyclopédie russe de 1896 continue à l'appeler « petit-russe ». Il faut noter qu'il n'existe pas d'œuvre littéraire notable en ukrainien, en dehors de traductions de la Bible, d'écrits satiriques et de recueils juridiques anciens, avant le XIXe siècle, époque à laquelle les poètes nationalistes P. Kulich et surtout T. Chevtchenko, bientôt suivis par d'autres auteurs, donnent à la langue ses monuments les plus importants. Mais en 1863, l'ukrainien, dont le développement implique, aux yeux du pouvoir tsariste, un projet politique autonomiste, est banni de l'enseignement par un oukase ; d'autres interdisent toute publication en orthographe ukrainienne, n'admettant que l'orthographe russe. Ces mesures provoquent l'émigration d'une partie des intellectuels en Galicie autrichienne, où l'ukrainien se parlait dans les campagnes, tandis que les villes étaient surtout de langue polonaise. Lvov, qui était jusque-là dans ce cas, redevient un centre culturel ukrainien, ce qui favorise la promotion de la variante occidentale, également parlée en Ukraine subcarpatique et dite ruthène ; cette variante, la plus éloignée du grand-russe, recevait le soutien du gouvernement autrichien, attaché à contrecarrer l'influence de Moscou.

La Révolution russe de 1905 abrogea les mesures hostiles. Mais ce fut le régime soviétique qui fit de l'ukrainien, comme du russe blanc, les langues, pleinement reconnues en tant que bases contribuant à définir une identité nationale, de deux Républiques Socialistes. Celles-ci étaient dotées d'une indépendance administrative et culturelle ; elle était certes insuffisante aux yeux des plus nationalistes, mais aucun des deux peuples n'en avait jamais connu de telle durant toute son histoire, même aux temps lointains du Grand-Duché de Lituanie, dont la langue officielle, au reste, n'était pas celle qu'utilisait la population. Les Académies des Sciences d'Ukraine et de Biélorussie établirent pour chaque langue une norme d'usage et une orthographe que rendait souhaitables la dispersion d'une partie des intéressés entre plusieurs pays voisins. Dans la tempête nationaliste qui vient de disloquer l'Union Soviétique, la Biélorussie a fait preuve d'une relative modération. Du reste, en avril 1978, la dernière constitution de ce qui était alors la République Socialiste Soviétique de Biélorussie assignait implicitement une fonction égale au russe et au russe blanc comme langues officielles, et rappelait dans son préambule le rôle joué par la classe ouvrière russe dans la lutte qui avait fait de la nation biélorusse un État. En revanche, l'Ukraine, deuxième pays slave après la Russie par le nombre d'habitants, et sans doute une des terres européennes les plus nationalistes, n'a pas mis moins d'ardeur que les républiques non slaves à faire chanceler le régime qui, contrairement à celui des tsars, a restauré sa culture en commençant par où il fallait, à savoir par la promotion de la langue. Ce régime a également fait restituer à l'Ukraine et à la Biélorussie, en 1945, des territoires historiques repris à la Pologne, et où se parlaient depuis fort longtemps l'ukrainien et le russe blanc ; et il a fait de même pour la Lituanie et le lituanien. Or aujourd'hui, ces trois républiques, devenues indépendantes, multiplient, malgré les difficultés créées par l'histoire, les contacts avec Varsovie, comme si elles entendaient former, face à Moscou, une sorte d'alliance défensive.

On doit rappeler, il est vrai, qu'ici comme pour les autres langues de l'Union était intervenu le tournant des années trente. C'est alors que commence à grandir l'impatience de Moscou à l'égard de toute action entreprise librement. En 1933, Staline fait emprisonner, ou contraint à l'exil, les philologues qui avaient institué une norme du russe blanc considérée à Moscou comme trop éloignée du russe et trop proche des variantes étrangères en usage parmi les Russes Blancs de Pologne et de Lituanie : un décret pris à cette même époque les accuse explicitement de nationalisme bourgeois ; si certaines des réformes ordonnées par ce décret reprenaient les propositions des savants de Minsk eux-mêmes, d'autres avaient tout simplement pour propos d'éliminer les graphies et les formes qui distinguaient le russe blanc du russe (cf. Dingley 1989, pp. 153-156).

La défense contre le russe : les lois linguistiques

C'est contre cette politique que, dans les diverses républiques, de nombreux intellectuels ne cessèrent de s'élever. Quand, au milieu des années quatre-vingt, la *perestroïka*, inaugurée par le président M. Gorbatchev, rendit possibles la floraison des initiatives et la liberté d'expression, une des manifestations les plus intéressantes, pour notre objet, de cette nouvelle situation fut l'ensemble des lois linguistiques adoptées, de 1988 à 1990, par de nombreuses républiques de l'URSS, laquelle était encore à cette époque, bien que travaillée de fractures multiples et à la veille de sa désagrégation, un État fédéral de droit (cf. Maurais 1991, auquel sont empruntées les données ci-dessous).

L'examen de ces lois fait apparaître avec éclat l'importance accordée à la langue dans la définition d'une personnalité politique. Parmi les dispositions ajoutées aux textes des constitutions, je retiendrai celles qui concernent les républiques européennes, d'autant plus que les autres sont du même type. Je ne mentionnerai pas les républiques caucasiennes, qui avaient pris dès la fin des années soixante-dix des mesures tout à fait comparables. La première question est celle de la langue commune, que les textes récents appellent plus explicitement que naguère « langue des relations entre nationalités », expression qui se réfère au russe. Ce dernier est considéré comme allant de soi quand il s'agit des relations avec Moscou et entre républiques, bien que dans ce second cas, les lois adoptées admettent souvent, outre le russe, une autre langue acceptable pour les deux parties. En revanche, la langue des relations interethniques est moins facile à déterminer : si certaines républiques, comme l'Ukraine, s'en remettent au russe ou à

« toute autre langue », il en est aussi dans lesquelles le choix est conditionné par la répartition des ethnies ; ainsi le Kazakhstan, bien qu'en dehors de l'Europe, est un exemple intéressant à citer : peuplé de plus de Russes que de Kazakhs, il choisit évidemment le russe ; la Moldavie, pour sa part, n'ajouta le russe au moldave qu'à la suite d'une grève de travailleurs ne parlant que le russe, et d'une intervention personnelle de M. Gorbatchev en vue d'aboutir à un compromis.

La deuxième question est celle de la langue d'enseignement. Les républiques décident de maintenir la liberté instituée par la réforme de 1958, évidemment favorable au russe, tout en rendant obligatoire l'apprentissage de la langue locale là où elle n'est pas la langue de l'enseignement. Sur ce point, cependant, les lois ukrainienne et biélorusse accordent des dispenses, notamment pour les élèves en séjour temporaire ; l'Estonie et la Moldavie prévoient des écoles bilingues là où la composition ethnique le requiert. En troisième lieu, il est prévu partout que les lois adoptées s'appliquent même aux organes relevant du gouvernement central, mais certaines républiques en exceptent l'armée, les chemins de fer et les brigades frontalières. D'autre part, toutes les républiques garantissent au citoyen le droit de recevoir des services dans sa langue ; la loi lettonne prévoit même d'indemniser celui auquel l'usage d'une langue qu'il n'entend pas aura porté préjudice, ce qui s'explique par le fait qu'à la fin des années quatre-vingt, les Lettons ne représentaient que 52 % de la population de la Lettonie, dont 68 % de bilingues, alors que sur les 45 % d'habitants russes, 21 % seulement étaient bilingues.

Enfin, certaines des lois abordent le problème du mode d'écriture. La loi moldave, en particulier, demande que soit abrogée celle de 1941, qui avait imposé l'alphabet cyrillique, considéré comme un symbole d'oppression par de nombreux intellectuels de Moldavie ; le décret d'application annexé à cette loi fixe les étapes qui doivent conduire à la restauration complète de l'écriture latine en 1995, et réclame la fabrication de nouvelles presses et machines à écrire. Les républiques turques, qui sont musulmanes, n'exigent pas le rétablissement de l'écriture arabe, mais elles admettent son usage pour noter certains textes religieux. C'est là un revirement conservateur par rapport à la spectaculaire réforme d'Ataturk en 1928 : l'alphabet latin fut alors imposé en Turquie, moins parce qu'il transcrivait plus commodément les voyelles que parce qu'il permettait de bannir un grand nombre de mots du fonds arabo-persan, traditionnellement notés en écriture arabe, et considérés par les Jeunes Turcs comme les véhicules d'une idéologie archaïque, dont la modernisation du pays postulait l'abandon. Pour les usages les plus courants, les lois adoptées par l'Azerbaïdjan et les républiques musulmanes d'Asie centrale ne remettent pas encore en cause l'alphabet cyrillique.

Un fait remarquable est que le pouvoir central soviétique, si affaibli qu'il fût, prit en avril 1990 une disposition assortie, ce qui n'était pas le cas de toutes ces lois, d'un décret d'application, et visant à encadrer les législations des républiques, par la défense des droits de la population russophone, et par la préservation du statut du russe au sein de l'Union. Cette « langue des relations entre nationalités », conçue comme indispensable du fait même d'un tel statut, est déclarée matière obligatoire dans les établissements scolaires où l'enseignement est donné dans une autre langue. Par ailleurs, la disposition prise par le centre soviétique prévoit que le russe est, conjointement avec l'idiome local, la langue de la gestion des entreprises, institutions et organisations relevant de l'autorité de Moscou mais situées dans les républiques fédérées. Enfin, le texte énumère les compétences linguistiques du gouvernement central, ce qui constitue une réplique évidente aux empiétements encouragés par les lois des républiques. On peut supposer que si l'URSS avait continué de vivre, l'application de ces lois aurait provoqué de nombreux conflits juridiques entre le centre et les pouvoirs locaux.

Ces lois révèlent clairement les états d'esprit, et s'il arrivait qu'elles soient bientôt remplacées par d'autres, le résultat n'en serait pas, du moins à brève échéance, une plus grande ouverture au russe. L'effort législatif en vue de défendre les idiomes nationaux est évidemment la riposte à l'habile stratégie du Parti Communiste, qui était parvenu, en tournant au bénéfice du russe une entreprise intéressante pour tous à ses débuts, à faire promouvoir ce dernier par les ethnies mêmes qui étaient censées illustrer leurs propres langues. À l'œuvre de promotion, externe, s'ajoute un travail interne de dérussification, par lequel les langues les plus importantes en nombre de locuteurs ou les plus anciennement attestées, notamment celles des républiques occidentales de l'Union, ont commencé, dans les années soixante-dix, à substituer un nombre croissant de termes autochtones aux termes russes qui avaient massivement pénétré leurs lexiques.

Nécessité du russe

Cependant, la double défense, externe et interne, déjà amorcée, au XIXe siècle, contre la politique des tsars, que le gouvernement communiste n'a fait que prolonger sur ce point, ne pouvait empêcher le russe de demeurer assez naturellement un instrument commun. Le plus célèbre écrivain du domaine ukrainien, N. Gogol, qui naquit près de Poltava, choisit le russe pour langue d'expression littéraire. Et en 1977, V. Nekrassov écrivait : « Pourquoi dire qu'en Ukraine on ne peut trouver de livres en ukrainien ? [...] Mais non, c'est bien plus grave ! Tous les magasins débordent de livres en ukrainien. Mais qui les achète ? Qui les lit ? Le rêve de tout écrivain de l'Ukraine n'est pas d'être publié à Kiev, mais à Moscou, en russe. » (Cité par Imart, 1983, p. 234.) C'est, certes, à la fin du XIIe siècle, donc longtemps avant les premiers monuments de la littérature russe proprement dite (autre que kiévienne) que fut écrite l'œuvre fondatrice de la poésie géorgienne, *Le chevalier à la peau de tigre,* de C. Rousthavéli. Mais au XXe siècle, l'importance politique et culturelle de la Russie était assez grande pour qu'un autre Géorgien, Staline, proférât en langue russe les ordres d'un pouvoir immense et redoutable. Il n'était pas le premier des étrangers ainsi devenus de puissants nationalistes russes : une illustre princesse allemande l'avait précédé au XVIIIe siècle, cette Catherine II qui n'avait de cesse qu'elle eût assez bien assimilé le russe pour le mieux savoir encore que sa langue maternelle.

Il est intéressant de relire, à la lumière des événements actuels, un texte de 1918 où A. Meillet regrette que les Ukrainiens n'adoptent pas directement le russe : « Les Blancs-Russes emploient simplement le grand-russe comme langue littéraire [...] ; un sujet petit-russe ne peut éprouver aucun dommage à utiliser le grand-russe comme langue commune [...] ; les différences ne portent que sur des détails » (Meillet 1918, pp. 257 et 261). Meillet déplore aussi la division linguistique des Slaves, et prône le russe comme langue d'union :

> « Faute d'avoir réalisé une solidarité slave, faute d'avoir trouvé parmi eux et reconnu une nation dirigeante, les peuples de langue slave n'ont tiré parti ni de leur nombre, qui est immense, ni de leur unité linguistique, qui est demeurée grande. Le mal fait est maintenant difficile à réparer. Au lieu de se souder plus étroitement, le bloc slave s'est effrité davantage encore au cours du XIXe siècle. [...] Par la masse des individus qui le parlent, par l'originalité de sa littérature, par l'importance des ouvrages qu'il a servi à rédiger, le russe littéraire commençait à s'imposer au monde ; on l'étudiait ; il devenait l'une des langues prin-

cipales de l'Europe. En s'isolant, les sujets de langue petite-russienne perdraient pour eux-mêmes le bénéfice de ce progrès ; et ils le ralentiraient [...] pour le grand-russe. Le dommage serait double, et il n'y aurait de profit pour aucun Slave. [...] Pour l'avenir des langues slaves, la question de l'unité de langue commune est grave. [...] Seul le russe peut constituer une masse assez imposante pour balancer l'importance de l'allemand. [...] Le désastre actuel de la Russie ne doit pas faire désespérer entièrement de son avenir. » (*Ibid.*, pp. 257-259 et 316-317.)

On croirait lire un texte d'aujourd'hui. Le désastre dont il est question, cependant, n'est pas l'effondrement de l'Union Soviétique, mais un autre qui n'est pas sans analogie avec ce dernier, à savoir celui de l'empire des tsars ; et l'isolement déconseillé aux Ukrainiens, dont la langue est désignée à l'ancienne comme « petit-russe », est celui qui les avait conduits, au début de l'année même où Meillet publie son livre, à conclure à Brest-Litovsk une paix séparée avec l'Allemagne, tandis que l'assemblée collégiale assurant le pouvoir *(rada)* prenait des mesures de soutien de l'ukrainien. Or il se trouve que l'unité de tous les Slaves, dont Meillet regrette l'occasion manquée, est cela même que réalisa durant quelque temps, pour la toute première fois de leur histoire depuis le VIe siècle, le système communiste, lequel, de surcroît, y engloba quatre nations non slaves : les Roumains, latins, une partie des Allemands, germaniques, les Hongrois, ouraliens, et les Albanais. Mais cette unité ne résulta pas d'une libre décision. Le pouvoir soviétique fut imposé, et l'enseignement de sa langue le fut dans son sillage.

Peut-être, cependant, l'évolution de l'Union soviétique vers une forme de démocratie, si elle avait pu se poursuivre et n'être pas la pure illusion que dénoncent ceux pour qui le communisme n'était pas réformable, aurait-elle abouti à concilier l'efficacité et la force d'équilibre, qui sont la vocation des grands ensembles, avec le respect de l'autonomie culturelle et linguistique, sinon même partiellement politique, des nations qui composaient l'URSS. L'histoire aurait, alors, pris un tout autre cours. Les déchirements d'aujourd'hui sont de nature à inspirer une inquiétude semblable à celle que ressentirent en 1918, devant le démantèlement de l'empire des Habsbourg, ceux qui, comme A. France, G. Papini ou le grand économiste J. M. Keynes, étaient partisans (je remercie B. Franolić de me rappeler ces faits) du maintien d'un ensemble austro-hongrois moins fragile et moins instable que les petits États qui surgissaient alors sur les ruines du pouvoir viennois, comme il en surgit à présent sur les décombres de l'univers soviétique.

Certains pays possédaient, avant 1939, une tradition d'enseignement du russe comme langue de culture. Tel était le cas de la Bulgarie depuis que les armées du tsar avaient appuyé la lutte d'indépendance bulgare vis-à-vis de la domination ottomane ; mais la faveur dont jouissait le russe à la suite de ces événements n'empêcha pas le bulgare de retrouver assez vite le statut de langue littéraire qu'il avait connu longtemps avant, à l'époque d'intense rayonnement de la fin du IXe et du Xe siècle. Dans les autres pays slaves, l'expansion du communisme offrait au russe un territoire plus vaste encore que sous le tsarisme, et de plus, le développement scientifique et technique de l'URSS donnait à la langue une certaine importance dans le monde de la recherche, s'ajoutant à son statut dans le monde politique. Cependant, aujourd'hui, ayant éliminé le communisme et recouvré leur indépendance, ces pays semblent, pour la plupart, pressés d'écarter le russe, dont l'enseignement est presque partout en déclin, au profit de l'anglo-américain. Car ce dernier conserve, malgré les difficultés économiques, la forte baisse de l'immigration, et les pressions que l'américanisation exerce sur les cultures originelles, les traits anciens d'une langue choisie, en même temps que le pays où elle se parle, comme symbole de liberté, sinon de libération. Au contraire, le russe garde encore à ce jour, dans les pays d'Europe centrale et orientale, l'image d'une langue qui, sous le communisme autant que sous le régime précédent, n'était pas choisie ; de ce fait, sa somptueuse beauté était voilée, pour ne laisser apparaître que le visage rebutant de la contrainte.

Le réveil du nationalisme russe et l'avenir du russe

On s'explique, dans ces conditions, que la dislocation de l'empire soviétique ait ouvert la boîte de Pandore des nationalismes. Le plus intéressant, peut-être, est le réveil du nationalisme russe lui-même, brusquement arraché à une longue hibernation. Un détour par des considérations d'histoire politique peut ici éclairer les faits de langue. Le pouvoir soviétique était parvenu à convaincre de larges portions du peuple russe qu'elles représentaient, à la tête de l'internationalisme prolétarien, l'avant-garde de l'humanité. Ainsi dépossédés de leurs attributs de peuple, et notamment de leur histoire, dont on occultait sélectivement de nombreux aspects, les Russes les retrouvent aujourd'hui. Ici s'achève le règne d'une surprenante ambiguïté. La République Socialiste Fédérative Soviétique de Russie était, sous des traits présentés comme non spécifiquement russes, une parmi quinze ; mais en même temps, du fait de sa puissance, bien supérieure à celle des quatorze autres, et parce que Moscou jouait un rôle de centre, la RSFSR apparaissait, notamment vis-à-vis des peuples musulmans, c'est-à-dire des républiques d'Asie centrale et des entités enclavées en Russie, comme la tête d'une sorte d'empire colonial. Or, par un des paradoxes de notre millénaire finissant, dont les deux derniers siècles ont vu des colonies successivement conquises puis libérées de la puissance coloniale, ou arrachées à son emprise par la lutte armée, la Russie puise son affirmation dans un mouvement libérateur de sens contraire : elle redevient elle-même en s'affranchissant de ses colonies ; les minorités enclavées sont un cas particulier que l'on examinera plus bas, mais la longue histoire des relations entre Russes et peuples asiatiques, dont ces enclaves sont les témoins, a fortement contribué à façonner le pays russe ; elle est fixée par la mémoire nationale dans un imaginaire qu'illustrent les grands films patriotiques *Ivan le terrible* (1942-1946), de S.M. Eisenstein, et *Andreï Roublev* (1965-1966), d'A. Tarkovski. Dans cette histoire, un fait essentiel peut se lire : les incursions des voisins asiatiques ont longtemps empêché le monde slave oriental, en le disloquant, de s'organiser puissamment et durablement ; elles sont un des facteurs qui l'ont conduit à puiser sa défense dans un système de gouvernement autocratique.

Cela peut expliquer, pour une part, que l'histoire moderne de la Russie soit tissée de contrastes abrupts, que le pays n'ait pas trouvé, jusqu'en 1992, de forme démocratique du pouvoir, et que le chemin qui doit le rapprocher des sociétés occidentales paraisse encore cahoteux ; il n'empêche que durant toute son histoire, la Russie s'est voulue européenne au moins autant qu'asiatique, considérant Moscou comme une troisième Rome, et se faisant, plus tard, la patrie du marxisme, idéologie née en Occident et nullement conçue pour elle. Il n'est pas étonnant qu'après soixante-quatorze ans de communisme, dont une phase transitoire de *perestroïka* où le russe a commencé de donner voix à une floraison d'opinions libres, la Russie vive aujourd'hui des années de rumeurs nationalistes, qui ne signifient pas nécessairement une réelle conscience nationale, et qu'elle retrouve, en même temps que ses contours du XVIIIe siècle, une forme d'identité, non sans quelques éclats chauvins ou xénophobes. Ainsi, le russe semble se replier, momentanément, sur la Russie, alors qu'aux temps héroïques de la Révolution de (février) 1917, il portait haut les idéaux de liberté des peuples, lesquels, alors, n'étaient pas des outres vides. Avant qu'un pouvoir cynique ne s'en saisît pour les dévoyer, ce que disait la langue russe parlait davantage à l'espérance des hommes que les publicités caricaturales des marchands, viol permanent de l'imagination, libres, aujourd'hui, d'occuper à leur guise, dans les pays d'Occident altérés d'affairisme, l'espace laissé vacant par la crise de l'idéologie.

Le déclin présent du monde russe atteint aussi la langue, alors même qu'elle n'apparaît plus comme un instrument imposé par la force. Mais en attendant que, sorti de son purgatoire, il retrouve un jour le prestige lié à la vieille culture qu'il exprime, le russe donne déjà des signes d'une fraîcheur annonciatrice de temps nouveaux : ainsi, au lieu des formules figées que répandait la phraséologie communiste officielle, et dont les traductions quasi mimétiques dans les langues des anciennes démocraties populaires d'Europe produisaient de fâcheux effets, on remarque, au sein de la presse toute récente, chez des journalistes enfin délestés de ce faux nez, une évidente vivacité expressive et une sorte de joie créative. L'avenir dira si le russe, ainsi revivifié, contribuera un jour à exprimer, au lieu d'une quête d'illusoires profits que, parmi d'autres sujets, il traduit aujourd'hui, non sans cause, en Russie, des modèles de haute union, et cette fois, de vrais.

Lieux de frustrations

Dans les États-nations comme l'Allemagne ou l'Italie, l'unité politique s'exprime à travers un instrument linguistique qui, par-delà les variantes dialectales, est commun. Mais de nombreuses langues d'Europe ne coïncident pas avec un État-nation. Ce défaut de coïncidence est la cause de frustrations nationalistes qu'aiguise encore le statut souvent minoritaire des locuteurs. On regroupe ici l'étude de ces cas, auxquels s'ajoutent ceux qui sont mentionnés ailleurs à divers titres. De nombreuses explosions nationalistes, caractéristiques du destin linguistique de l'Europe et de ses affrontements, appartiennent à l'histoire, relativement récente, du réveil des nationalités dans le sillage du romantisme. Le choc qui ébranla alors les empires centraux se propagea non seulement à l'est, mais aussi à l'ouest du continent, atteignant des peuples dont la mémoire collective gardait l'image décolorée d'une antique indépendance et d'un passé prestigieux. La revendication patriotique d'une langue où s'inscrit ce passé exalte souvent le défi nationaliste.

Il existe aussi des cas où la langue dont il s'agit finit par obtenir un statut officiel, mais en le partageant avec d'autres. Selon les lieux et la nature du partage, cette situation peut être ou ne pas être génératrice de conflits. Les paragraphes qui suivent feront apparaître la variété des circonstances. L'attachement à la langue et à ce qu'elle symbolise, plus ou moins véhément d'un pays à l'autre, demeure le fait constant. Il est utile de connaître ces facteurs si l'on veut se donner les moyens de prévoir l'évolution, et peut-être d'en orienter les effets. C'est ce qu'on montrera ici, en premier lieu pour l'ouest de l'Europe, ensuite pour l'est.

L'ouest et les « petites » langues

Il sera d'abord question des langues au statut officiel non exclusif : néerlandais de Belgique, irlandais, maltais, luxembourgeois, et îlots de résistance, comme le catalan, le galicien, le sarde, ensuite des langues luttant contre le déclin : occitan, basque, breton, gaélique, gallois.

– Combativité flamande

Le néerlandais, après avoir été reconnu en 1898 comme langue officielle en Belgique à égalité avec le français, possède ce statut, depuis la série de lois adoptées en 1932-1935, dans les parties non francophones du pays : provinces d'Anvers, de Limbourg, ainsi que la partie septentrionale de celle du Brabant (les récents accords dits de la « Saint-Michel », qui tendent à renforcer la fédéralisation du pays, envisagent la division du Brabant en trois entités, à l'indice linguistique : Bruxelles et deux territoires unilingues, le Brabant flamand au nord et le Brabant wallon au sud). Cela donne au néerlandais le statut de langue officielle dans 44 % des communes belges ; cet ensemble recouvre, en fait, une population supérieure à celle des Wallons francophones, soit 5 600 000 personnes sur un total de 10 000 000 de Belges environ (chiffres des années soixante-dix, donnés par Haarmann 1975, ainsi que les autres indications numériques ci-après). On peut, néanmoins, estimer (communication personnelle de M. L. Penninckx) qu'il y a en Flandres entre 100 000 et 200 000 Flamands bilingues dont le français est la langue maternelle, notamment dans les villes, comme Gand et d'autres.

Du fait du nombre supérieur de Belges officiellement néerlandophones, il s'agit d'un cas exceptionnel parmi les langues présentées ici, dont la plupart sont minoritaires sur le territoire où elles se parlent. Précisément, ce bilinguisme territorial, qui est en fait, sauf apprentissage scolaire, un monolinguisme individuel dans chacune des deux entités si on laisse à part le cas de Bruxelles, reflète la division linguistique de l'État. Celle-ci résulte pour une large part de l'impatience accumulée par la population flamande, majoritaire, à l'égard d'une domination fort ancienne du français. Dès le XIe siècle, le français est la source de nombreux emprunts en néerlandais, mais les étapes marquantes de sa primauté historique sont le règne des ducs de Bourgogne au Brabant et, plus tard, celui de Napoléon. Ces épisodes contribuèrent à consolider dans les parties flamandes du pays, même durant la longue période d'occupation espagnole, la suprématie économique et politique d'une bourgeoisie francophone minoritaire sur une population qui utilisait l'un ou l'autre des parlers germaniques de l'ouest et du nord.

Les éléments les plus éclairés de cette population luttèrent, dès le lendemain de l'indépendance de la Belgique (1830), pour faire reconnaître, en tant que langue officielle sur leur territoire, le néerlandais commun. Celui-ci, en effet, présentait un double avantage : d'une part, face aux variétés dialectales de Bruges, de Gand, d'Anvers, de Louvain ou de Hasselt, il permettait un choix unifié, reflet belge de l'unité linguistique qui résultait, en Hollande, de l'indépendance, acquise dès le XVIIe siècle, et de la fonction régulatrice des villes ; d'autre part, le rattachement à une même langue favorisait la réunion culturelle avec le nord, c'est-à-dire avec les Pays-Bas protestants, dont le sud, catholique, était séparé depuis la fin du XVIe siècle (cf. Brachin 1983). On entreprit donc de promouvoir en Belgique non francophone la langue même qui était devenue celle des Pays-Bas, l'ABN *(Algemeen Beschaafd Nederlands)* ou « néerlandais cultivé commun ». À cette fin, on orienta la lutte sur deux cibles : la diversité dialectale d'une part, et d'autre part, les gallicismes. Les enjeux sont importants, dans un cas comme dans l'autre. En effet, la pratique de l'ABN et l'abandon des usages régionaux sont tenus pour des conditions de l'élévation sociale. Et l'acharnement à déposséder le français de son ancienne suprématie dans la vie publique est lié au désir de souder les Flamands de Belgique au monde néerlandais, dans la vie culturelle comme dans le domaine économique.

On notera que cette solidarité défensive avec la langue néerlandaise, réaction caractéristique des Flamands face à la francophonie, ne s'applique pas à l'autre membre de cet ensemble, l'afrikaans, qui a l'originalité singulière d'être la seule langue européenne née hors d'Europe, si du moins on le met à part des créoles dont le lexique est fondé sur un des idiomes du continent (anglais, français, etc.). Langue officielle de la République Sud-Africaine à égalité avec l'anglais depuis 1925, ce descendant des dialectes parlés au XVIIe siècle en Hollande en a conservé certains traits ; mais il s'est créolisé au contact des langues bantoues et de celles des nombreux étrangers qui peuplèrent la province du Cap à partir de la fin du XVIIe siècle : Portugais, Malgaches, Mauriciens, Malais, Indiens, dont les descendants métis l'ont, en majorité, pour langue maternelle. Isolé en Afrique, l'afrikaans, fier symbole de l'identité nationale des descendants des Boers, s'est peu à peu, au XIXe et au début du XXe siècle, substitué au néerlandais dans tous les usages, y compris administratif et littéraire. Bien qu'il ait gardé des contacts avec le néerlandais, il vit trop éloigné des Pays-Bas et de la Belgique, et dans des conditions trop différentes, pour participer, comme les parlers flamands, aux frustrations caractéristiques de tant de communautés linguistiques d'Europe.

– L'impasse irlandaise

L'irlandais est la langue maternelle de 5 à 10 %, seulement, des habitants de l'Irlande. Ils sont concentrés dans les comtés périphériques, comme ceux de Donegal, de Galway ou de Kerry, tous trois situés à l'ouest. 20 % des Irlandais ont une compétence passive de simples auditeurs. Pourtant, l'irlandais possède aujourd'hui le statut de langue officielle, au même titre que l'anglais. Cette situation est le résultat d'une campagne de défense et illustration qui, si intense qu'elle ait été, n'a pu faire que la conscience nationale irlandaise se reflétât totalement dans la langue, comme elle se reflète dans l'appartenance à un État indépendant. Du moins cette campagne est-elle parvenue à différer l'issue d'un déclin continu qui

portance croissante acquise par l'anglais dans l'Ancien Monde et le Nouveau à partir du début du XIXe siècle.

– L'arabe, langue européenne

Malte et les quatre petites îles voisines se trouvent dans la situation peu banale d'être le seul État d'Europe dont une des langues officielles soit une forme de l'arabe, ce qui conduit à compter l'arabe, grand véhicule de culture associé par l'histoire aux destins du sud de l'Europe, comme un des idiomes européens. Bien que l'arabe ne soit langue officielle d'aucun autre pays du continent, il est également parlé par d'importantes communautés, comme celles qui vivent aujourd'hui en France, et, dans une moindre mesure, en Belgique. L'arabe, comme on sait, ne coïncide pas nécessairement avec l'islam : sauf chez des religieux ou des intellectuels assez motivés pour l'avoir appris, il n'y a pas, en principe, d'arabophones parmi les musulmans non arabes d'Europe : Bosniaques, Albanais, peuples turcs de Turquie, de Grèce, de Bulgarie (Pomaks), de Russie, d'Ukraine, d'Azerbaïdjan, ni parmi les communautés turques, indiennes et pakistanaises d'Allemagne et de Grande-Bretagne. Inversement on signalait, dans les années soixante-dix, un village maronite arabophone à Chypre, celui de Kormakiti (cf. Roth 1975).

L'autre langue officielle de Malte, l'anglais, a remplacé l'italien dans ce statut en 1934, soit trente ans avant l'accession à l'indépendance au sein du Commonwealth. Mais les Maltais, en vertu du voisinage géographique et de relations très anciennes et ininterrompues, demeurent très proches de l'Italie par leur culture. Pourtant, c'est l'occupation arabe, à partir de 870, qui devait façonner définitivement le visage linguistique de l'archipel. Ni l'invasion punique au VIe siècle av. J.-C., ni la conquête romaine à la fin du IIIe, ni l'occupation vandale puis byzantine n'ont laissé de marques aussi profondes. Quant à l'annexion par les Normands en 1091, elle n'entraîna pas l'expulsion des Arabes, qui purent se maintenir jusqu'en 1249, soit en tout près de quatre siècles, de sorte que leur influence l'emporta aussi sur celle des autres maîtres de la Sicile qui occupèrent Malte, notamment Angevins et Aragonais.

Ainsi s'explique la situation sociolinguistique particulière de ces îlots arabophones non musulmans. De même que les communautés musulmanes mais non arabophones mentionnées plus haut, ils apportent un contre-exemple à la fréquente association entre langue et religion. Le cas de Malte est plus frappant encore si l'on retient que, convertie au christianisme dès les premiers siècles ap. J.-C., elle fut, de surcroît, un des bastions de la chrétienté, puisque les Chevaliers de Saint-Jean de Jérusalem y furent établis par Charles Quint en 1530 et s'y maintinrent jusqu'à l'entrée de Bonaparte en 1798, elle-même suivie, deux ans plus tard, par la conquête anglaise, qui devait donner une position très forte à l'anglais jusqu'à l'époque contemporaine. Cependant, la place tenue par l'Église romaine a longtemps valu au latin le statut de langue savante pourvoyeuse d'emprunts, et par ailleurs beaucoup de Maltais connaissent bien l'italien. Parler maghrébin étroitement apparenté à ceux de Tunisie et de Tripolitaine, leur langue présente, certes, des propriétés strictement sémitiques, notamment dans la morphologie du verbe, mais elle est fortement imprégnée, aussi, de traits italiens et siculo-italiens, ce qui la fait souvent tenir pour une langue hybride. Quoi qu'il en soit, les Maltais sont attachés à leur langue, qu'ont illustrée des poètes lyriques renommés (cf. Décsy 1973, p. 68).

– Langue et personnalité luxembourgeoises

Contrairement aux trois qu'on vient de voir, beaucoup d'idiomes d'Europe n'ont pas le statut de langue officielle, ou ne l'ont acquis que récemment, et en concurrence avec une autre.

Une place à part est tenue dans cet ensemble par le luxembourgeois : ceux qui le parlent semblent vivre avec lui un rapport qui illustre *a contrario* la relation courante ; car ils y puisent plus d'enrichissement que d'amère combativité. Ce dialecte moyen-allemand du groupe francique mosellan est la langue maternelle de plus des trois quarts de la population du Grand-Duché (ainsi que celle de certaines populations frontalières de la Sarre et de la Rhénanie-Palatinat, celle de 8 000 habitants environ – dans le pays d'Arlon ou Arelerland – de la province du Luxembourg belge, à majorité francophone, et enfin celle des plus âgées ou des plus attachées à leur parler, parmi les quelque 40 000 personnes vivant, en France, dans l'arrondissement de Thionville (Moselle) : cantons de Cattenom, de Metzervisse et de Sierck-les-Bains). Le luxembourgeois est utilisé en famille, mais aussi comme langue des affaires et des tribunaux, cependant que le français est langue officielle et de l'enseignement secondaire, et l'allemand langue de la presse, de la culture et de la religion (catholique), bien qu'il n'ait pas retrouvé tout de suite, du fait de l'aversion causée par l'occupation nazie durant la Seconde Guerre, son ancien statut de prestige.

On a tenté d'introduire, en 1946, une norme orthographique du luxembourgeois, et même, en 1950-1954, d'en codifier l'usage par la publication d'un grand dictionnaire. Ainsi apparaît le profond attachement des Luxembourgeois à leur parler maternel, facteur essentiel de cohésion pour ce petit pays, qui, déjà érigé une fois en duché au XIVe siècle et longtemps ballotté entre les hégémonies allemande et néerlandaise, a connu des fortunes diverses. L'introduction de ce dictionnaire contient un passage fort révélateur. Après avoir exalté le trilinguisme des Luxembourgeois, nécessité liée à la situation géographique du Grand-Duché, les éditeurs ajoutent :

> « Tout Luxembourgeois de n'importe quelle classe sociale parle son dialecte, qui vaut autant pour lui qu'une langue

de culture, dans toutes les circonstances de la vie privée, et même dans le cadre de nombreuses relations à caractère public. Il y voit l'expression privilégiée de sa personnalité. Ce n'est qu'en dialecte qu'il possède une aisance libérée de toute contrainte, une manière faite de fraîcheur et de spontanéité, et qu'il laisse libre cours à sa sensibilité et à son humour. Le sentiment national et la volonté collective des Luxembourgeois reposent pour une large part sur cette base commune. Le parler maternel n'est, dans l'usage quotidien, refoulé par aucune langue écrite. » (Vol. I, p. XXXIV.)

L'heureux équilibre trouvé par les Luxembourgeois est dû au fait qu'ils constituent un État-nation souverain, dans lequel ils n'ont choisi qu'en 1984 de donner un statut officiel à leur parler maternel, où ils puisent les traits qui définissent leur identité individuelle. La situation est évidemment bien différente pour les minorités sans État : n'ayant pas eu le pouvoir de choisir, une partie de leurs intellectuels vivent comme une privation imposée la réduction de leur langue à un statut marginal. De telles minorités se rencontrent dans les pays d'Europe occidentale, comme on va le voir.

– Catalan, galicien, sarde : îlots d'affirmation

Le catalan est parlé en Espagne par 6 000 000 de personnes, soit 17 % de la population, en France par 200 000 habitants du Roussillon, en Sardaigne par quelque 20 000 dans la colonie valencienne d'Alghero, et au Val d'Andorre par 6 300 usagers environ. Il s'agit donc d'une minorité relativement importante. En dépit d'une certaine influence de l'occitan, langue littéraire de prestige jusqu'au début du XIIIe siècle, la pression la plus forte, sur le lexique et même sur la syntaxe, est celle du castillan, très ancien voisin, qui, ayant pris le relais de l'aragonais, se substitue au catalan dans la première moitié du

XVIe siècle en tant que langue de la chancellerie, et devient même bientôt la seule langue écrite. C'est seulement au début du XIXe siècle que le réveil du sentiment national ranime le catalan, suscitant une floraison d'œuvres littéraires qui lui restituent son éclat. De 1932, date où est accordé un statut d'autonomie politique, à 1939, moment où il est banni de tout usage officiel, le catalan connaît une étape d'épanouissement dont il retrouvera certains aspects durant les années cinquante dans les domaines religieux, scolaire et économique. Les frustrations catalanes s'expriment aujourd'hui dans une attitude de défense sourcilleuse d'une langue à laquelle la vaste diffusion du bilinguisme (le castillan est aussi langue officielle) ne permet pas de régner sans partage dans ses frontières administratives. Pourtant, le retour de l'autonomie (1980) et les lois scolaires favorables devraient promettre un avenir au catalan.

Considéré comme un dialecte portugais, le galicien, fort conservateur, est riche en mots celtiques, ainsi qu'en emprunts au vieux-français et au vieil-occitan. Cette dernière influence a produit une tradition lyrique de poètes de cour, qui fut florissante du XIIe au XIVe siècle. Mais peu après, le galicien est éliminé des usages littéraires par le castillan, et sa renaissance, comme celle du catalan, coïncidera avec une prise de conscience politique, qui sera le fait des parties éclairées de la population des villes historiques : La Coruña, Pontevedra, Orense. Ici comme dans presque toute l'Europe, la tradition philologique nationaliste s'exprime par le grand nombre des grammaires et dictionnaires, vivants reflets du désir d'assurer au galicien, par la codification à travers une norme, la dignité qui devrait compenser son relatif effacement d'idiome minoritaire.

La même conscience d'un archaïsme qui fonde la revendication d'altérité a nourri les œuvres des poètes sardes de l'époque moderne. Faute d'une norme écrite établie, ils ont utilisé l'un ou l'autre des parlers de cette langue romane encore proche du latin, mais également pourvue d'éléments prélatins, notamment puniques, et enrichie plus tard, au gré d'une histoire toute d'aspérités comme cette île elle-même, par des apports castillans et catalans. La Sardaigne, certes intégrée à l'Italie depuis 1861, constitue néanmoins un monde assez original, notamment en termes de langue, pour que la décision ait été prise, en 1948, de lui accorder le statut de Région Autonome. Ici comme en Sicile et en Corse, les deux autres grandes îles de Méditerranée occidentale où se parlent des dialectes italiens, l'attachement que manifestent, à l'égard de leurs idiomes maternels, ceux des insulaires qui demeurent bilingues reflète l'importance accordée à la langue autochtone comme source de personnalité.

– Occitan, basque, breton, gaélique, gallois : les marges et le réveil

La forte fragmentation dialectale, elle-même corollaire, comme on l'a vu, de l'absence d'une politique efficace de normalisation, telle que la permettrait un statut officiel, est évidemment une cause de précarité pour bien des langues minoritaires d'Europe occidentale. En France, l'ordonnance de Villers-Cotterêts (cf. p. 109), qui impose à toutes les juridictions de s'exprimer désormais « en langage maternel français et non autrement », bannit non seulement le latin, mais aussi les parlers régionaux, distincts de la langue du prince. Pourtant, une partie du domaine occitan échappe à ces dispositions : celle où se parle le béarnais, que l'indépendance de l'État navarrais permet d'ériger en langue officielle, non sans lien avec une identité religieuse, puisque Henri III de Navarre, le futur Henri IV, sert alors la cause protestante.

Dans le reste du territoire occidental, une forme unifiée, transcendant les variations des parlers, était parvenue à s'imposer jusqu'au XIVe siècle, comme l'atteste la relative unité linguistique du « trobar » (art de trouver, d'inventer des vers), brillante poésie lyrique qui prend pour référence l'occitan de mouvance toulousaine (cf. Lafont 1983). Mais l'échec des tentatives d'organisation politique et la pression du nord, qui impose une langue en voie d'unification, entraînent le déclin de l'occitan. Il sera beaucoup trop tard quand, en 1854, le Félibrige tentera de consacrer une norme qui, de surcroît, étant fondée sur les traits du provençal rhodanien, n'est pas sentie comme tout à fait acceptable en Languedoc, et l'est encore moins en Gascogne, où s'est développée une forme d'occitan assez particulière pour être parfois considérée comme une autre langue. Divers parlers, cependant, sont aujourd'hui matières d'enseignement et de recherche universitaires, comme le nissard à l'est du domaine.

Les obstacles à la promotion de l'occitan sont les mêmes que l'on retrouve dans le cas du basque, qui n'est pas davantage une langue correspondant à une nationalité d'État reconnue. Cependant, la conscience nationale est aiguë. Elle s'alimente aux époques brillantes du passé, comme le XVIe siècle, qui vit une abondante production littéraire, et même le premier grand dictionnaire. Une Académie basque a été fondée en 1918, et l'on poursuit aujourd'hui l'effort d'illustration d'une norme, l'*euskara batua* (« basque unifié »), enseignée dans les *ikastolak*, écoles en langue basque. Mais les populations, qui, dans leur majorité, sont de toute manière bilingues, parlant, en sus du basque, l'espagnol ou le français, demeurent attachées à leurs variétés régionales : souletin et navarro-labourdin du côté français des Pyrénées, et du côté espagnol, haut-navarrais, guipuzcoan et biscaïen, entre lesquels il existe de sérieuses différences phonétiques, morphologiques et lexicales. Cela ne signifie pas que le basque unifié n'ait pas d'avenir. Du moins est-il utilisé aujourd'hui dans de nombreux ouvrages originaux, ainsi que pour traduire des écrivains célèbres, notamment

Cervantès, Shakespeare, Kafka, Camus (cf. Rebuschi, 1983-1984).

L'irlandais n'est pas la seule illustration du déclin des langues celtiques. Aucune des autres ne possède le statut officiel qu'il connaît du moins. La plus grande partie des 500 000 Bretons qui parlent leur langue ancestrale, plus par habitude que par attachement, sont bilingues, du fait d'une coexistence très ancienne avec le français. Le latin avait déjà, à partir de la conquête romaine au Ier siècle av. J.-C., fait céder le breton dans de nombreux domaines, bien que les gloses et la création poétique en vieux-breton attestent la permanence d'une culture dont cette langue celtique était encore l'expression durant le haut Moyen Âge. Mais à la fin du XIIe siècle, des dynasties de langue française commencent à remplacer les familles régnantes autochtones, le duché apparaît comme un fief du roi de France, et le pouvoir ducal n'utilise plus que le latin ou le français. Privé de statut politique, le breton est dès lors voué au déclin. À la fin du XVIe siècle, qui est aussi celle de la période du moyen-breton, les milieux les plus instruits, magistrats, clercs, évêques, alors que jusque-là ils composaient encore des pièces versifiées selon une métrique savante, sont en voie d'abandonner la langue. Du même coup, son pouvoir d'assimilation et de création a fortement décru. L'évolution naturelle des parlers rendant de moins en moins efficace une langue littéraire commune qui ne peut plus refléter la réalité de l'usage, les clercs « enrichissent » ces parlers d'emprunts français de plus en plus nombreux, et proposent une série de réformes orthographiques. Ils prennent ainsi, involontairement, une part importante dans le déclin de la langue. Beaucoup plus tard, en 1950, l'abandon du prêche et du catéchisme en breton devait précipiter encore ce mouvement. Mais il était déjà fort avancé à la fin du XVIIIe siècle, en dépit du courant qui fleurit alors, dit des « celtomanes », lesquels réputaient le breton creuset universel des langues humaines. L'afflux des emprunts français et le remplacement par le français dans la plupart des usages sont caractéristiques de l'époque moderne et contemporaine.

Il existe cependant quelques signes, encore timides et dispersés, d'une sorte de renaissance. Certes, l'activité lexicographique déployée par les amants du breton dans le deuxième tiers du XXe siècle s'est orientée vers la création de néologismes peu utiles, car ignorés des usagers, plutôt que vers la préservation des mots de base appartenant au fonds traditionnel (cf. Fleuriot 1983). Mais une autre activité s'exerce aujourd'hui : celle d'un groupe résolu de 20 000 personnes environ qui, bien qu'ayant appris le breton comme seconde langue, l'utilisent et le transmettent par choix, contrairement à la masse des bretonnants passifs. On ne peut prévoir l'issue de cet effort, qui ne saurait aboutir que s'il bénéficie d'un large soutien à l'école et dans l'administration. Du moins témoigne-t-il de l'opiniâtreté d'hommes convaincus que l'on peut enrayer le déclin d'une langue si l'on est animé d'une réelle volonté de la perpétuer.

La situation du gaélique écossais est plus précaire que celle du breton. Il appartient à la branche goïdélique des langues celtiques, à laquelle se rattachent aussi l'irlandais et le parler de l'Île de Man, géographiquement proche et considéré comme éteint. Le gaélique n'est plus parlé aujourd'hui, conjointement avec l'anglais, que par 2 % de la population, auxquels s'ajoutent quelques centaines d'unilingues vivant dans les Îles Hébrides occidentales. Les descendants des Pictes établis dans le haut pays furent certes moins vite anglicisés que les habitants des plaines, mais l'union de l'Écosse et de l'Angleterre en 1707 précipita le déclin du gaélique. La langue se survit dans la lyrique des bardes, mais elle n'est depuis 1878 qu'une matière facultative dans les écoles primaires des zones où son usage n'a pas disparu.

De toutes les langues celtiques, le gallois est celle dont

l'avenir pourrait paraître le moins compromis. L'effort de promotion de la langue, dont la forme écrite remonte au VIe siècle, est relativement récent. Selon une opinion répandue dans les milieux urbains au XIXe siècle, l'usage du gallois était un facteur d'arriération. Réagissant contre cette idéologie, le Parti National, fondé en 1925, puis la Société de Langue Galloise, née en 1962, sont parvenus, avec le soutien de l'Université du Pays de Galles, à obtenir pour le gallois un statut officiel régional. Ils s'appuyaient sur la solidité d'une vieille implantation d'un bout à l'autre du territoire, sur un important effort d'éducation et sur l'existence d'une tradition littéraire. Mais en dépit de ces circonstances favorables, l'usage du gallois est, lui aussi, en déclin. En effet, l'attrait des zones industrielles d'Angleterre au XIXe siècle, ainsi que la Première Guerre mondiale et la dépression économique survenue onze ans plus tard, ont provoqué une forte émigration de locuteurs du gallois. D'autre part, l'industrialisation du Pays de Galles et le développement du tourisme ont eu pour effet de briser les structures sociales traditionnelles, qui constituent le milieu naturel d'épanouissement du gallois. Aujourd'hui, l'anglais, devenu indispensable dans la plupart des domaines, est largement favorisé par le bilinguisme. Le gallois est donc dans une situation plus précaire que ne pourraient le laisser croire les documents postaux, les formulaires électoraux, les actes de justice, les certificats de naissance ou les signaux routiers (cf. West, 1983-1984). Enfin, l'effort de promotion d'un *Cymraeg byw* (gallois vivant), où se trouvent confondus les styles, n'a pas été un succès, et offre plutôt, à côté de celui du breton, un cas supplémentaire de ces situations contradictoires dans lesquelles les défenseurs d'une langue risquent d'être parmi ses fossoyeurs.

L'est et la mosaïque linguistique

À l'est de l'Europe, il existe, à côté des langues officielles de grands États, un ensemble de langues minoritaires à la fois beaucoup plus nombreuses qu'à l'ouest et parlées par des populations beaucoup plus importantes. La Russie en offre une illustration remarquable. Il est intéressant d'examiner le détail, pour tout ce qu'on peut apprendre sur la situation des langues minoritaires à travers les aspects qu'en offre cet immense pays.

– Iraniens, Mongols, Ouraliens et Turcs

En se limitant à certains idiomes seulement parmi ceux qui se parlent dans la partie européenne, on trouve une langue iranienne, cinq ouraliennes, une mongole et quatre turques. Sur ces onze langues, neuf sont parlées dans des entités administratives que l'on appelait Républiques Autonomes jusqu'au mois de décembre 1991, et que j'appellerai ici Républiques, simplement, en attendant que se confirment les nouveaux statuts qui s'esquissent actuellement.

L'une de ces neuf langues est parlée par un peuple fort ancien : les Ossètes. L'ossète est le seul vestige moderne du vaste ensemble iranien du Nord-Est, jadis occupé par les parlers des Scythes et des Sarmates, lesquels, après avoir longtemps tenu tête à l'empire romain, dominèrent l'actuelle Russie méridionale, avant d'en être refoulés par l'expansion slave. L'ossète est également parlé dans une Région Autonome (appellation ancienne) de la République de Géorgie. Une frontière politique artificielle traverse donc le pays ossète, ce qui n'a pas manqué de créer, ces dernières années, une dangereuse tension dégénérant périodiquement en affrontements armés : les Ossètes du Sud, désireux d'échapper à la pression de la Géorgie, ont proclamé unilatéralement leur indépendance en décembre 1991. L'armée géorgienne leur livre actuellement une véritable guerre. Ils luttent pour être intégrés à la République de Russie, c'est-à-dire pour rejoindre les Ossètes du Nord. En fait, la langue est un signe de ralliement essentiel pour toute cette population, à laquelle elle a permis de demeurer elle-même face aux forces de russification.

Quatre autres langues constituent, comme le balto-finnois, des sous-groupes du groupe finnique au sein de la famille ouralienne. Du sous-groupe volgaïque relèvent le tchérémisse (*mari* selon l'appellation autochtone) et le mordve, parlés dans la vallée de la moyenne-Volga, respectivement sur la rive gauche au nord-ouest de Kazan et sur la rive droite autour de Saransk. Au sous-groupe permien appartiennent deux autres langues : le zyriène (ou *komi*) et le votiak (ou *oudmourte*), parlés, respectivement, dans le bassin de la Pétchora et à l'ouest de l'Oural, entre la Viatka et la Kama, ainsi qu'autour de la ville de Perm.

Une langue toute différente est le kalmouk, parlé par la moitié, environ, des habitants de la République de Kalmoukie, dans la région délimitée au nord-est par le cours inférieur de la Volga, et au sud-est par la côte de la mer Caspienne proche de l'embouchure de ce fleuve. Le kalmouk se trouve être ainsi, en même temps que l'acquisition linguistique la plus récente en Europe, le seul représentant de la famille mongole sur ce continent, et par là le témoin présent des migrations vers l'ouest auxquelles furent contraints les Kalmouks au début du XVIIe siècle.

Ils fuyaient alors sous la pression d'autres Mongols, les Khalkhas, et des Kazakhs, qui les avaient chassés de leur territoire originel de Djoungarie, aujourd'hui dans la partie septentrionale du Turkestan chinois, mais autrefois plus étendu vers le nord-est. Les Kalmouks, adeptes du bouddhisme tibétain, apportèrent ainsi leur religion en Russie. L'importance des emprunts au tibétain et au sanscrit confère une originalité particulière, en Europe, à cette langue de semi-nomades, qui n'a pu contenir la poussée du russe, en dépit de tentatives à l'issue dramatique. Il est utile d'en rappeler deux pour illustrer les efforts qu'une minorité peut déployer en vue de conjurer son absorption dans de vastes ensembles linguistiques et culturels. À la fin du XVIIIe siècle, 130 000 Kalmouks tentèrent de rejoindre leur berceau asiatique, mais furent décimés par la faim et par les troupes russes et kazakhes lancées à leur poursuite. En 1943, aux derniers moments de la bataille de Stalingrad, une unité militaire passe du côté allemand avec le dessein de libérer le territoire kalmouk de l'emprise soviétique ; d'où l'accusation de haute trahison, la dissolution de la République Autonome, son éclatement entre les oblasts d'Astrakhan, de Stavropol et de Stalingrad, ainsi que la déportation des Kalmouks en Sibérie, d'où une fraction reviendra, bénéficiant d'une amnistie, en 1958, après la déstalinisation.

Les trois dernières des neuf langues parlées dans des Républiques enclavées en Russie appartiennent à la famille turque. Ce sont le tchouvache, le tatar et le bachkir. Les Tchouvaches se sont proclamés autonomes en décembre 1990 et le Tatarstan est en train de suivre le même processus. Ces populations vivent dans la région, située au nord de Kouibychev (Samara), où la moyenne-Volga s'élargit en lac (de barrage), ainsi que dans les villes principales de cette région : Kazan, centre de la mémoire tatare, et Tchéboksary, capitale tchouvache, à l'est de Nijni-Novgorod. L'habitat des Bachkirs se situe autour d'Oufa, leur capitale, au pied des plis méridionaux de l'Oural, ainsi que dans les régions de Perm et d'Orenbourg. Leur langue est si proche du tatar, que certains y voient un dialecte de cet idiome, dont le bachkir, de surcroît, a fortement subi l'influence.

L'attribution d'une République Autonome ne signifiait pas

automatiquement la primauté des langues autochtones. Sauf changements à venir, seuls le mordve, le zyriène, le tatar et le tchouvache ont statut de langues officielles régionales dans leurs Républiques respectives. Le tchérémisse, le votiak et le bachkir partagent encore, aujourd'hui, ce statut avec le russe, ce qui crée une situation fort inégale. Quant au kalmouk, il n'est que langue d'enseignement dans sa République, où, par ailleurs, les Kalmouks sont minoritaires (32 %), comme le sont dans leurs propres entités administratives les Tatars (44 %), les Votiaks (41 %), les Tchérémisses (41 %), les Mordves (33 %), les Zyriènes (31 %) et les Bachkirs (20 %) (chiffres donnés par Haarmann 1975). Ainsi, du fait d'une histoire complexe et de décisions commandées par l'intérêt stratégique du pouvoir, certaines populations de langues très diverses sont profondément mélangées, et les membres d'une nation qui ne vivent pas dans les limites territoriales d'une République à laquelle cette nation et sa langue donnent leur nom se trouvent dispersés dans les Républiques voisines. La population russe est partout importante.

Les deux dernières langues sur cet ensemble de onze sont celles de minorités trop réduites ou trop clairsemées pour qu'on les ait dotées de Républiques Autonomes. L'une d'entre elles est turque et se rattache, comme le tatar, le bachkir et le tchouvache, au groupe du nord-ouest, dit kiptchak, c'est-à-dire à celui des rameaux de la famille que l'histoire a poussé le plus loin en Europe septentrionale. Il s'agit du karaïte, qui n'était plus parlé, vers 1960, que par un millier de descendants d'une secte d'origine persane, rattachée au judaïsme et qui ne reconnaît que l'Ancien Testament, à l'exclusion du Talmud et de la tradition rabbinique. Le karaïte est riche en emprunts persans, sémitiques (arabe, et surtout hébreu), mais aussi slaves ; l'écriture hébraïque est seule utilisée dans les textes liturgiques. Les Karaïtes, historiquement liés aux Khazars, qui parlaient une langue voisine du tchouvache, montèrent, au cours de leurs pérégrinations, de Perse en Turquie, puis en Crimée et jusqu'à la Baltique. Il n'en reste aujourd'hui que dans quelques villes d'Ukraine, de Russie, de Lituanie et de Pologne, où ces bilingues ou trilingues parlent, en plus du karaïte, la langue autochtone et, souvent, le russe.

La dernière langue minoritaire à laquelle aucun statut particulier n'est reconnu est le yourak ou nénets, membre principal de la branche samoyède de la famille ouralienne. Les quelque 20 000 Samoyèdes Youraks qui parlent cette langue à la morphologie complexe habitent un simple District National dépendant de la région administrative d'Arkhangelsk, dont plus de 50 % des habitants sont russes ou zyriènes. Mais l'importance économique des Youraks est considérable dans cette immense région inhospitalière, où la nomadisation des hommes et de leurs troupeaux de rennes, ainsi que les activités de pêche et de chasse dont ils vivent, contribuent grandement à l'équilibre écologique et à l'entretien du milieu naturel.

– Conscience nationale et empreinte russe

La plupart des peuples de Russie ont une conscience aiguë de leur culture et de leur passé, dont leurs langues sont à leurs yeux de précieux monuments. Ainsi, les Tchouvaches, Turcs christianisés, parlent une langue dont la place est fort originale au sein de la famille turque (comme l'est celle du lointain yakoute) : elle est fort ancienne, ce qui la fait considérer comme la clef de voûte de toute reconstruction de l'altaïque primitif. Les Tchouvaches sont les descendants de certaines des tribus turques qui fondèrent au IXe siècle le royaume des Bulgares de la Volga et de la Kama (affluent de cette dernière), centre florissant, jusqu'au XIIe siècle, du commerce des fourrures, et d'une civilisation prestigieuse, dont la langue laissa des traces profondes sur la plupart de celles des populations voisines, des Mordves aux Karaïtes en passant par les Votiaks et, tout particulièrement, les Tchérémisses : parfois même, au XVIIIe siècle, on tenait le tchouvache pour une langue finno-ougrienne, alors qu'aucune parenté génétique ne l'y attache.

Tous ces peuples, et leurs langues, reçurent plus tard la marque des Tatars. La Horde d'Or, la plus importante organisation de cavaliers semi-nomades sur le sol européen, dite mongole du fait de l'origine de ses princes fondateurs, était en fait tatare par l'essentiel de sa composition humaine et par ses chefs ultérieurs. Quand, au milieu du XIIIe siècle, la Horde conquit les terres volgaïques, en même temps que bien d'autres, toutes furent soumises aux khāns pour plus de deux cents ans. La Horde, musulmane, devint une puissance européenne, avec laquelle devait compter la papauté elle-même, qui s'efforça, sans succès, de la christianiser. Les ravages causés par Tamerlan à la fin du XIVe siècle affaiblirent la Horde, et à la fin du XVe siècle, Ivan III libéra ses terres de la suzeraineté tatare, bien que l'État moscovite n'ait pas immédiatement réduit tous les khānats : Ivan IV conquerra ceux de Kazan et d'Astrakhan au milieu du XVIe siècle, et celui de Crimée ne sera annexé qu'en 1783. Les Tatars continuèrent, au reste, de jouer au service des tsars, en même temps que de leurs propres intérêts commerciaux, le rôle utile d'intermédiaires dans l'établissement de contacts de plus en plus étroits avec les populations ouraliennes et sibériennes. Leur russification suivra l'ascension de l'État moscovite.

Un exemple parmi bien d'autres est celui des peuples de langues volgaïques et permiennes mentionnés plus haut. Leurs contacts avec les Russes remontent au XIVe siècle. C'est à cette époque que saint Stefan de Perm évangélise les Zyriènes. Certes, il s'efforça, comme d'autres missionnaires, de respecter leur autonomie culturelle, et les Zyriènes furent même le seul peuple de la région à être évangélisé dans sa langue, et non en russe ou en slavon. Mais le maintien d'une personnalité est difficile, et davantage encore pour les Mordves, d'autant plus exposés à l'absorption dans le monde russe que les limites occidentales de leur territoire se trouvent à moins de quatre cents kilomètres de Moscou. De surcroît, un autre obstacle compromet la défense d'une identité : c'est la fragmentation dialectale, caractéristique du tchérémisse et, plus encore, du mordve, dont on distingue deux normes, l'erza et le mokcha, assez différentes pour avoir donné lieu à la fixation de deux langues écrites séparées ; les linguistes soviétiques ont également distingué deux formes de zyriène : le komi-zyriène, auquel a été attribuée une République Autonome, et le komi-permiak, en usage dans un District National. Enfin, bien que certaines de ces langues possèdent une ancienne tradition écrite, ce n'est qu'après 1917 qu'elles ont été promues par des travaux scientifiques, selon une politique dont j'ai exposé plus haut (cf. pp. 220-228) les intentions et les résultats.

Il est intéressant d'examiner la manière dont deux aspects importants de cette politique, l'établissement d'une norme et celui d'une écriture, se sont appliqués à certains autres idiomes. La langue littéraire tatare, riche en emprunts de civilisation faits à l'arabe et au persan, était depuis le Moyen Âge le symbole prestigieux de l'islam turc en terre russe. Des personnages qui représentent ce que la Russie a de plus russe portent des noms tatars, comme Karamzine, illustre réformateur de la langue et de la littérature, qui naquit près de Simbirsk (aujourd'hui Oulianovsk (si elle n'a pas retrouvé son nom ancien ?), car c'est la ville natale de Vladimir Ilitch Oulianov, dit Lénine, dont la grand-mère paternelle était kalmouke (et le grand-père maternel allemand), pour ce qu'on peut en savoir). Or dans les années qui suivirent la Révolution de 1917, on s'efforça d'introduire, en remplacement de mots arabes et persans, des mots russes porteurs de la culture socialiste et par là d'établir une norme lexicale du tatar qui l'éloignât du turc d'Ankara, tout comme on finit par imposer, au terme de l'épisode des alphabets (cf. pp. 223-224), l'écriture cyrillique.

Deux autres exemples de cette même politique peuvent encore être cités ici. L'un est celui de la République Autonome de Carélie, où on entreprit d'établir, pour le carélien, une norme aussi distincte que possible de celle du finnois de Finlande, dont le carélien est une variante régionale modérément différenciée. L'autre exemple est celui de la Moldavie. Sa partie la plus étendue, la Bessarabie, moitié orientale de la province roumaine de Moldavie, avait été intégrée à l'Empire des tsars en 1812. Du fait de cette intervention russe, l'adoption de l'alphabet latin en 1868 par la Roumanie n'eut aucun effet en Bessarabie. Mais il fut rétabli là aussi lorsqu'en 1918 la Roumanie, profitant de la faiblesse russe due à l'effondrement de l'Empire, recouvra le pays. Cependant, la situation précédente fut restaurée lors de l'intégration à l'URSS en 1940, date à laquelle la Bessarabie devint, conjointement avec la Transnistrie, la République Socialiste Soviétique de Moldavie. Ainsi, ce pays a changé deux fois d'écriture en quelques décennies. D'autre part, la brève césure roumaine n'avait pu empêcher la noblesse et la bourgeoisie bessarabes de se russifier fortement durant la période russe. La thèse soviétique officielle fut que le moldave était une langue indépendante, alors qu'il se distingue fort peu du daco-roumain de Bucarest. C'est une norme aussi individualisée que possible par rapport à ce dernier que l'on décida d'ériger, afin d'affirmer l'autonomie linguistique de la Moldavie soviétique. Pour déroumaniser le moldave, on pourchassa les latinismes, ce qui n'empêchait pas de cultiver un purisme qui conduisait à des formations sur base latine ; ces dernières, bien que transparentes, ne correspondent à aucun usage réel : ainsi, on forgea *căldaro-măsurător* (« mesureur de chaleur ») au lieu du roumain courant *termometru* « thermomètre » (cf. Décsy 1973, p. 113). Il est vrai que dans les années soixante, on renonça à certaines de ces outrances. Quoi qu'il en soit, le moldave est un cas typique : il s'agit ici non de promouvoir un idiome où des patriotes voient un symbole national, mais de façonner une langue d'État destinée à soutenir l'acte politique qui fonde ce dernier.

La russification du moldave, qu'on entreprit aussi, ne pouvait être bien accueillie des nationaux. Mais un remède, pourtant bien précaire, à la frustration des uns est celle-là même qu'ils tentent d'imposer aux autres. On observe aujourd'hui la vigueur des réactions face au statut de langue officielle attribué au moldave dans une République de Moldavie devenue État indépendant. Contre les autorités de cet État sont entrés en lutte armée les habitants de la rive gauche du Dniestr, c'est-à-dire les Ukrainiens et les Russes, qui constituent, respectivement, 28 % et 23 % de la population de cette région. Mais tous sont russophones, et de manière significative, ils se désignent comme tels plutôt que par leur ethnie. Plus ou moins ouvertement soutenus par Moscou, comme le sont d'autres russophones de l'ancien empire, ils représentent ensemble le groupe majoritaire en Transnistrie, où ils souhaitent établir une République du Dniestr indépendante. Mais la résistance contre les Moldaves se manifeste aussi chez un petit peuple du sud de la Moldavie. Il s'agit des Gagaouzes, Turcs de confession orthodoxe dont la langue, assez proche du turc osmanli de Turquie, est aussi fort russifiée. Souvent plurilingues, les Gagaouzes ajoutent à leur langue maternelle la connaissance du russe, du roumain et même du bulgare. Bien qu'il possède une norme écrite, le gagaouze ne jouit d'aucun statut officiel. Son cas illustre, comme ceux du tatar, du carélien, du moldave et de toutes les autres langues dont je n'ai pas parlé ici, un lien logique essentiel entre les aspects de la politique linguistique du pouvoir communiste : selon une tendance caractéristique des interventions humaines sur les langues, l'adoption d'un système graphique (ici l'alphabet cyrillique) favorise la pénétration des mots de la langue qui s'écrit à l'aide de ce système, et par suite facilite la normalisation du lexique sur la base de ces apports nouveaux.

Cette politique était de nature à exacerber les frustrations nationalistes, en particulier chez les usagers des nombreuses langues d'Union Soviétique qui possédaient une vieille tradition littéraire, et même une tradition grammairienne jalonnée non seulement par les travaux de spécialistes russes, mais aussi par ceux de savants autochtones. La défense et illustration des langues turques, notamment, est un des aspects qui donnent à la Russie, terre de mélanges d'ethnies orthodoxes et musulmanes, une physionomie particulière, en contraste accusé avec celle de l'ouest de l'Europe, et notamment de l'Espagne (cf. p. 143). Fait typique de l'Europe de l'Est, où il résulte d'une histoire longue et complexe d'interférences, le mélange des langues slaves avec les langues turques, ouraliennes, mongole, iranienne, a laissé de nombreuses traces, parmi lesquelles figurent des mots courants du russe, empruntés au tatar : *den'gi* « argent », *utjug* « fer à repasser », *xozjajn* « maître, patron », etc.

Enjeux du nationalisme linguistique

La sommation nationaliste d'aujourd'hui réactualise celle de 1848, et d'autre part, toutes deux peuvent être considérées à travers le concept laïque de nationalité, comme images d'une sécularisation des débats que souleva, dès les débuts du christianisme, le choix des langues de mission les plus propres servir le prosélytisme des Églises. Mais les langues ne disposent pas toutes des mêmes moyens de défense. Celles que ne protègent ni l'importance démographique de ceux qui les parlent, ni un pouvoir politique, ni une tradition écrite sont particulièrement menacées d'être absorbées dans de vastes ensembles. Mais même celles dont les usagers alimentent leur frustration par le souvenir d'un temps de grandeur et de liberté se trouvent placées devant une nécessité : concilier le culte de leur passé, pourvoyeur de l'identité sans laquelle il n'est pas de vie féconde, avec l'intégration aux courants modernes de production et de puissance. Les voies de cette conciliation existent, mais elles ne sont pas sans risques. Ainsi, il n'est pas exclu que les ethnies turques de Russie, aujourd'hui séparées en entités administratives distinctes, ne commencent, dans les prochaines décennies, à écouter les appels d'un nationalisme unificateur, qu'il soit turc, ou, plus largement, islamiste, lancés par Ankara, ou par Téhéran, et auquel répondraient aussi les six républiques musulmanes d'Asie centrale et du Caucase.

Alors pourraient resurgir des conflits comme celui qui, jusqu'au XXe siècle, opposa Moscou aux Ottomans. Pour l'heure, Ankara, qui n'a de frontière commune avec aucune de ces républiques, y est sérieusement concurrencé par Téhéran, frontalier de l'Azerbaïdjan, et surtout du Turkménistan, où les Iraniens sont très actifs, comme ils le sont dans la seule république non turque, le Tadjikistan ; il s'y parle une langue proche du persan, et c'est l'unique pays de la région à avoir récemment décidé d'adopter bientôt l'alphabet arabo-persan (cf. *Le Monde* du 13-6-1992, article de S. Shihab, p. 4). Le déclin de l'influence russe n'est cependant pas aussi grand qu'on le dit : l'alphabet cyrillique demeure en usage partout ailleurs, tout comme les dirigeants des républiques d'Asie centrale s'évertuent à signer avec Moscou, contre les dangers de l'intégrisme soulevant les masses, des traités de défense commune.

L'exemple des ethnies turques de Russie rappelle que les formes de nationalisme varient selon la conception que l'on se fait de ce dernier. Deux formes existent au moins, dont l'une affronte l'autre : chez les dirigeants des pays les plus puissants, le nationalisme signifie expansion, et, dans le domaine de la langue, universalisme ; pour les minorités, il prend la forme de la dissidence, et de la lutte pour l'affirmation d'identité, face à cette pression. L'implosion du communisme, en annulant les effets des traités de Versailles et de Yalta, ramène l'Europe aux déchirements du XIXe siècle. On entend souvent dire qu'il ne s'agit que de passions tribales et de délire identitaire. C'est méconnaître une vérité simple : à de nombreux peuples d'Europe centrale et orientale l'histoire n'a pas permis de vivre leur destin national comme elle l'a permis aux peuples d'Occident. Ce n'est que lorsque les nations des pays de l'Est auront nourri jusqu'à satiété leur désir d'être elles-mêmes, qu'une aspiration supranationale pourra, peut-être, prendre un sens pour elles. Sans ce préalable, la soif nationaliste non satisfaite ne peut que devenir plus aiguë, et le modèle occidental demeurera inopérant, du fait des décalages de la chronologie. Du reste, en Occident même, avant les mouvements de 1848, certaines nations, qui n'avaient pas encore obtenu la reconnaissance souhaitée, exaltaient leur langue avec ferveur. Ainsi, P. Blommaert écrivait en 1832, à propos du flamand :

> « Rien n'est si étroitement lié aux principes essentiels d'une nation que la langue du peuple. C'est la langue qui répand les mêmes façons de penser à travers tous les rangs de la société, qui permet de reconnaître la différence des peuples et forme par conséquent la nationalité. Aussi le devoir s'impose-t-il à un gouvernement national de soutenir avec un soin tout particulier la langue du peuple. » (Cité par Brachin 1977, p. 51.)

À ces mots fait écho le dicton hongrois qui proclame : « C'est dans sa langue que vit la nation » (mis en exergue de Fodor et Hagège 1983-1990).

Cependant, l'identification de la langue et de la nation n'est pas une loi universelle. Certes dans l'ancien empire des Habsbourg, où il existait, à l'égard des idiomes minoritaires, une relative tolérance, on comptait autant de nations que de langues, selon ce que les habitants, lors des recensements, déclaraient pour idiome maternel. Pourtant, l'Europe offre aussi des exemples du cas inverse. C'est vers les Pays-Bas et vers la France, respectivement, que se portent les regards, et les soucis d'audience, des écrivains belges de langue néerlandaise et des intellectuels wallons. Ce sont les cultures allemande, française et italienne qui exercent un attrait, respectivement, sur les Zurichois, les Vaudois et les Tessinois. Néanmoins, la Belgique est parvenue à se construire en nation unifiée, malgré les différences de culture et les conflits qu'elles entraînent ; et d'autre part, le caractère souple, non moins que solide, des institutions fédérales helvétiques a fortement contribué à bâtir une même image de l'État pour tous les Suisses.

C'est, de même, à la nationalité française que sont attachés les Alsaciens, alors qu'ils utilisent un parler alémanique. En outre, ils sont quasiment tous de parfaits francophones. Cela ne signifie pas, pourtant, que la connaissance de la langue soit un préalable universel. 12 % seulement des Russes d'Estonie parlent l'estonien et néanmoins la plupart souhaitent acquérir la nationalité estonienne ; contraints, depuis une loi de février 1992, de se soumettre à un examen linguistique, ils s'insurgent contre cette mesure car ils estiment que l'attachement à une nationalité n'implique pas l'apprentissage de la langue correspondante. Près de la frontière germano-danoise, la langue maternelle de la majorité des Allemands du Schleswig septentrional (Danemark) est le danois, et celle des Danois du Schleswig méridional (Allemagne) l'allemand ou un parler bas-allemand, ce qui, résultant d'une politique de danicisation d'un côté et de germanisation de l'autre, n'a pas aboli l'attachement à l'Allemagne chez une partie des premiers et au Danemark chez une partie des seconds. Ainsi, ceux qui parlent une certaine langue ne sont pas universellement attachés, pour autant, à l'État dont elle est l'expression.

Mais en outre, à l'ouest comme à l'est, certaines communautés, tout en restant attachées à leur langue, le sont davantage encore à d'autres symboles de leur identité, comme leur religion ou leurs habitudes et tabous culinaires. L'appartenance à une nation se soutient d'une volonté collective et d'un sentiment d'identité autant qu'elle s'édifie sur une base matérielle. Diverses raisons peuvent faire qu'un peuple soit moins attaché à sa langue qu'à son identité nationale. Parmi les exceptions au nationalisme linguistique serait à ranger l'attitude des Andis et des Bats, populations du nord-est du Caucase, dont de nombreux membres ont adopté, respectivement, l'avar et le géorgien, et même les noms des peuples qui parlent ces langues, par désir de briser l'isolement lié à la pratique d'un idiome minoritaire sur lequel les deux autres, localement, l'emportent en prestige. Quand on envisagea d'introduire le finnois comme langue d'enseignement dans les écoles élémentaires en Botnie du Nord et de l'Est, régions de Suède où vivent beaucoup de Finnois, plus de la moitié de la population s'y opposa en faisant valoir que le finnois n'était d'aucun intérêt pour l'avenir professionnel des enfants, qui travailleront en Suède, où ils habitent, et qu'il fallait donc maintenir l'enseignement du seul suédois (cf. Haarmann 1975, p. 124).

D'autre part, les différences linguistiques sont exaltées davantage encore lorsqu'elles sont le seul discriminant : dans l'ancien empire ottoman, Grecs, Turcs, Arméniens, Juifs se distinguaient abruptement les uns des autres, car en même temps que les langues s'opposaient les religions et les mœurs. En Europe du Centre et de l'Ouest, au contraire, dans les cas où les différences d'usages et de confessions ne sont pas accusées, c'est la langue qui prend une part prépondérante dans la définition de la nation.

Enfin, la communauté de langue est parfois impuissante à

réunir les populations. Alors que leur langue est demeurée quasiment la même à travers les siècles, la différence des destins historiques durant leur très longue séparation n'a pas permis aux Croates et aux Serbes de trouver, dans une union qu'ils ont pourtant souhaitée, les conditions d'une vie nationale où chaque peuple pût s'épanouir ; et les événements de 1991-1992 montrent que leur fédération était fictive, pour regrettable que cela soit. C'était ce qu'impliquait le nom même de Yougoslavie (cf. p. 139), reflet, tout comme celui de Tchécoslovaquie, d'une réalité hétéroclite qu'on voulut ignorer en 1918. Les 44 % de Musulmans (Slaves islamisés), les 32 % de Serbes et les 18,3 % de Croates de Bosnie-Herzégovine (cf. *Le Monde* du 20-6-1992, article d'A. Fontaine, p. 4, et Garde 1992) parlent tous, en fait, le serbo-croate, et pourtant les nationalismes, aujourd'hui, se déchaînent en sanglants affrontements. Dans aucun des deux pays qui s'appelaient, il y a peu encore, Union Soviétique et Yougoslavie, le communisme n'est parvenu, en dépit des espérances initiales, à transcender vers un idéal d'union les particularismes nourris par le passé. On peut escompter, néanmoins, qu'un jour, la communauté de langue, russe dans un cas, serbo-croate dans l'autre, tous deux bien connus, non seulement des Russes, des Serbes et des Croates, mais aussi des peuples, depuis longtemps voisins de ces derniers, qui ne les ont pas pour idiomes maternels, favorisera la libre recherche de confédérations rénovées. Peut-être est-ce là l'avenir pour les États qui viennent de se créer, et dont la longévité, tout en n'étant nullement exclue, n'est pas définitivement assurée, même si la reconnaissance internationale devait s'étendre à tous : ni l'Ukraine en tant que telle, ni la Biélorussie, ni la Slovénie, ni la Macédoine, ni la République d'Azerbaïdjan, qui correspondent toutes, évidemment, à des nations originales, n'ont jamais existé en tant qu'États indépendants. Toutes ces nations faisaient partie d'ensembles politiques plus larges. Si les langues, souvent, séparent, certaines, à vocation fédératrice, peuvent aussi réunir, comme on l'a vu dans la première partie du présent livre. Mais cela n'exclut pas la diversité, substance profonde de l'Europe des langues.

Conclusion

Il est probable que dans l'Europe de demain, la langue commune sera celle des institutions supranationales, mais aussi celle des organes à vocation transeuropéenne, s'ils doivent être créés : police, administrations commerciales, douanes, transports internationaux, moyens d'information de masse au niveau du continent, dont la presse écrite, parlée et télévisuelle, probablement aussi université européenne, et surtout armée : il n'est pas impossible que les autorités concernées jugent un jour le plurilinguisme peu compatible avec les objectifs du commandement militaire, et qu'il soit abandonné si la politique de défense commune devait se renforcer. Cependant, il n'est pas dit qu'une seule des langues à vocation fédératrice doive occuper toutes ces fonctions. Les destins contrastés des trois principales, qu'on a présentées dans les premiers chapitres, font bien apparaître la diversité de leurs missions.

Mais surtout, l'emploi d'une langue commune européenne ne signifie en aucune façon abrasion des différences, et encore moins disparition des autres langues. L'expérience enseigne, au contraire, qu'une langue commune telle que l'anglais s'imprégnerait des autres, étant nécessairement seconde dans tous les pays européens, sauf en Grande-Bretagne. La première langue règne seule dans l'usage quotidien et dans la vie privée. Mais il importe aussi qu'elle soit connue hors de ses frontières. La seule solution qui rende justice au désir légitime que chacun possède d'utiliser sa propre langue dans son pays est que les étrangers qui s'y rendent connaissent cette langue. En d'autres termes, il faut que le plus possible d'Européens apprennent le plus possible de langues d'Europe. Cette exigence peut sembler pure utopie lorsque l'on songe à la difficulté d'un bon apprentissage et au temps qu'il requiert. Mais on accroîtrait fortement les motivations si l'on se servait des moyens de masse, et notamment de l'enseignement par la télévision, largement pratiqué par les Japonais, qui sont curieux des langues étrangères, et ne leur disputent pas la primauté, du moins pour le moment. Peut-être, si elle sait faire à temps les choix nécessaires, l'Europe de demain réussira-t-elle à bâtir un enseignement des langues qui ait pour effet de multiplier le nombre des plurilingues réels.

La vue que l'on peut avoir du futur lui prête souvent quelques traits du passé. L'Europe, à la différence des États-Unis, n'est pas une terre nouvelle où des immigrants ont fait d'une langue unique un facteur de cohésion par-delà la diversité de leurs origines. Les États européens ont depuis longtemps forgé leurs identités sur la base de traits culturels puissamment enracinés dans les langues. Les nouveaux États nés de la résurgence des nationalismes accroissent encore le nombre des langues officielles en Europe. Qu'on approuve ou qu'on réprouve ce foisonnement, il s'agit d'une des caractéristiques les plus remarquables du continent, lequel, à côté du libre-échange des marchandises et de l'unification monétaire, devra aussi proposer au monde certaines valeurs de culture.

Une voie féconde est ouverte ici par le Conseil de l'Europe qui, fondé en 1949, est la plus ancienne parmi les institutions interétatiques (dont la Communauté Économique Européenne), et pratique à leur égard une sorte de rivalité constructive. Le Conseil souhaite accueillir tous les pays de l'Est, anciennement communistes. Il deviendrait ainsi le creuset d'une confédération, entreprise moins malaisée pour lui que pour la Communauté, puisqu'il possède un rôle consultatif, et non exécutif. Mais un point surtout attire l'attention. La Convention des droits de l'homme, dont l'acceptation est un préalable à toute nouvelle adhésion, contient, notamment, le respect des minorités linguistiques. Et c'est précisément parce que les droits des russophones des pays baltes (38 % en Estonie, 10 % en Lituanie ; cf. p. 230 pour la Lettonie) ne paraissent pas respectés que le Conseil a choisi de différer l'admission de ces pays.

Cet exemple, même s'il concerne une autre institution que la Communauté, laisse apparaître que, contrairement à ce qu'on imagine souvent, l'unité européenne n'est pas le tombeau des cultures minoritaires. Tout au contraire, les minorités pourraient bien trouver un avantage dans un système superétatique, puisque les États individuels y abandonneraient une partie de leurs prérogatives. Car l'Europe ne présente pas partout des situations idéales comme celles du Luxembourg ou de la Suisse alémanique, où, par suite d'un libre choix, les parlers maternels (communément appelés schwytzertütsch, « suisse allemand » n'ont pas de statut officiel, mais n'en demeurent pas moins pour les populations, à travers l'usage quotidien, la source de l'identité profonde ; ils sont, en outre, très présents dans les médias. Dans le plus grand nombre des cas, le pouvoir centralisé des États a favorisé la langue de l'ethnie majoritaire. Par suite, la réduction de l'emprise qu'exerce ce pouvoir est susceptible d'induire un accroissement de l'autonomie des collectivités locales, et donc une promotion de leurs langues quand elles sont encore assez vivaces. Ainsi, l'Europe unie peut devenir un des moyens de résoudre le redoutable problème des nationalités, qui a longtemps pesé sur son destin, et resurgit à présent. Les conflits actuels apparaissent comme des défis, à relever par le choix d'une voie européenne originale : celle qui, grâce à l'assouplissement des structures d'autorité par un système confédéral, permettrait de concilier la réponse aux aspirations des minorités avec un certain équilibre de l'État fondé sur le choix de la majorité.

Dès lors, la défense des langues nationales qui ne bénéficient pas d'un statut officiel au sein des États où vivent leurs usagers n'apparaît plus comme une démarche rétrograde. Elle est, par ailleurs, un acte de pure prudence dans les cas où l'inégalité des chances entre langue minoritaire et langue dominante met la paix en péril, comme cela s'est produit cette année même en Moldavie et risque de se produire encore non seulement dans les pays baltes, mentionnés plus haut, mais dans d'autres régions de l'ex-Union Soviétique où vivent des minorités russophones. On objectera que cette partie du continent, puisqu'elle n'appartient pas, ou pas encore, à la Communauté proprement dite, n'est pas un bon exemple. Mais ce qui s'y produit doit servir d'avertissement.

Où conduirait, cependant, une Europe qui ne voudrait retenir que le critère des langues, ou, quand ces dernières ne sont pas différentes, celui des cultures ? Beaucoup de peuples européens vivent dispersés, et étroitement mêlés, dans les lieux de leur dispersion, avec d'autres peuples. La Roumanie, la Hongrie, l'Ukraine, la Russie, la Biélorussie, la Moldavie contiennent de nombreux lieux de ce type. C'est à un redécoupage de la carte qu'il faudrait procéder si l'on voulait, en admettant que toutes les populations le souhaitent elles-mêmes, former des ensembles politiques qui fussent cohérents du point de vue humain. Pour réaliser ce but, aujourd'hui en Bosnie-Herzégovine et demain peut-être en Voïvodine et au Kosovo, une partie des Serbes ne trouvent pas d'autre voie que celle de la violence. En fait, l'attachement aux cultures nationales est d'autant plus passionné que la vie est plus difficile, et la liberté moins accessible. C'est pourquoi le moyen de rendre moins virulents les nationalismes, qui, en eux-mêmes, sont tout à fait naturels et explicables par l'histoire, est de réaliser une Europe où les biens, les hommes et les idées puissent circuler avec la plus grande facilité. C'est là une vérité dont sont sans doute conscients les hommes politiques des pays d'Europe centrale, même si ce sont d'abord des raisons économiques qui expliquent leur empressement à rejoindre la Communauté Européenne. L'effort pour ménager un espace de liberté vaut mieux que l'aveuglement de ceux, parmi les Occidentaux, qui ne voient dans les aspirations nationales que des délires chauvins.

Du fait qu'elle est diverse par ses langues, l'Europe donne vocation à ceux qui l'habitent d'étreindre la diversité du monde. Les Européens devraient être en mesure d'échapper, par là même, aux dangers de l'unilinguisme, menace sérieuse pour les États-Unis, à cause de la fermeture aux besoins de l'autre, que peut entraîner l'attachement exclusif à l'anglais. Citoyens d'une terre multilingue, les Européens ne peuvent qu'être aux écoutes du cri polyphonique des langues humaines. L'attention à l'autre parlant sa langue, tel est le préalable si l'on veut bâtir une solidarité qui ait un contenu plus concret que les discours de propagande. Cette écoute n'est pas seulement la marque d'une sollicitude naturelle à l'égard de l'altérité. Elle peut, un jour, être salutaire, dans un monde où, beaucoup plus nombreux et s'étant puissamment armés, les exilés du bien-être, las des inégalités, auraient donné une forme violente au désir, longtemps inassouvi, d'être enfin entendus.

Références

AYTO J., 1983, « English : failures of language reforms », *in* Fodor et Hagège, vol. I, pp. 85-100.

BJÖRN H., 1989, « Language reforms in the Faroe Islands », *in* Fodor et Hagège, vol. IV, pp. 431-457.

BORN J. et DICKGIESSER S., 1989, *Deutschsprachige Minderheiten* (Minorités germanophones) Mannheim, Institut für deutsche Sprache im Auftrag des Auswärtigen Amtes.

BRACHIN P., 1977, *La langue néerlandaise*, Bruxelles, Didier.

BRACHIN P., 1983, « Évolution naturelle et codification : l'exemple du néerlandais », *in* Fodor et Hagège, vol. I, pp. 257-280.

BRUNOT F., *Histoire de la langue française des origines à nos jours* : t. I, 1966, De l'époque latine à la Renaissance ; t. V, 1966, Le français en France et hors de France au XVIIe siècle ; t. VIII, 1967, Le français hors de France au XVIIIe siècle, Première Partie : Le français dans les divers pays d'Europe ; t. XI, 1968, Le français au-dehors sous la Révolution, le Consulat et l'Empire, Première Partie : Le français au-dehors sous la Révolution ; Deuxième Partie : Le français au-dehors sous le Consulat et l'Empire.

CĂLINESCU G., 1985, *Istoria literaturii române de la origini pînă în prezent*, Bucarest, Editura Minerva.

CARRÈRE D'ENCAUSSE H., 1978, *L'Empire éclaté*, Paris, Flammarion.

CASTRO A., 1954, *La realidad histórica de España*, Mexico.

CERQUIGLINI B., 1991, *La naissance du français*, Paris, PUF, coll. « Que sais-je ? », n° 2576.

CHEVILLET F., 1991, *Les variétés de l'anglais*, Paris, Nathan-Université, coll. « Langues étrangères ».

CONDEESCU N.N., 1973, *Traité d'histoire de la langue française*, texte établi et augmenté par E. Cleynen-Serghiev, Bucarest, Editura didactică şi pedagogică.

COURTHIADE M., 1989, « La langue romani (tsigane) : évolution, standardisation, unification, réforme », *in* Fodor et Hagège, vol. IV, pp. 87-110.

DÉCSY G., 1973, *Die linguistische Struktur Europas*, Wiesbaden, Otto Harrassowitz.

DINGLEY J., 1989, « The Byelorussian language – creation and reform », *in* Fodor et Hagège, vol. IV, pp. 141-161.

DRETTAS G., 1989, « L'albanais national : du choix politique au choix linguistique », *in* Fodor et Hagège, vol. IV, pp. 163-188.

DUMONT P., 1990, *Le français langue africaine*, Paris, L'Harmattan.

DUROSELLE J.-B., 1989, « Histoire de l'idée européenne », in *Encyclopaedia Universalis*, 3e édition, Paris, Corpus 9, pp. 36-43.

DUVAL-VALENTIN M., 1983, « La situation linguistique en Suisse », *in* Fodor et Hagège, vol. I, pp. 463-544.

FEITSMA A., 1989, « The history of the Frisian linguistic norm », *in* Fodor et Hagège, vol. IV, pp. 247-272.

FEUILLET J., 1983, *Linguistique diachronique de l'allemand*, Berne, Points Lang, « Études et documents », 6.

FLEURIOT L., 1983, « Les réformes du breton », *in* Fodor et Hagège, vol. II, pp. 27-47.

FODOR I., 1983, « Hungarian : evolution – stagnation – reform – further development », *in* Fodor et Hagège, vol. II, pp. 49-84.

FODOR I. et HAGÈGE C. (dir.), *La réforme des langues. Histoire et avenir* : vol. I-II, 1983 ; vol. III, 1983-1984 ; vol. IV, 1989 ; vol. V, 1990, Hambourg, Buske.

FRANÇOIS A., 1959, *Histoire de la langue française cultivée*, Genève, Alexandre Jullien, 2 tomes.

FRANOLIĆ B., 1972, *La langue littéraire croate*, Paris, Éditions Latines.

GARDE P., 1992, *Vie et mort de la Yougoslavie*, Paris, Fayard.

GEORGE K.J., 1989, « The reforms of Cornish – Revival of a Celtic language », *in* Fodor et Hagège, vol. IV, pp. 355-376.

GLUNK R., 1971 « Erfolg und Misserfolg der Nazionalsozialistischen Sprachlenkung » (« Succès et insuccès du dirigisme linguistique national-socialiste »), *Zeitschrift für deutsche Sprache*, Band 27, Heft 1/2, Berlin/New York, Walter de Gruyter, pp. 85-97 et 178-185.

GRIOLET P., 1990, *Les Japonais face à leur écriture*, thèse de doctorat, Paris, Institut National des Langues et Civilisations Orientales.

HAARMANN H., 1975, *Soziologie und Politik der Sprachen Europas*, Munich, Deutscher Taschenbuch Verlag.

HAGÈGE C., 1975, *Le problème linguistique des prépositions et la solution chinoise*, Louvain/Paris, Éd. Peeters.

HAGÈGE C., 1982, *La structure des langues*, Paris, PUF, coll. « Que sais-je ? », no 2006. Rééd. en 1986.

HAGÈGE C., 1983, « Voies et destins de l'action humaine sur les langues », *in* Fodor et Hagège, vol. I, pp. 11-68.

HAGÈGE C., 1985, *L'homme de paroles*, Paris, Fayard, coll. « Le temps des sciences ».

HAGÈGE C., 1987, *Le français et les siècles*, Paris, Éd. Odile Jacob.

HAGÈGE C., 1988, Leçon inaugurale de la Chaire de Théorie Linguistique, Paris, Collège de France.

HAGÈGE C., 1992, *The Language Builder, An Essay on the Human Signature in Linguistic Morphogenesis*, Amsterdam/Philadelphie, John Benjamins Publishing Company.

HAUGEN E., 1966, *Language conflict and language planning*, Cambridge, Mass.

IMART G., 1983, « Développement et planification des vernaculaires : l'expérience soviétique et le Tiers Monde », *in* Fodor et Hagège, vol. II, pp. 211-240.

JANTON P., 1973, *L'espéranto*, Paris, PUF, coll. « Que sais-je ? », n° 1511.

KARKER A., 1983, « Language reforming efforts in Denmark and Sweden », *in* Fodor et Hagège, vol. II, pp. 285-299.

LABRIE N., 1992, « La place du français dans l'Europe de 1992 », in *Présence francophone*, n° 40, Québec, Université de Sherbrooke, pp. 55-78.

LAFONT R., 1983, « Problèmes de normalisation dans l'espace occitan », *in* Fodor et Hagège, vol. II, pp. 357-370.

LOEWE H., 1911, *Die Sprachen der Juden*, Cologne.

LORENTZ F., 1903, *Slovinzische Grammatik*, Saint-Pétersbourg.

LOUDER D.R. et WADDELL E. (dir.), 1971, *Du continent perdu à l'archipel retrouvé. Le Québec et l'Amérique française*, Québec, Presses de l'Université Laval.

MARCEL J., 1973, *Le Joual de Troie*, Montréal, Éditions du Jour.

MAURAIS J., 1991, « Les lois linguistiques soviétiques de 1989 et 1990 », *Revista de llengua i dret*, Barcelone, 15 juin 1991, pp. 75-90.

MEILLET A., 1928, *Les langues dans l'Europe nouvelle*, avec un appendice de L. Tesnière sur la Statistique des langues de l'Europe, 2e édition, revue, d'un ouvrage paru en 1918, Paris, Payot.

MILLET Y., 1983, « Continuité et discontinuité : cas du tchèque », *in* Fodor et Hagège, vol. II, pp. 479-504.

MONTAUT A., 1989, « Le Rêve du philologue au XIXe siècle : flexions et origines », *Corps écrit* (Paris, PUF), n° 34 : « Rêver l'Inde », pp. 45-55.

NESKE F. et I., 1972, *Wörterbuch englischer und amerikanischer Ausdrücke in der deutschen Sprache*, Munich.

Ó BAOILL D. et Ó RIAGÁIN P., 1990, « Reform of the orthography, grammar and vocabulary of Irish », *in* Fodor et Hagège, vol. V, pp. 173-195.

OLENDER M., 1989, *Les langues du paradis*, Paris, Gallimard-Le Seuil, Hautes Études.

PÉREZ J., 1988, *Isabelle et Ferdinand, Rois Catholiques d'Espagne*, Paris, Fayard.

PICOCHE J. et MARCHELLO-NIZIA C., 1991, *Histoire de la langue française*, Paris, Nathan-Université.

POLIAKOV L., *Histoire de l'antisémitisme* : t. I, 1955, Du Christ aux Juifs de cour ; t. II, 1961, De Mahomet aux Marranes, Paris, Calmann-Lévy.

REBUSCHI G., 1983-1984, « Réforme et planification en basque : une expérience en cours », *in* Fodor et Hagège, vol. III, pp. 119-138.

RENFREW C., 1987, *Archaeology and Language : the Puzzle of Indo-European Origins*, New York, Cambridge University Press.

RINHOLM H.D., 1990, « Continuity and change in the Lithuanian standard language », *in* Fodor et Hagège, vol. V, pp. 269-300.

ROTH A., 1975, *Le verbe dans le parler arabe de Kormakiti (Chypre)*, dans *Lefkosia*, VII, pp. 21-117.

RŪĶE-DRAVIŅA V., 1990, « Entstehung und Normierung der Lettischen Nationalsprache », *in* Fodor et Hagège, vol. V, pp. 301-327.

SAUVAGEOT A., 1973, *L'élaboration de la langue finnoise*, Paris, Klincksieck.

SCHLOSSER H.D., 1989, « Die Sprachentwicklung in der DDR im Vergleich zur Bundesrepublik Deutschland » (« Le développement linguistique en République Démocratique Allemande comparé à celui de la République Fédérale d'Allemagne »), in *Nationalsprachen und die Europäische Gemeinschaft* (*Langues nationales et Communauté européenne*), éd. par M. HÄTTICH et P.D. PFITZNER, Munich, Olzog Verlag, pp. 36-52.

SÉPHIHA V., 1973, *Le ladino, judéo-espagnol-calque*, Paris, Centre de Recherches Hispaniques.

SÉPHIHA V., 1977, « Le judéo-espagnol », in *Ethno-psychologie*, n° 2-3, pp. 239-249.

SÉPHIHA V., 1991 (1re éd. 1977), *L'agonie des Judéo-Espagnols*, Paris, Éd. Entente.

TAULI V., 1983-1984, « The Estonian language reform », *in* Fodor et Hagège, vol. III, pp. 309-330.

Vie française, Hors série, 1984, Revue trimestrielle, Québec, Conseil de la vie française en Amérique.

VINOKUR G., 1947, *La langue russe*, Paris, Institut d'Études Slaves.

WEST J., 1983-1984, « A historical survey or the language planning movement in Wales », *in* Fodor et Hagège, vol. III, pp. 383-398.

Index des langues

A

abkhaze, 162
africaines (langues), 116, 153
afrikaans, 242
albanais, 158-160, 166, 171, 172
alémaniques (parlers), 56, 103, 110, 154, 155, 267, 273
Algemeen Beschaafd Nederlands (ABN) (« néerlandais cultivé commun »), 241
algonquienne (famille), 49
allemand, 25, 32, 45, 46, 47, 49, 55-69, 76, 77, 78, 79, 80, 82, 83, 84-92, 95, 99, 102, 120, 121, 136, 151, 157, 164, 165, 166, 167, 172, 181, 182, 184, 186, 189, 191, 192, 197, 204, 207, 208, 247, 267
altaïque (famille), 129, 259
amérindiennes (langues), 21, 49, 153
anglais, 29, 32, 33, 34, 36-40, 47, 89, 92, 99, 105, 106, 111, 113, 115, 116, 120, 121, 135, 143, 148, 151, 153, 169, 181, 184, 191, 205, 214, 240, 246, 253, 254, 271
anglo-américain, 40, 41, 42-53, 91, 108, 109, 113, 114, 235
anglo-saxon 33, 34, 35, 36, 37
arabe, 94, 116, 132, 145, 153, 158, 184, 245, 258, 261 (cf. aussi maltais)
arabo-persan 163, 231, 265
aragonais (cf. espagnol)
araméen, 75, 77, 82
arménien, 94, 134, 143, 146, 162
asiatiques (langues), 153
avar, 163, 267
azéri, 132, 162

B

bachkir, 132, 257, 258
balkaniques (langues), 159, 160
balkar, 132
baltiques (langues), 61, 144, 195-201
balto-finnois (sous-groupe), 157, 202, 256
bantoues (langues) 242
basque, 145, 152, 239, 250, 251
bats, 163
béarnais, 250
biélorusse (cf. russe blanc)
birman, 169
biscaïen (cf. basque)
bokmål, 212, 213
bolognais (cf. italien)
bouriate, 129
brésilien (portugais –), 153
breton, 215, 239, 250, 252-254
brittonique, 38
bulgare, 160, 184, 188, 218, 235, 263

C

calabrais (cf. italien)
carélien, 262, 263

castillan (cf. espagnol)
catalan, 20, 110, 166, 239, 248-250
caucasique (famille), 132, 145, 162
celtiques (langues), 243, 253
chinois, 151, 169
copte, 134
cornique, 214-215
corse, 110
coure, 197
créoles (langues), 48, 116, 119, 154, 242
croate, 140, 163, 164, 166, 190, 191

D

dace, 17
danois, 155, 156, 212, 267
dano-norvégien, 212
dargwa, 163
djudezmo (cf. judéo-espagnol)

E

engadinois, 154
erza (cf. mordve)
espagnol, 19, 20-22, 23, 28, 32, 48, 49, 82, 83, 95, 99, 100, 143, 144, 151, 153, 154, 184, 248-251
espéranto, 30-32, 168
estonien, 150, 157, 195, 196, 198-200, 202, 267
étrusque, 17

F

féroïen, 156
finnique (groupe), 157, 195, 202, 256
finno-ougrienne (branche), 200, 202, 260
finnois, 157, 165, 172, 181, 195, 198, 199, 202-205, 262, 268
flamand (cf. néerlandais)
français, 18, 26, 29, 32, 35, 36, 37, 43, 45, 46, 47, 48, 49, 56, 75, 82, 93-121, 136, 143, 151, 153, 157, 159, 166, 172, 184, 216, 239-242, 247, 249-253
franco-normand, 34-36, 37
frioulan (dialecte romanche), 154
frison, 214

G

gaélique, 239, 250, 253
gagaouze, 132, 263
galibi, 119
galicien (dialecte portugais), 29, 239, 248, 249
gallois, 95, 215, 239, 243, 250, 253, 254
gaulois, 17
géorgien, 134, 162, 267
germaniques (langues), 56, 73, 74, 75, 83, 143, 144, 155, 156
goïdélique (branche), 253
gotique, 56, 133
grec, 17, 20, 26, 34, 70, 82, 85, 94, 95, 109, 159, 166, 181, 182, 184-185, 188
guadeloupéen (créole), 119
guègue (variante de l'albanais), 158
guipuzcoan (cf. basque)
guyanais (créole), 119

H

hébreu, 20, 71, 75, 77, 81-82, 85, 109, 199, 215, 258
hindi, 160, 161, 169
hongrois, 78, 90, 142, 164, 166, 167, 171, 172, 181, 194, 202, 206-211

I

ibère, 17
illyrien, 17, 159
indo-aryen (groupe), 160
indo-européenne (famille), 32, 38, 39, 70, 71, 128, 133, 145-147, 160, 162, 191, 219
indo-iranienne (branche), 146
ingrien, 201
irlandais, 239, 242-244, 252, 253
iroquoise (famille), 49
islandais, 132, 155, 156, 181
italien, 26, 28-30, 32, 49, 82, 95, 99, 107, 110, 132, 136, 151, 153, 159, 172, 184, 239, 245, 246, 250
italkien (cf. sarphatique)

J

japonais, 169, 216
judéo-allemand (cf. yidich)
judéo-espagnol, 25-28, 77, 82
judéo-provençal, 73

K

kachoube, 62-63
kaïkavien, 138
kalmouk, 131, 256, 258
kamtchadal, 129
karaïte, 132, 258, 259
karapapakh, 132
karatchaï, 132
ket, 129
khinaloug, 163
kiptchak (groupe), 258
komi, 256, 258
  komi-permiak, 261
  komi-ziriène, 261
koumik, 132

L

laaz (cf. sarphatique)
ladin, 154, 155
ladino, 25
lak, 163
lamoute, 129
landsmål, 212
lapon, 157, 203
latgale, 197
latin, 16-19, 20, 21, 23, 29, 31, 34, 38, 70, 92, 94, 97, 101, 109, 115, 136, 137, 153, 157, 181, 182, 204, 207, 242, 246, 250, 253
laze, 162
letton, 180, 181, 195, 196-198, 201
ligure, 17
lituanien, 30, 67, 144, 165, 181, 195, 196, 197, 198, 225, 228
live, 201-202
luxembourgeois, 239, 246-248

M

macédonien, 160, 187-189, 218
magyar (cf. hongrois)
malais, 242
malgache, 242
maltais, 132, 239, 245, 246
Man (parler de l'île de –), 253
mari (cf. tchérémisse)
marquisien, 119
martiniquais (créole), 119
mauricien (créole), 242
messapien, 17
mingrélien, 162
mokcha (cf. mordve)
moldave, 229, 230, 262, 263
mongole (branche), 129, 145, 169, 256
mordve, 256, 258, 261

N

navarrais (haut- –) (cf. basque)
navarro-labourdin (cf. basque)
néerlandais, 48, 49, 56, 95, 110, 172, 214, 240-242, 267
néo-calédonien (français), 119
nogaï, 132
nordique (branche), 56
norvégien, 155, 156, 212-213

O

occitan, 29, 136, 152, 239, 247, 248, 250-251
ombrien, 17
osmanli (cf. turc)
osque, 17
ossète, 162, 255
ostiak, 129, 206
ostique (branche), 56
oubykh, 162
oudmourte (cf. votiak)
ougrien (groupe), 202, 206
ouralienne (famille), 129, 146, 202, 206, 256, 259

P

paléosibérienne (famille), 129
pāli, 134, 169
palikur, 119
pehlevi, 134
persan, 158, 160, 162, 184, 258, 261, 265
polabe, 61
polonais, 21, 30, 62, 63, 75, 78, 82, 99, 151, 164, 165, 167, 190, 191, 192, 197, 218, 227
polynésien (français –), 119
portugais, 32, 48, 95, 99, 153-154, 242, 249
prussien (vieux –), 61
punique, 250

R

réunionnais (créole), 119
riksmål, 212
romanche, 154-155, 172
romanes (langues), 17, 20, 103, 113, 143, 191, 250
romani, 160
roumain, 78, 142, 144, 155, 159, 164, 166, 167, 210, 211, 262, 263
routoul, 163
russe, 46, 77, 78, 82, 87, 102, 128, 129, 147, 151, 152, 163, 164, 165, 168, 171, 182, 195, 198, 217-238, 257- 263
russe blanc (= biélorusse), 30, 67, 75, 144, 148, 218, 225-238
ruthène, 190

S

same (cf. lapon)
samoyède (branche) (cf. yourak)
sanscrit, 70, 134, 160, 161, 169, 257
sarde (cf. italien)
sarphatique, 73, 75
sèle, 197
sémitique (famille), 69, 70, 71, 72, 162
serbe, 140, 167
serbo-croate, 138, 139, 159, 160, 166, 171, 172, 184, 186, 188, 218, 269
shuadit (cf. judéo-provençal)
sicilien (cf. italien)
slaves (langues), 61, 62, 63, 64, 68, 134, 135, 144, 159, 186, 191, 192
slavon, 134, 160, 184, 225, 260
slovaque, 63, 164, 166, 167, 172, 191, 194, 195, 218
slovène, 150, 164, 166, 186, 190, 218
slovince, 62
sogdien, 135
sorabe, 63-64, 186
souletin (cf. basque)
suédois, 59, 156, 165, 172, 203, 204, 205, 268
svane, 162
syriaque, 134

T

tabassaran, 163
tahitien, 119
tatar, 132, 257, 258, 261, 264
tati, 162
tchèque, 63, 78, 99, 137, 172, 181, 190, 191-193, 194, 195, 218, 226
tchérémisse (ou mari), 256, 258, 261
tcherkesse-kabarde-adyghé (ensemble –), 162
tchétchène-ingouche (ensemble –), 162-163
tchouvache, 132, 257, 258, 260
thaï, 169
thrace, 159
tibétain, 257
tokharien, 135
tosque (variante de l'albanais), 158, 159
toungouse (branche), 129, 219
tupi, 153
turque (branche), 26, 82, 129, 131, 142, 145, 158, 159, 162, 163, 169, 172, 223, 258, 259, 261, 264
turkmène, 132

U

ukrainien, 21, 30, 67, 75, 151, 164, 167, 218, 225-228, 234

V

vepse, 200
vogoul, 129, 206
volapük, 30
vote, 200
votiak (= oudmourte), 256, 258, 260

W

westique (branche) 56

Y

yakoute, 129, 259
yidich, 25, 26, 49, 69-79, 82, 83, 144
youkaguir, 129
yourak (= nénets), 130, 259

Z

zemgale, 197
zyriène (cf. komi)

Table des matières

Introduction 7

Première partie

LANGUES FÉDÉRATRICES

Chapitre 1. ***DE LA LANGUE COMMUNE*** 15
Langues nationales et langues communes 15
Le latin, pilier de l'Europe occidentale 16
Gloire ambiguë du castillan 19
Le castillan langue d'État et la conquête de l'Amérique 19
L'expulsion des Juifs, la gloire du judéo-espagnol et son agonie 22
Rutilances italiennes 28
Les chemins de l'espéranto 30

Chapitre 2. ***L'EUROPE ET L'ANGLAIS*** 33
Histoire peu commune d'une langue commune 33
La diffusion européenne de l'anglo-américain : esquisse d'explication 40
Retours d'Amérique 44

Chapitre 3. ***L'ALLEMAND ET L'APPEL DE L'EST*** 55
Enfances et croissances 55
La poussée germanisatrice 57

La Hanse, les Teutoniques et la germanisation ... 58
L'allemand, tombeau des langues slaves ... 61
La défense des germanophones, corridor de la guerre ... 65
Juifs d'Europe : l'allemand comme patrie et la vocation mondiale ... 69
Du germanique altier au sémitique impur ... 69
Destins du yidich ... 73
Les Juifs, l'allemand, l'universalité de la langue et les génies du lieu ... 79
Israël et les langues des nations ... 81
L'holocauste, conduite suicidaire ... 82
La langue allemande en Europe : des ombres d'hier aux lueurs de demain ... 84

Chapitre 4. ***LE FRANÇAIS ET LA VOCATION MULTIPLE*** ... 93
Les temps de gloire et les temps de périls ... 93
Le rayonnement médiéval du français ... 94
Le français, l'âge classique et les feux de l'universalité ... 97
L'universalité à l'épreuve ... 105
Le français entre la nostalgie du passé et la nostalgie du futur ... 109
L'univers francophone et l'Europe ... 115

Deuxième partie

RICHESSE ET ENTRELACS DES IDIOMES EUROPÉENS

Chapitre 5. ***L'INFINIE TENTATION DES VARIÉTÉS SONORES*** ... 127
Où s'arrête l'Europe des langues ? ... 127
Les grands ensembles ... 133

Chapitre 6. ***LES CODES ENCHEVÊTRÉS*** ... 149
La ronde des langues ... 149
Langue et dialecte ... 149
En pays roman : chatoiements lusitaniens ... 153
Dispersions romanches ... 154
Paroles boréales ... 155
Balkans, lieu d'antiques interférences ... 158
Mots de voyageurs ... 160
Le mont des langues ... 161
La symbolique des noms jumeaux ... 163

Interpénétrations 166
Le grand décalque 169
Les hérauts de l'universel 170

Troisième partie

LES LANGUES D'EUROPE ET LE DÉFI NATIONALISTE

Chapitre 7. ***LA SOMMATION PAR LA LANGUE*** 179
L'intervention humaine sur le destin des langues : voies privées et voies officielles 179
La langue crée la nation 183
Révolutions et langues en Europe au XIXᵉ siècle 183
Le monde slave, lieu d'embrasements linguistiques 189
Langues et identités des confins baltiques 195
Finnois, hongrois : la langue objet d'amour 202
– Le finnois et les trois façonnages 202
– Le hongrois et le salut par la langue 206
La nation crée la langue : États fondateurs, écartèlement des idiomes, promotions, résurrections 211
Schizoglossie norvégienne 212
Reconquête en Frise 213
Phénix en Cornouailles 215
Bifurcations 215

Chapitre 8. ***CITADELLES DE VOCABLES*** 217
Le russe ou l'empire réuni 217
Fascinations de l'immensité 217
Les bolcheviques et la promotion des langues 220
La domination du russe 221
La défense contre le russe : les lois linguistiques 229
Nécessité du russe 232
Le réveil du nationalisme russe et l'avenir du russe 236
Lieux de frustrations 238
L'ouest et les « petites » langues 239
– Combativité flamande 240
– L'impasse irlandaise 242
– L'arabe, langue européenne 245
– Langue et personnalité luxembourgeoises 246
– Catalan, galicien, sarde : îlots d'affirmation 248
– Occitan, basque, breton, gaélique, gallois : les marges et le réveil 250
L'est et la mosaïque linguistique 255

– Iraniens, Mongols, Ouraliens et Turcs 255
– Conscience nationale et empreinte russe 259
Enjeux du nationalisme linguistique 264

Conclusion 271

Références 277

Index des langues 281

Cartes 289

CARTES

Eurasie : familles de langues

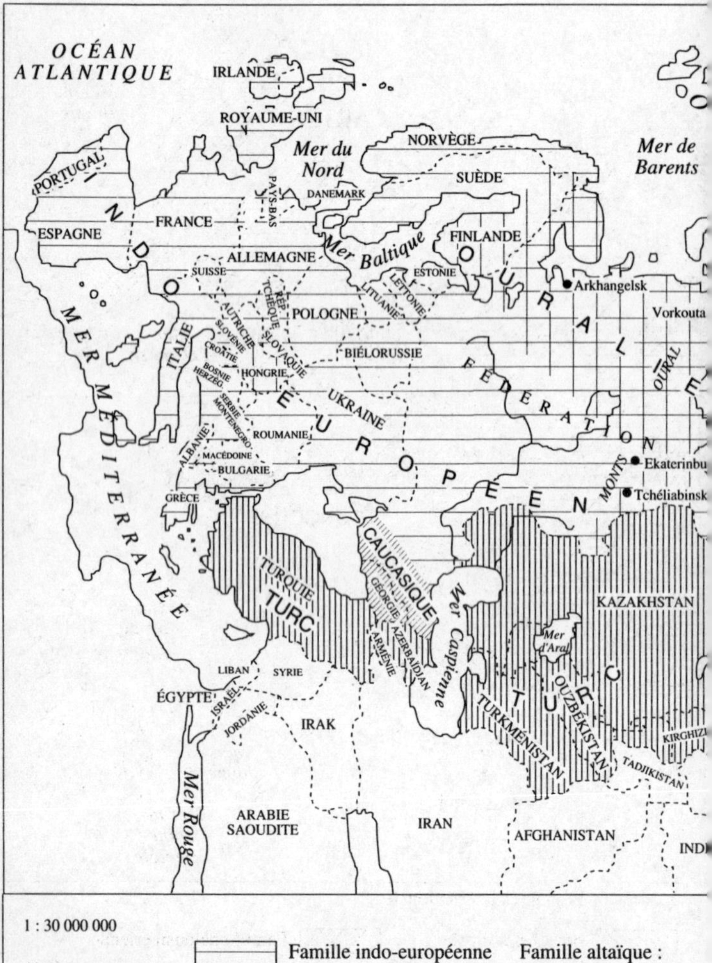

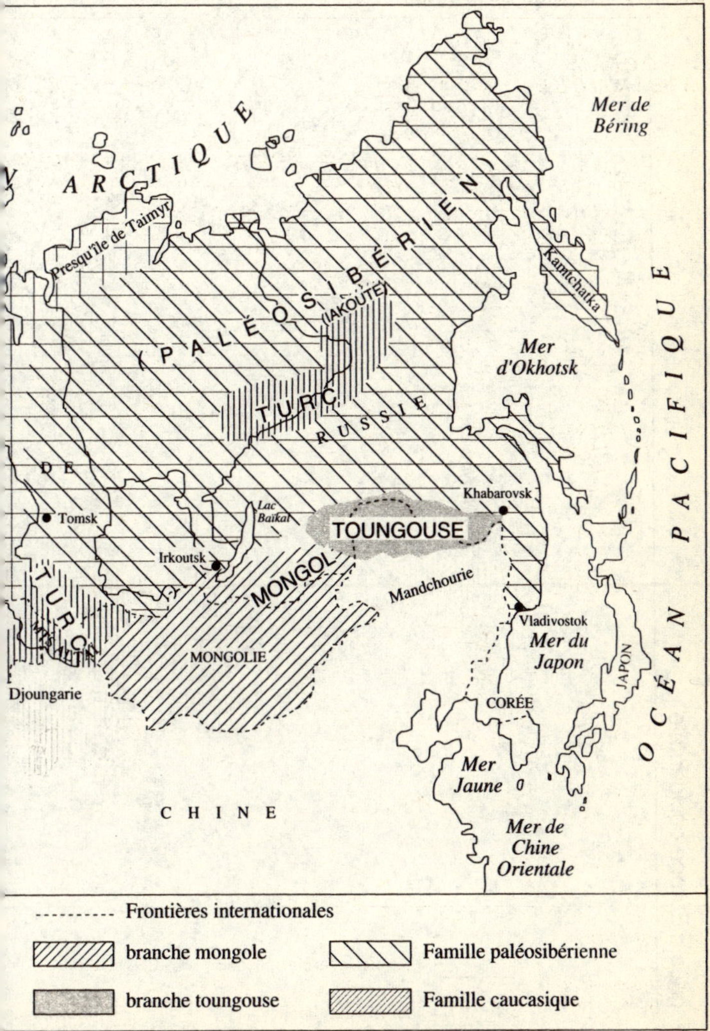

ARCTIQUE
Mer de Béring
Presqu'île de Taimyr
(PALÉOSIBÉRIEN)
(IAKOUTE)
TURC
RUSSIE
Kamtchatka
Mer d'Okhotsk
OCÉAN PACIFIQUE
DE
Tomsk
Lac Baïkal
TOUNGOUSE
Khabarovsk
Irkoutsk
MONGOL
Mandchourie
TURC
Vladivostok
Mer du Japon
JAPON
MONGOLIE
Djoungarie
CORÉE
Mer Jaune
CHINE
Mer de Chine Orientale
Frontières internationales
branche mongole
Famille paléosibérienne
branche toungouse
Famille caucasique

Langues d'Europe occidentale

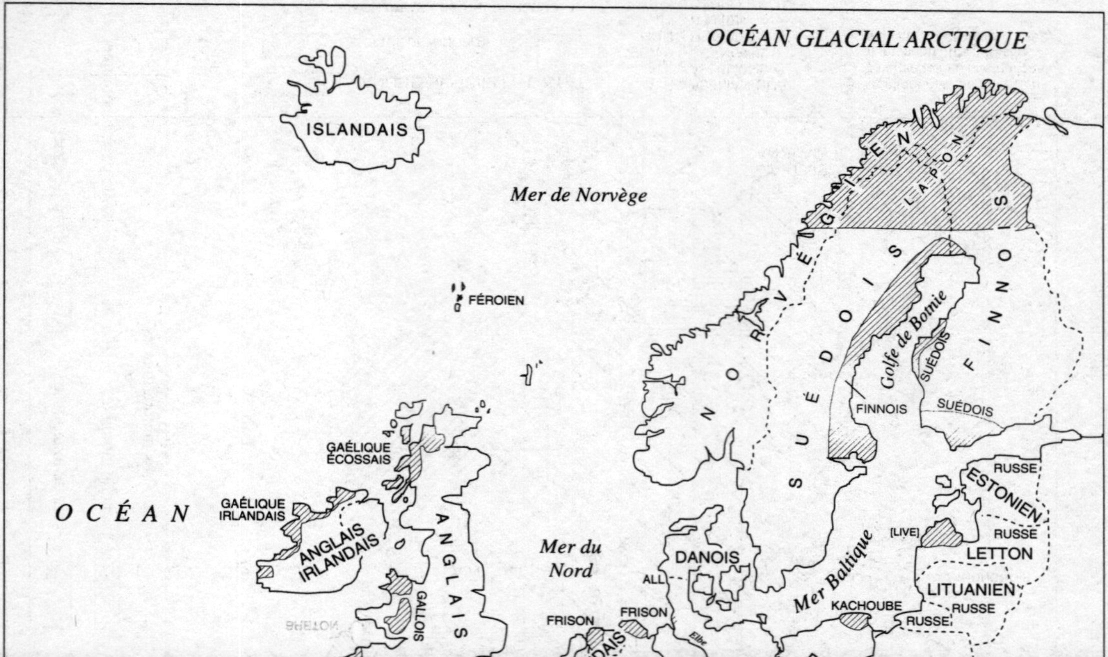

ATLANTIQUE
BRETON
FRANÇAIS
FÇAIS
ALL
ALSACIEN LORRAIN
TCHÈQUE
Vistule
Danube
SLOVAQUE
HONGROIS
ALE
IT
[ROMANCHE]
ALLEMAND
SL [SLOVÈNE]
HONGROIS
HONGROIS
GALICIEN
BASQUE
OCCITAN
FÇAIS
[ROMANCHE]
SLOVÈNE
SERBO-CROATE
PORTUGAIS
ESPAGNOL
CATALAN
ITALIEN
Mer Adriatique
[ALBANAIS]
[TURC]
[BULGARE]
S-C
ALBANAIS
MACÉDONIEN
TURC
CORSE
SARDE
[CATALAN]
Mer Tyrrhénienne
[ALBANAIS]
[GREC]
GREC
[ALBANAIS]
[ALBANAIS]
Mer Méditerranée
[ALBANAIS]
ITALIEN
MALTAIS
ANGLAIS
0
400 km
LANGUE OFFICIELLE D'ÉTAT
LANGUE DE MINORITÉ
[ ] NOMBRE DE LOCUTEURS RÉDUIT
Frontières internationales
ALE : ALÉMANIQUE
ALL : ALLEMAND
FÇAIS ; FRANÇAIS
HON : HONGROIS
IT : ITALIEN
S-C : SERBO-CROATE
SL : SLOVÈNE
★ Frontière non reconnue par la communauté internationale au moment où est tracée cette carte (septembre 1992).

Langues d'Europe orientale

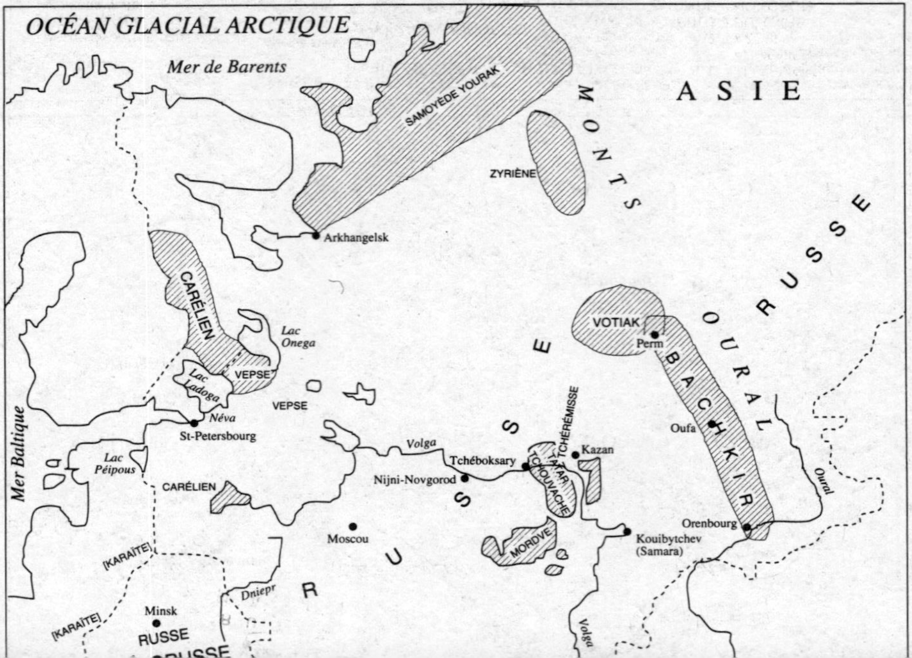

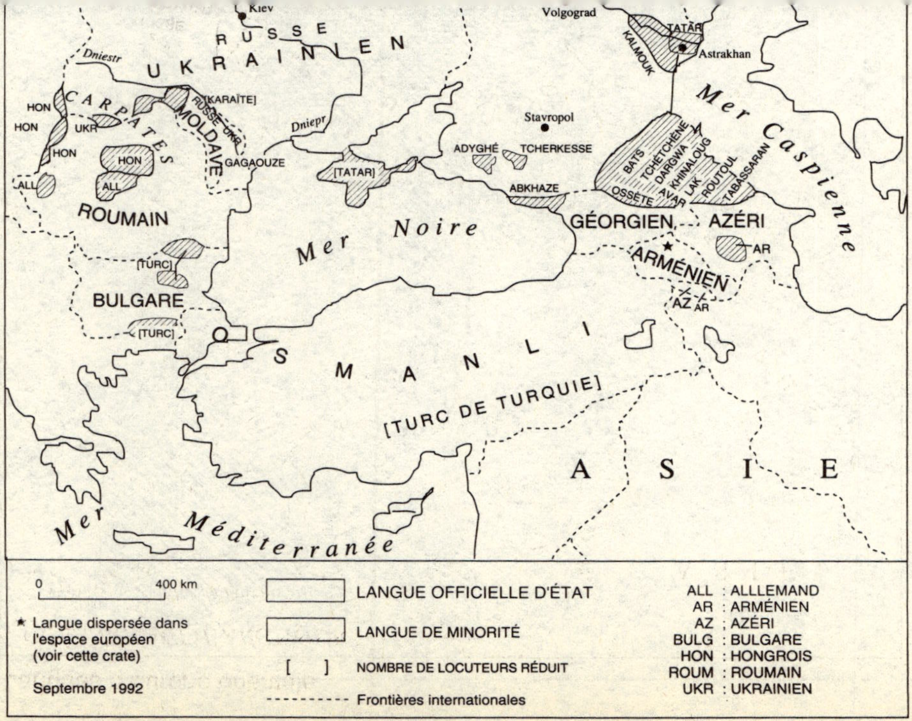
Kiev
Volgograd
RUSSE
UKRAINIEN
Dniestr
Dniepr
CARPATES
HON
HON
UKR
HON
HON
ALL
ALL
[KARAÏTE]
RUSSE UKR
MOLDAVE
GAGAOUZE
ROUMAIN
[TURC]
BULGARE
[TURC]
[TATAR]
Stavropol
ADYGHÉ
TCHERKESSE
ABKHAZE
KALMOUK
TATAR
Astrakhan
BATS
TCHÉTCHÈNE
DARGWA
KHINALOUG
LAK
ROUTOUL
TABASSARAN
OSSÈTE
AVAR
Mer Caspienne
Mer Noire
GÉORGIEN
AZÉRI
AR
ARMÉNIEN
AZ
AR
OSMANLI
[TURC DE TURQUIE]
ASIE
Mer Méditerranée
0
400 km
* Langue dispersée dans l'espace européen (voir cette crate)
Septembre 1992
LANGUE OFFICIELLE D'ÉTAT
LANGUE DE MINORITÉ
[ ] NOMBRE DE LOCUTEURS RÉDUIT
Frontières internationales
ALL : ALLLEMAND
AR : ARMÉNIEN
AZ ; AZÉRI
BULG : BULGARE
HON : HONGROIS
ROUM : ROUMAIN
UKR : UKRAINIEN

Langues dispersées dans l'espace européen / Villes et

rinces aux destins particuliers

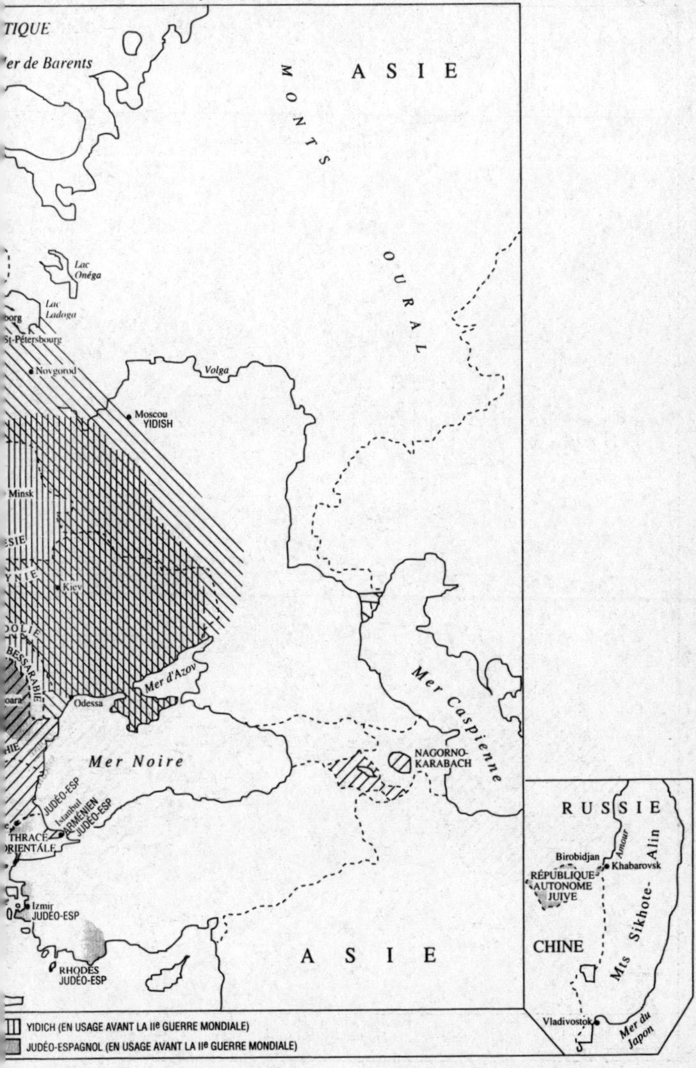

Dans la collection « Poches Odile Jacob »

N° 1 : Aldo Naouri, *Les Filles et leurs mères*
N° 2 : Boris Cyrulnik, *Les Nourritures affectives*
N° 3 : Jean-Didier Vincent, *La Chair et le Diable*
N° 4 : Jean-François Deniau, *Le bureau des secrets perdus*
N° 5 : Stephen Hawking, *Trous noirs et bébés univers*
N° 6 : Claude Hagège, *Le Souffle de la langue*
N° 7 : Claude Olievenstein, *Naissance de la vieillesse*
N° 8 : Édouard Zarifian, *Les Jardiniers de la folie*

IMPRIMÉ EN FRANCE PAR BRODARD ET TAUPIN
1512 - La Flèche (Sarthe) - le 13-03-2000
N° d'édition : 7381 - 0794 - 1
Dépôt légal : mars 2000